学前教育专业
全国"十三五"规划教材

幼儿园教育
活动设计与指导

主 编 周丛笑

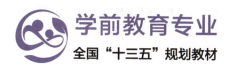

北京理工大学出版社
BEIJING INSTITUTE OF TECHNOLOGY PRESS

内 容 简 介

本书阐述了幼儿园科学教育的基本知识和基本技能。通过幼儿园科学教育中的一些典型活动，以点带面地论述幼儿园科学教育活动的设计与指导。主要内容包括：学前儿童科学教育概述、观察认识活动、实验探究活动、科技制作活动、种植活动、饲养活动、计数、10以内加减运算、认识几何形体、分类活动、排序活动。

本书可供中等职业学校学前教育专业教学或幼儿园教师进修使用，也可作为学前教育工作者自学及工作参考用书。

图书在版编目（CIP）数据

幼儿园教育活动设计与指导 / 周丛笑主编. —北京：北京理工大学出版社，2019.6 重印

ISBN 978-7-5682-4632-3

Ⅰ．①幼…　Ⅱ．①周…　Ⅲ．①活动课程–学前教育–教学参考资料　Ⅳ．①G613.7

中国版本图书馆CIP 数据核字（2017）第199435号

出版发行 / 北京理工大学出版社有限责任公司
社　　　址 / 北京市海淀区中关村南大街5 号
邮　　　编 / 100081
电　　　话 /（010）68914775（总编室）
　　　　　　（010）82562903（教材售后服务热线）
　　　　　　（010）68948351（其他图书服务热线）
网　　　址 / http：//www.bitpress.com.cn
经　　　销 / 全国各地新华书店
印　　　刷 / 定州市新华印刷有限公司
开　　　本 / 787 毫米 × 1092 毫米　1/16
印　　　张 / 16
字　　　数 / 345 千字
版　　　次 / 2019年6月第1版第3次印刷
定　　　价 / 38.00 元

责任编辑 / 张荣君
文案编辑 / 张荣君
责任校对 / 周瑞红
责任印制 / 边心超

学前教育专业全国"十三五"规划教材

编写委员会

顾问　李倡平

主任　杨莉君

委员（按姓氏首字母排列）

曹中平　郭咏梅　金晓梅　金庆玲

康　丹　卢筱红　龙明慧　路　奇

彭　荣　宋婷婷　田景正　谭　芳

万湘桂　于开莲　周丛笑　周文华

周杨林　张晓辉　张永红　张　春

郑三元

本书编写成员

主　编　周丛笑

副主编　谭逆泳　覃曾年　贺晓珍

参　编　陈　丹　罗秋彦　邓　艳　肖　瑛

　　　　许　江　荣丽娇　李　俊

序

XU

近年，世界学前教育界已经达成了最基本的共识：幼儿生命中最初几年是为其设定正确发展轨道的最佳时期，早期教育是消除贫困的最佳保证，投资学前教育比投资任何其他阶段的教育都拥有更大回报，当然，这些成效的达成都以高质量的学前教育为前提，而幼儿园教师是保证高质量学前教育的关键。

《国务院关于当前发展学前教育的若干意见》强调要造就一支师德高尚、热爱儿童、业务精良、结构合理的幼儿园教师队伍，为此颁布了《幼儿园教师专业标准（试行）》，引导幼儿园教师和教师教育向着专业化、规范化和高质量的方向发展，这套教材正是以满足《幼儿园教师专业标准（试行）》《教师教育课程标准》和幼儿园教师资格证考试要求为理念编写的，体现了如下特点：

一、全新的教材编写理念

师德是幼儿园教师最基本的职业准则和规范。师德就是教师的职业道德，是幼儿园教师在保教工作中必须遵循的各种行为准则和道德规范的总和。对幼儿园教师而言，师德是其在开展保育教育活动、履行教书育人职责过程中需要放在首位考虑的。关爱幼儿，尊重幼儿人格、富有爱心、责任心、耐心和细心是幼儿园教师师德的重要内容。"教育爱"不仅仅是对幼儿身体的呵护，更需要幼儿园教师尊重每一个幼儿的人格，保障他们在幼儿园里快乐而有尊严地生活，为幼儿创造安全、信任、和谐、温馨的教育氛围，能温暖、支持、促进每一个幼儿富有个性地发展。由于幼儿独立生活和学习的能力还较差，幼儿园教师几乎要对他们生活、学习、游戏中的每一件事提供支持和帮助，幼儿园教师充满爱心地、负责任地、耐心地和细心地呵护，才能使学前教育能够满足幼儿个体生命成长的需要，体现学前教育对个体生命的意义与价值。

幼儿为本是幼儿园教师应秉持的核心理念。学前儿童是学前教育的主体和核心，必须尊重儿童的主体地位，学前教育的一切工作必须以促进每一个幼儿全面发展为出发点和归宿，因此，珍惜儿童的生命，尊重儿童的价值，满足儿童的需要，维护儿童的权利，促进每一个儿童的全面发展，是学前教育的本质，也是学前教育最根本的价值所在。具体来说，幼儿为本要求教师要尊重幼儿作为"人"的尊严和权利，尊重学前期的独特性和独特的发展价值，以幼儿为主体，充分调动幼儿的积极性，遵循幼儿身心发展特点和保教活动的规律，提供适宜的、有效的学前教育，保障幼儿健康快乐地成长。

专业能力是幼儿园教师成长的关键。毋庸讳言，我国幼儿园教师的专业能力与学前教育改革的需要之间还存在着较大差距，在当下，幼儿园教师观察幼儿、理解幼儿、评价幼儿、研究幼儿、与幼儿互动、有针对性地支持幼儿、反思自己的教育行为等保教实践能力是其专业能力中的短板，在职教师们普遍感到将《幼儿园教育指导纲要（试行）》《3~6岁儿童学习与发展指南》中的先进教育理念转变为教育行为仍然存在困难，入职前的学前教育专业学生也需要强化正确的教育观和相应的行为，理解、教育幼儿的知识与能力，观摩、参与、研究教育实践的经历与体验。因此，幼儿园教师和教师教育应该强调在新的变革中转变自己的"能力观"，树立新的"能力观"，提高自己与学前教育变革相匹配的、适应"幼儿为本"的学前教育专业能力。

终身学习是顺应教师职业特点与教育改革的要求。德国教育家第斯多惠说过："只有当你不断致力于自我教育的时候，你才能教育别人。"幼儿园教师需要不断拓展自身的知识视野，优化知识结构，了解学科发展和幼教改革的前沿观点。因此，幼儿园教师应该是终身学习者，具有终身学习和持续发展的意识和能力。终身学习是时代进步和社会发展对人的基本要求，是人类自我发展、自我实现的不竭动力，是幼儿园教师专业发展的基本条件，也是幼儿园教师更好地完成保育教育工作的必然要求，只有不断学习与发展，才能跟上学前教育改革的步伐。

二、重实践的教材特点

这套教材的编写力图呈现以下特点：第一，内容全而新。根据《幼儿园教师专业标准（试行）》《教师教育课程标准》和《幼儿园教师资格考试大纲》的内容和要求，确保了内容的全面性和时效性。第二，重实践运用。针对学前教育专业学生的特点和实际需要，围绕成为一个合格的幼儿园教师"需要做什么"和"具体怎么做"这两个问题展开，强调实践运用。第三，案例促理解。为了帮助学习者了解幼儿园保教实践中遇到的各种问题，灵活地运用保育教育现场的各种策略，本书列举了大量的案例，并对案例进行了具体分析，增强了本书的针对性和操作性。

三、多元化的教材使用者

这套教材主要的使用对象是中等职业学校、高等职业院校和高校学前教育专业的学生，也可用于幼儿园新教师培训、转岗教师培训和在职幼儿园教师自学时使用。实践取向的教材涉及学前教育、儿童发展理论的相关内容，以深入浅出的解读与理论联系实践的方式阐释，提供了大量的操作案例，同时提供课件，方便教师备课和理解钻研教材时使用，也便于学生自学、预习或温习。

杨莉君

于湖南师范大学

前言
QIANYAN

　　《幼儿园教育活动设计与指导》系根据教育部颁布的《教师教育课程标准》（以下简称《课程标准》）、《幼儿园教师专业标准》（以下简称《专业标准》）、《中小学和幼儿园教师资格考试标准（试行）》（以下简称《考标》）和《中小学和幼儿园教师资格考试大纲（试行）》（以下简称《考纲》）中有关幼儿园教育活动设计与指导的知识体系和能力要求编写的，本书介绍了幼儿园教育活动设计与指导的基本理念和相关策略，既可供高职、高专学前教育专业学生使用，也可用作幼儿园教师继续教育和进修的参考。

　　全书分为幼儿园教育活动设计与指导概述、幼儿园一日活动设计与指导、幼儿园集体教学活动设计与指导、幼儿园区域活动设计与指导、幼儿园游戏活动设计与指导、幼儿园生活活动设计与指导、幼儿园大型活动设计与指导、幼儿园教育活动评价 8 个章节。每章均由引入案例、学习目标、本章结构、正文内容及思考与实训组成，既有基础理论性知识，也有极强的操作实践性知识，集专业能力培养与职业素质训练为一体，旨在帮助读者掌握正确的教育理念，提高幼儿园教育活动设计与指导的基本能力，以加速学前教育师范生的专业胜任时间，同时提高在职教师的实践能力和教育教学实效性。

综观全书，不难看出其内容基本涵盖了《课程标准》《专业标准》《考标》和《考纲》有关幼儿园教育活动设计与指导的全部内容，且突破了原有的集体教学活动的单一设计模式，将一日活动、集体教学活动、区域活动、游戏活动、生活活动、大型活动、教育活动评价等均纳入其中，并强调各个环节的有机结合，可以使读者全面、系统地了解幼儿园保教工作各个环节的设计理念和指导策略。本书按照幼儿园教师开展教育教学设计的环节和思路进行阐述，突出了每个环节和教学操作的心理学依据，强调了系统性、针对性、应用性，凸显了实践操作性，有利于应用实践型人才的培养。

　　由于编者水平有限，编写过程中难免有不足之处，敬请批评指正。

编者

目录

MULU

目录

第一章 幼儿园教育活动设计与指导概述

引入案例

　　一次教研活动中，一群年轻的幼儿园老师围绕"幼儿园教育活动"这个话题展开了热烈的讨论。有的说，幼儿园教育活动就是给孩子们上课；有的说，幼儿园教育活动就是带孩子们玩游戏；有的说，幼儿园教育活动就是带孩子们学知识；也有的说，上课、做操、玩游戏都是幼儿园教育活动……林林总总的话语和观点，引人深思。

　　问题： 幼儿园教育活动究竟是指什么？作为幼儿园教师，应该如何设计幼儿园的教育活动？其指导策略又有哪些？

学习目标

（1）了解幼儿园教育活动的含义、特点与类型。
（2）掌握幼儿园教育活动设计的含义、原则与步骤。
（3）知道幼儿园教育活动指导的含义、原则与策略。

本章结构

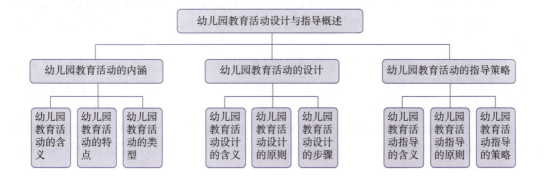

第一节 幼儿园教育活动的内涵

幼儿园教育活动既是幼儿园教育的基本形式，也是幼儿园课程的实施载体。在幼儿园教育中，教育活动是教师教育思想转变为教育实践的桥梁，是幼儿学习活动的主要组成部分，能帮助幼儿获得有益的经验。

在幼儿园里，教师既是教育活动的组织者，也是幼儿学习活动的指导者。教师设计组织的一系列教育活动，是幼儿学习、发展、成长的催化剂。教师关于教育活动的设计与指导，直接影响幼儿情感、态度、能力、知识、技能获得的体验与质量，也影响着《幼儿园工作规程》（以下简称《规程》）、《幼儿园教育指导纲要（试行）》（以下简称《纲要》）、《3~6岁儿童学习与发展指南》（以下简称《指南》）精神下幼儿园教育总目标的达成与实现。

"研究教育教学，追求有效教育"是幼儿园教育追求的永恒主题。这就要求幼儿教师除了具有幼儿教育专业的理论知识和技能外，还要具备当今社会所需要的教育理念，并能在这一理念支配下进行幼儿园教育活动的设计与指导，以保证幼儿园教育的优质高效。

一、幼儿园教育活动的含义

《纲要》第三部分"教育活动的组织与实施"指出：幼儿园的教育活动，是教师以多种形式有目的、有计划地引导幼儿生动、活泼、主动活动的教育过程。作为幼儿园教育的基本形式及幼儿园课程的实施载体，《纲要》关于"幼儿园教育活动"的界定，至少包含以下两方面的含义。

（一）幼儿园教育活动是一种体现"自主与主体特质"的活动

对于幼儿来说，活动是他们学习的状态，幼儿园教育活动是一种由教师的"教"和幼儿的"学"所构成的师幼双边活动，是由教师和幼儿共同参与、相互配合、一起承担的活动。

幼儿作为教育活动中自身学习和发展的主体，他们既是活动的执行者、承担者、探索者，也是活动结果的最终体现者。幼儿不仅享有选择和决定的自主权，还拥有研究与探索的自主权。幼儿活动的过程是一个充满变化的和新的、自发性的学习机会的过程，他们正是通过自主性活动获得经验，并在发现和解决问题的过程中获得初步的实践能力和创造能力的。

教师在教育活动中直接或间接影响活动进程、引导活动方向及幼儿探索的主题，他们既是活动的设计者、实施者、调控者，也是活动目标的引领者。虽然教师的主体意识和主导地位在不同性质和形式的教育活动过程中可能呈现出不同的状态：在教师直接控制、传递教育意图、结构化程度相对较高的教育活动中可能是显性的，在教师间接控制、借助中介影响、结构化程度相对较低的教育活动中则可能是隐性的，但教师主体性的发挥正是活

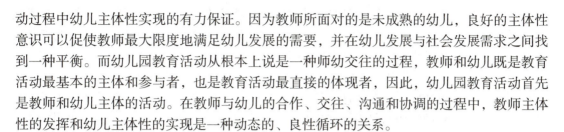

动过程中幼儿主体性实现的有力保证。因为教师所面对的是未成熟的幼儿，良好的主体性意识可以促使教师最大限度地满足幼儿发展的需要，并在幼儿发展与社会发展需求之间找到一种平衡。而幼儿园教育活动从根本上说是一种师幼交往的过程，教师和幼儿既是教育活动最基本的主体和参与者，也是教育活动最直接的体现者，因此，幼儿园教育活动首先是教师和幼儿主体的活动。在教师与幼儿的合作、交往、沟通和协调的过程中，教师主体性的发挥和幼儿主体性的实现是一种动态的、良性循环的关系。

（二）幼儿园教育活动是一种体现"主客观因素和作用"的活动

所谓主观因素和作用，是指幼儿园教育活动具有明确的目的性和一定的规范性。任何教育活动都是以促进人的身心发展为目的的，不同的社会历史条件和社会制度会衍生出不同的教育目的和原则，这便是教育活动主观性的体现。幼儿园教育活动作为一种学习活动、社会活动，承载着一定的目的和任务，是在一定目的引导下的活动，它具有鲜明的主观性，这种主观性通过带有指向未来特点的目标、具体的原则与规范赋予教育活动一定的意义与价值。

所谓客观因素和作用，是指构成幼儿园教育活动的各种客观条件和手段。任何教育活动都是在一定的客观环境中发生的，并通过一定的客观条件和手段实现的；而任何一种教育活动模式的创立和发展，都不可能脱离整个社会文化历史积累的影响。幼儿园教育活动中的客观因素既包括各种具体实体呈现的物质形态的因素，如具体的材料、工具和其他资源等，也包括一些在意识形态领域呈现的精神层面的因素，如一定社会文化背景下的社会教育制度、文化传统、观念体制等。这些客观因素一方面为教育活动提供了必要的条件、工具、手段和各种资源，保障活动的进程与实施；另一方面，也在一定程度上影响或限制活动的范围和程度。总的说来，分析幼儿园教育活动的客观因素和作用，可以为我们探究幼儿园教育活动的实现途径提供依据。

二、幼儿园教育活动的特点

（一）幼儿园教育活动具有目的性

幼儿园教育活动是在幼儿园中由社会培养和指派专职幼教工作者实施的幼儿教育活动。它体现了国家和社会的意志与要求，是一种依据社会需要来培养人的社会实践活动，具有明确的社会目的性和计划性。这一特点使幼儿园教育活动不仅与家庭教育不同，也与其他幼儿社会教育活动有明显的质的区别。

（二）幼儿园教育活动具有趣味性

新奇、有趣是儿童探究和加入活动最直接的理由。幼儿园教育活动的主要活动对象是儿童，因此，教育活动的生动有趣和丰富多彩成为其显著特点之一。

幼儿园教育活动的趣味性首先体现在活动内容及活动形式上。虽然教育活动是教师或活动设计者按照一定的社会规范和教育要求，选择一定的教育内容，创设相应的教育环境而进行的带有目标意识（显性或隐性）的活动，它或多或少地带有认知方面的要求，在某

种程度上体现一定的知识含量。但即便是对知识和经验的追求，也是以符合和贴近儿童所熟悉的生活、选择生动有趣的方式为活动前提的，只有这样，幼儿园教育活动才能符合儿童的天性，唤起儿童的热情，引发儿童的探究并促进儿童的发展。

幼儿园教育活动的趣味性还体现在活动环境和材料的多种多样上。儿童总是在与环境和材料的相互作用过程中获得启迪、引起探究并获得发展的。幼儿园教育活动为儿童提供或创设新奇、多变的环境与材料，能满足儿童的好奇心，激发他们的探究欲；可供操作、实验的环境与材料，能满足儿童的好动的天性，启发儿童的思维；自然、真实的环境与材料，能满足儿童回归自然的愿望，促进儿童的大胆体验与积极创造。

（三）幼儿园教育活动具有整合性

整合是指把不同类型、不同性质的事物组合在一起，使它们成为一个整体。幼儿园教育活动是在充分协调多种教育资源，利用多种教育途径与形式，结合多个领域内容，发挥多种因素影响的基础上而构成的教育活动系统。因此，无论是生活活动还是游戏活动，无论是教师预设的教育活动还是幼儿自主生成的教育活动，无论是集体的活动还是小组、个体的活动，整合性和统一性是其最显著的特点之一。这种整合和统一，反映在活动的目标、活动的内容、活动的资源，以及活动的方法、形式、手段等各个方面。

（四）幼儿园教育活动具有生活性

《纲要》对幼儿园教育提出了"各领域的内容要有机联系、相互渗透，注重综合性、趣味性、活动性，寓教育于生活、游戏之中"的实施原则。幼儿园教育活动作为反映幼儿园教育的一种基本的、主要的活动，在体现整合性和统一性特点的同时，也反映出努力营造与幼儿生活相一致、密切贴近幼儿生活世界的趋向，这便是幼儿园教育活动生活性的体现。

生活性首先体现在幼儿园教育活动的内容方面。我国著名的教育家陶行知先生早就提出了"生活即教育"的理论，他认为，教育的根本意义是生活的变化，生活无时不含有教育的意义，生活对于儿童有着特殊的意义。为了促进儿童的健康生活，幼儿教育首先应当立足于儿童的现实生活，而幼儿园教育活动作为幼儿教育的实施方式，必须关注幼儿的现实生活，在教育活动的内容上注重幼儿的现有知识与幼儿的生活相衔接，与幼儿的经验、需要相联系，而不单是纯粹从知识或学科本身的结构或重点、难点出发。例如数学教育活动，"生活中的数学""应用性数学"已成为《纲要》《指南》颁布以来被幼教界广泛认同的观点之一，教师及活动设计者不仅重视帮助幼儿从生活中寻找、捕捉数学的内容，同时还注重引发幼儿关注生活中的数学问题，并学习用数学思维解决生活中的问题。

生活性还体现在幼儿园教育活动的途径与环境、场所方面。幼儿园教育活动的实施是渗透于幼儿一日生活之中的，幼儿园生活的各个环节都是贯彻和实施教育活动的有效途径。在开展教育活动的过程中，用接近幼儿生活、结合生活情境的方式，使幼儿在回归真实生活的背景中体验和积累经验，更主动、积极地进入探索和学习。同时，在教育活动场所和环境方面，突破有限的"活动室"空间，走进无限的"大社会"空间，也是生活性的充分体现。这种"大社会"空间，既可以是走进大自然——树林、草地、山坡、花园等自然科学类的教育活动场所，也可以是进入展览馆、建筑群、图书馆、博物馆、新型社会公共设施等人文德育类的教育活动场所。

（五）幼儿园教育活动具有动态性

英国著名的课程理论家斯腾豪斯提出了"过程模式"课程理论，即"不应以事先规定好了的结果为中心，而要以过程为中心"。他认为儿童的行为结果是无法预测的，因此，课程和教育活动应是广泛的、动态的。

幼儿园教育活动的动态性首先反映在活动过程上的动态。这种强调动态的过程，使得幼儿园的教育活动能够随时随地根据儿童的最近发展区调整目标，适时地加以引导并不断地生成和深入活动，进而促进儿童的发展。而教师与儿童作为幼儿园教育活动中相互作用的统一体，其在教育活动过程中并不是僵化的、一成不变的，而是一个不断互动的动态的过程。因为"教育活动作为人的一种基本活动，从内容到形式都体现了一定的社会关系，它在本质上也是一种社会活动，其最基本的形式是一种互动"。幼儿园教育活动中的互动既包括教师与儿童之间相互影响的行为和过程，也包括儿童与儿童之间的彼此作用。这种动态性和互动特征不仅是作为活动主体的儿童和教师最基本的社会活动形式，还是帮助儿童实现知识建构并保证教育活动最终促进儿童发展的重要条件。

其次，动态性也体现在幼儿园教育活动环境上的动态。教育活动环境的动态是指根据儿童兴趣及与环境相互作用的情况，根据教育活动的流程不断地调整环境、重构环境。具体表现在：①动态的环境是顺着儿童活动的进程构成的环境。由于儿童活动的开展是向着多个方向变化发展的，教师要构成儿童能主动与之相互作用、获得丰富体验的环境，就有必要顺着儿童活动的进程来构成环境。因此，教师必须注意了解、把握儿童的内心活动。②动态的环境是不完备的、能给予儿童充分发挥想象的和自主性的环境。教师应尽量让儿童移动、重组、改造环境等，让他们不断地在环境中发现问题并沉浸在解决问题的活动中。③动态的环境是在教育活动的引导性和儿童活动的自主性之间形成的平衡的环境。为了使儿童向着教育目标所指的方向发展，使儿童积累必要的经验，教师必须有计划地为儿童构成具有教育价值的环境，同时为了使儿童能不断地、自主地展开活动，教师也必须顺着儿童活动的发展不断地对环境进行调整和修改、构成和再构成，即实现两者间的平衡。

三、幼儿园教育活动的类型

幼儿园教育活动的主体是儿童，由于活动的对象多种多样，构成因素也各不相同，因此形成了不同类型的教育活动。一般情况下，可以将幼儿园教育活动分为以下几种基本类型。

（一）从幼儿园教育活动的结构出发

根据幼儿园教育活动的不同结构，可以分为传统的学科结构的教育活动（通常包括体育活动、语言活动、科学活动、数学活动、音乐活动、美术活动6种类型）和主题结构的教育活动两大类。前者比较强调各学科的内在逻辑结构，注重儿童的学科知识和技能，具有较强的可操作性；而后者更强调多种教育因素和儿童发展领域的全面整合，它有机地将不同学科的教育内容在不同程度上、以不同方式整合于一个（或若干个）教育活动中，体现了教育活动的综合性整体性。主题结构的教育活动已逐渐成为幼儿园教育活动的主要类型。

（二）从幼儿园教育活动的特征出发

根据幼儿园教育活动的不同特征，可以分为生活活动、游戏活动、区域活动、教学活动等。幼儿园教育活动具有三方面特征：①计划性、目的性；②儿童的主体性、教师的主导性；③形式的丰富性、多样性。因此，从广义的角度来说，在幼儿园的一日活动中凡是符合以上 3 个基本特征的活动都可以理解为幼儿园教育活动，而不是狭义地将其界定为作业（或学习、学科）类的教育活动。

（三）从幼儿园教育活动的领域内容出发

根据幼儿园教育活动的不同领域内容，可以分为健康领域教育活动、语言领域教育活动、科学领域教育活动、社会领域教育活动和艺术领域教育活动 5 类。当然，幼儿园的教育活动内容应当是全面的、启蒙性的、相互渗透的，这种划分只是相对性的。

（四）从幼儿园教育活动的性质出发

根据幼儿园教育活动的不同性质，可以分为由儿童自主生成的教育活动和由教师预先设置的教育活动两类。前者更关注儿童的兴趣、儿童的学习需要，是在儿童偶发性的探究和兴趣的支配下产生内部动机的需要并引导和帮助儿童生成某个主题的活动；而后者更强调教师的计划组织和直接指导，是在教师设定教育活动目标、提供活动环境和材料并有计划地实施指导下的活动。

（五）从幼儿园教育活动的组织形式出发

根据幼儿园教育活动的不同组织形式，可以分为集体活动、小组活动、个别活动。其中集体活动是由教师有目的、有计划地组织全班幼儿在同一时间、同一空间下所进行的统一的活动。此类活动一般计划性较强，组织比较严密，时间比较固定。小组活动是由教师创设一定的环境，提供相应的材料，并给予一定的间接影响的教育活动类型，如多功能活动室、活动区、活动角等。儿童可以在同一时间内选择不同的活动内容，一般组织比较宽松自由，时间相对自主，儿童既可以相互合作也可以个别操作。个别活动是教师根据个别儿童的特殊需要安排和实施的教育活动，一般包括具有特殊才能或发展有障碍儿童的个别教育，及部分供儿童自由选择的区域活动。

第二节 幼儿园教育活动的设计

幼儿园教育活动设计作为一门研究儿童学习和促进儿童学习的应用性学科，是以对教师引导、维持和促进儿童学习的所有行为的关注为出发点，并以研究儿童的发展作为落脚点的，它是在教育科学研究的大背景下产生的一个新课题。加强幼儿园教育活动设计的意义在于：可以帮助儿童学习，促进儿童发展；可以引发教师思考，选择行为策略；可以优化活动过程，提高活动效果。

一、幼儿园教育活动设计的含义

"设计"一词在《现代汉语词典》的解释为：①在正式做某项工作之前，根据一定的目的要求，预先制定方法、图样等；②设计的方案或规划的蓝图等。虽然它已被广泛地应用于众多领域之中，并在特定领域的范围内，其含义有不同的界定。但一般说来，"设计"是指在创造某种具有实际效用的新事物或解决新问题之前所进行的探究式的系统计划过程，是一个分析与综合的、深思熟虑的精心规划过程。其设计的过程独立于实施的过程，它着重在对计划对象进行安排和规划，找出相关因素和可能影响的条件，并对其进行控制。

据此，"幼儿园教育活动设计"可以被看成是对教师教学组织行为的一种预先筹划，它是对一系列外部事件进行精心设计和安排的过程，其目的是为了支持和促进儿童的学习。它是由创设一定的学习经历所组成的，通过特殊的转换和发展，以确保学习卓有成效并能够达到特定的学习目标。事实上，它是为促进儿童学习而对学习过程和资源所做的系统安排，是分析儿童的学习需要和目标以形成满足学习需要的互动系统的全过程。它包括对活动目标的设定、对学习对象学习需求的分析、对学习情境的创设、对活动资源的开发和利用、对学习过程的安排和调整、对学习对象行为的预测和评估等。

教育活动设计必须以关于教和学的科学理论为基础，而教和学的科学理论与其他的科学理论一样是对现实世界假设性的说明。从某种意义上说，教育活动的设计者就好像设计工程师，两者都是根据以往成功的科学原理来计划将要展开的"工作"，所不同的是工程师按照物理学法则，而教育活动设计者按照教与学的基本原理和规律进行设计；两者都试图使设计的结果更有效。

在幼儿园教育活动设计过程中，设计者或教师通过一系列有目的、有计划的系统设计，对即将形成的"作品"作出构想和规划，而这种构想和规划的基本支撑依据就是涉及儿童发展和教育教学的有关学习理论和教学理论。可以毫不夸张地说，正是有关学习理论和教学理论为幼儿园教育活动设计中如何为儿童提供学习前的准备、如何启发儿童的探索性学习、如何为儿童创设丰富的学习环境、如何合理而科学地介入和调整儿童的学习过程等一系列环节和技术的运用找到了切实可行的理论依据。幼儿园教育活动设计是在一定的学习理论和教学理论指导下对教育活动的系统规划过程。

因此，教育活动设计与一般活动的设计相比，具有以下几方面的特性。

（一）幼儿园教育活动设计具有技术性

一般说来，教育活动过程是为了便于学习者（儿童）达到预定的目标和意图所进行的传递、转换和共享信息的一系列行为活动。幼儿园教育活动设计是一种诱发、产生一定的学习经验和学习环境，以激起幼儿的学习兴趣，帮助幼儿更好地获得特定的情感态度、能力、知识技能和提高学习效率的技术过程。

在这个过程中，设计者或教师所承担的工作极富创造性，同时他们也负有重要责任。它不仅需要教师全身心地投入，也涉及一定的设计技术，其中既包括对教育活动目标和教

育活动指导策略的设计技术，还包括对教育活动评价及教育活动资源开发的设计技术等。而这种技术性既体现在幼儿园教育活动的设计过程中，也体现在教育活动的实施过程中。由此可见，技术性是贯穿在幼儿园教育活动设计中的一个最明显的特征。

（二）幼儿园教育活动设计具有创造性

对于幼儿园教育活动的设计者或教师来说，教育活动设计是其有意识、有目的地为优化教育活动过程、达成最优化教学效果而主动构思、设想和规划的一种预期方案。这种方案和计划本身会带有明显的设计者个体的主观性，能反映出设计者个体对于儿童发展、教育价值、教学理念、学习原理和教学规律的诠释。从这个意义上说，幼儿园教育活动设计实际上是设计者或教师的一种兼容创造性、学科性、决策性的研究活动，它是设计者或教师背景范畴、经验范畴、组织化的知识范畴三方面因素综合作用的产物。这一特性从一个侧面反映了这一综合的、复杂的活动设计过程是设计者或教师富有创造性的"个人产品"。

（三）幼儿园教育活动设计具有广泛性

从幼儿园教育活动设计的定义中可以看出，设计过程涉及大量的活动，从最初的活动目标确立、活动内容安排到整个过程的计划步骤等创造性活动，都是为了确保教育活动顺利、有效进行而展开的。可见，幼儿园教育活动设计中包含了一系列广泛的活动。

如果在某种学习环境中活动设计不能提供适当的活动以支持儿童的学习，促使学习顺利而有效地完成，那么，这个设计就是失败的，或者说，缺乏对活动设计的一系列影响因素和条件的综合、全面、整体的把握也就不可能体现活动设计的广泛性和多元性。但一个教育活动设计究竟应该包括哪些活动，即使是教育研究专家也没有一个完全统一的看法。一些人认为，教育活动设计首先必须包含对学习和教学的监测和维持活动；另一些人则认为，教育活动设计还应该考虑对教育方法的选择、理解、改进和运用，以及根据教育规律、儿童特点对教育活动环境、材料的设计等。由此可见，教育活动设计过程事实上与很多方面的发展活动是密不可分的，它是一个彼此联系、不断派生的系统过程，具有广泛性的特点。

二、幼儿园教育活动设计的原则

幼儿园教育活动设计是教师为促进儿童发展而有计划、有目的地展开的一项创造性工作，它是建立在教师把握和分析活动对象的特点，制定适宜的教育活动目标，合理选择教育活动的内容与形式，并充分创设教育活动的环境和调动其他要素的基础之上的。因此，对于这样一种与教育目标、教育观念、教材教法、教师与儿童及环境与时空等各项因素相关的设计工作，为了促进其科学、合理而有效地进行，有必要在设计中提出及遵循一些基本的准则和要求。

（一）发展性原则

所谓发展性原则，是指在教育活动设计中必须准确把握儿童的原有基础和水平，并以此为依据着眼于促进儿童在身体、认知、情感、个性及社会性等方面的全面而整体的发展。它包括以下两层含义。

（1）指教育活动的设计应以促进儿童的发展为出发点，应当适应儿童的发展水平，考虑儿童的原有基础。教育活动的目标和内容应以儿童的身心发展程度及可接受水平为基础，既不任意拔高，也不盲目滞后。在教育活动的设计中，教师必须遵循从儿童身心发展的现实水平和已有的"内部结构"出发，既照顾到儿童的现实需要、兴趣和能力水平，也考虑到儿童长远发展的需要和价值，以促进儿童在现有基础上的进一步发展和提升。正如著名心理学家维果斯基所认为的，教师应在儿童的两种发展水平，即较低层次上的已有发展水平和较高层次上的需要帮助才能达到的水平之间确立其"最近发展区"，使教学建立在"最近发展区"的基础上，从而使教育活动能更好地真正促进儿童的发展。

（2）指教育活动的设计也应以促进儿童的发展为落脚点，应当始终贯彻以"发展"作为教育活动设计的核心，无论是在教育活动目标的制定、内容和材料的选择上，还是在方法和组织形式的运用等各个层面上，都要以如何有利于促进儿童的发展作为依据和准则。当然，这种发展也应当是全面而综合的，既包括儿童在身体方面的发育，也包括儿童在智能、情感和社会性等方面的发展，它们应当是以一个合理而有机结合的整体体现在幼儿园教育活动设计之中的。

（二）主体性原则

主体是相对于客体而言的。一般来说，它是指有目的、有意识地从事实践活动和认知活动的个体。教育活动既可视为一种认知活动，也可视为一种实践活动，从幼儿园教育活动本身的呈现特点来看，教师和儿童在教育活动中是共同参与、相互配合的，他们理所当然都是教育活动的主体。但是，在幼儿园教育活动设计中的主体性原则，是针对教师的角色和工作而言的，因此应当把握好以下两点。

（1）教育活动设计中的主体性原则是指教师必须坚持遵循和体现以儿童作为活动的主体，在活动内容的选择及活动形式的安排方面注重激发儿童的能动性、自主性、创造性，通过为儿童创设具有兴趣性、探索性的可供儿童自由交流和操作的环境与材料，引发儿童积极主动地与环境相互作用以获得相应的经验，并在儿童自己发现和解决问题的过程中发展他们的能力。虽然教师根据社会的要求和教育的目标可以对儿童施加一定的教育影响，但教师绝不能代替儿童实践、代替儿童发展。只有当教师的教育影响能够促使儿童真正成为自己学习和发展的主体时，教育的既定目标才有可能得以更好地实现，教育的理想效益和最优化才有可能达成。因此，教育活动设计中的主体性原则首先是教师在教育观念上的转变和认识，其次才有可能落实和体现在教育活动设计的行动层面。

（2）教育活动设计中的主体性原则，也是指教师应当在重视儿童主体性的同时，适时、适地、适宜地发挥教师的主体性，即在活动设计中正确地认识和把握好教师的角色，以及对儿童学习和活动的"指导"。教师的主体性发挥首先体现在活动设计中教师对自身参与活动态度的认识和把握上，应当以饱满的热情和积极的态度融入儿童的活动之中，努力营造一种民主、平等、宽松、自由的活动氛围，在满足儿童需要和意愿的同时潜移默化地发展儿童的自主性。此外，教师的主体性发挥还体现在活动设计中对教师介入角色的定位和把握上。教育活动作为一种师幼双边互动的活动，其中教师与儿童的互动方式既可以

是"指导性的互动"，也可以是"引导性的互动"或"中介性的互动"。在与儿童的交流和互动过程中，教师不应当是一个"高高在上"的权威和领导者，而应当是儿童活动和学习的参与者、合作者及支持者。而且，教师的主体性不仅体现在其对儿童活动的直接指导方面，还体现在其对儿童活动的"隐性支持"方面，而这种认识能够使得教师在活动设计中对其"主导"的作用和价值有一个更正确而全面的把握，进而更好地推进儿童的学习和发展。

（三）渗透性原则

所谓渗透性原则，是指在教育活动设计中将不同领域的内容、不同的学习形式与方法加以有机地融合，将其作为一个互相联系而不可分割的完整体系来对待。虽然幼儿园教育活动从不同的侧面可以进行人为的分类，但它在促进儿童发展的目标上所涉及和涵盖的是儿童在不同领域、不同层面的整体发展，在《规程》中早就提出幼儿园教育的任务之一是使"德、智、体、美"各方面的教育相互渗透、有机结合，且提出要"充分发挥各种教育手段的交互作用"等。因而在教育活动的设计和实施中必然要求各个领域之间的相互渗透和有机结合。教育活动设计中遵循渗透性原则主要体现在以下两个方面。

（1）教育活动内容的相互渗透和整合。幼儿园教育活动的呈现是以儿童的生活经验为基础的综合式、主题式活动，它是以儿童的生活经验为起点而构建起来的活动，活动的内容涉及健康、语言、社会、科学、艺术、生活等各个方面，将这些不同领域的内容以一定主题活动的方式加以整合，使其在一个或若干个教育活动中相互渗透、补充，它既符合儿童的年龄特点、认知特点，也有利于儿童对活动的介入和参与。

（2）教育活动形式的相互渗透和整合。一方面是指将集体进行的、正式的教育活动形式与个别选择的、非正式的教育活动形式相互渗透和结合；另一方面是指在一个教育活动的设计中将不同的学习形式与方法加以相互的渗透和组合，让儿童在操作、实验、游戏、体验、表现、创造等不同的学习形式下加深对活动内容的把握，更好地获得活动经验和学习经验。

（四）开放性原则

所谓开放性原则，是指在教育活动设计中，教师要根据一定的教育目标要求和内容范围，在预测、分析儿童的学习需要及年龄特点的基础上，积极主动地为儿童创设和提供促进其学习的环境和资源，即对教育活动进行必要的预设。同时，更应当遵循充分地调动儿童的兴趣、儿童的探究和儿童的需要原则，给教育活动设计留出足够的空间，这种空间是随时随地为儿童偶发的、自然生成的、即时体验的活动而准备的。因此，从这个角度说，教育活动设计也应当是一个更开放的活动过程，而不是一个预先设置且一成不变的过程。开放性原则在活动设计中可以具体体现在以下几个方面。

（1）目标的开放、灵活和适时调整。教师在对活动目标的设计和表述上不应一概单纯从行为目标的取向着手，而应当从活动的类型、儿童的年龄、空间、时间、环境等多方面的因素考虑，综合地加以区别对待，如对区角活动目标和学科活动目标的区别，集体活动和个别、小组活动目标的区别等。

（2）内容的开放、丰富和多元化。从教育活动内容上考虑，如何认定教师预设的是对儿童发展和获得知识经验有价值的，而不是儿童真正需要和有兴趣的呢？显然，要在这两者之间达到一种和谐与一致，就需要教师允许儿童有自己的要求、自己的主张和自己的选择，教师在活动内容的把握上要注意尺度，给儿童留出足够开放的空间。

（3）形式的开放、多向和灵活。在教育活动设计中，教师对活动基本形式的把握应当结合活动的内容、儿童的特点等各方面因素加以考虑。对于不同活动类型应设计和考虑变化的、多样的不同活动组织形式；对于不同发展水平的儿童应当允许有不同的活动形式；应当能够为儿童随即可能生成的、新的活动内容和探索兴趣创设支持性的活动形式，以真正满足儿童的学习需要。

三、幼儿园教育活动设计的步骤

幼儿园教育活动设计，首先要考虑我们要到哪里去，即教育活动的目标，也就是通过教育活动，幼儿要学习什么，将能得到什么；其次要考虑我们怎样才能到那里去，即选择什么样的教育内容和教育策略支持幼儿的学习与发展；最后要考虑怎样才能知道是否已经到达了目的地，即如何对教育活动和活动中幼儿的发展进行评价。

具体地说，教育活动设计程序一般可分为以下几个步骤：确定活动目标，明确活动任务；选择活动内容，选用适宜策略（包括过程、手段、形式、方法等）；设计活动评价方法，评估活动效果。因教育活动评价在第八章中将专门介绍，本章不再赘述。

（一）教育活动目标的设计

1. 教育活动目标及其意义

教育活动目标即教育活动最终想要达到的境地或标准，是人们对教育活动效果的预期。确立科学的幼儿园教育活动目标有利于幼儿教师将注意力从"内容"引向"发展"，从"形式"引向"目标"，使教师在增强目标意识的同时，依据目标选择活动内容、方法及形式，避免在教育活动过程中，盲目追求形式化的花样翻新，造成教育的盲目性和随意性，影响教育的实际效益。

（1）教育活动目标能给幼儿的发展指明方向。幼儿园教育是一种有目的、有计划的社会实践活动。其目的性反映在幼儿园中，就是根据幼儿自身发展和社会的要求与期望去塑造幼儿。这种要求和期望，用概括性语言加以表述，就是教育目标。

幼儿的发展受遗传、环境、教育的影响，遗传仅为幼儿的发展提供了可能性，这种可能性能否变为现实性，决定于教育和环境。幼儿园应为幼儿提供一种什么样的教育，引导幼儿向什么方向发展，这不是家长或教师说了算的，而是由国家制定的教育目标决定的。幼儿园教育目标明确了幼儿发展的方向，使幼儿园教育活动可以有目的地促进幼儿的发展，使幼儿成为社会所希望的人。

（2）教育活动目标指导着教育活动的全过程。教育活动目标是教育活动的出发点和归宿，活动内容、手段、方法的选择，活动环境和过程的设计都应围绕活动目标。

①教育活动目标决定教育活动内容。从教育活动设计这个角度来说，应该是"教育目标在前，教育内容在后"，而现实中似乎是"教育内容在前，教育目标在后"，其实这是一

种错觉。现在幼儿园的教育内容都应该是由部门或幼儿园或幼儿教师按我国《规程》《纲要》《指南》中所规定的幼儿园教育目标来选定的，而不是有了教育内容之后，才去定教育目标的。教育活动目标是相对稳定的，教育活动内容则可以有适当的变化，只要对教育目标的实现有利的内容都可能被选作幼儿园教育的内容。但我们得思考一个问题——什么样的内容最有利于幼儿园教育目标的实现？也就是说，并不是说只要对教育目标的实现有利的内容都能够成为幼儿园教育的内容，只有那些最有利于教育目标实现的内容才能被选为教育的内容。

从上述分析，我们还可以知道，全国的幼儿园教育目标是基本一致的，但是各地的教育内容可以是不一致的，或者说，只要能保证幼儿园教育目标的全面实现，选什么样的内容作为幼儿园教育的内容都是可以的。基于这样的认识，平时就无须固守某种教材的教育活动内容，而可以根据教育目标的要求及各地的实际情况，为幼儿选择更加适合其发展的内容。

②教育活动目标决定着教育方法的选择。曾有人问过执教多年的青年教师："你们选择教育方法的主要依据是什么？"多数人的回答都是"教育内容的特点、幼儿的兴趣和认知特点"。其实，在选择教育方法时，这些因素固然要考虑，但它不是应考虑的主要因素。按照目标教学论的观点，选择教育方法的主要依据应是幼儿学习的结果类型，即教育活动目标。因为教育方法是手段，它是为教育活动目标的实现服务的。对于幼儿兴趣的满足——在多大程度上满足、用什么方法满足，也都要考虑其是否有利于幼儿园教育目标的实现，离开了幼儿园教育目标的实现，而去"为兴趣而兴趣"，也是有悖于教育宗旨的——教育是为了促进幼儿的发展，而不仅仅是为了逗乐幼儿。

每一种教育方法都有其优势与劣势。例如，讲授法对陈述性知识的教学比较有效，但对技能的教学则不然，进行技能教学时，讲授法只在初期即告知行事的操作规则时才有效，但若一味依赖讲授法，幼儿就会失去练习的机会，决不会导致技能的形成。又如，发现法对幼儿能力的培养很有效，但它十分费时，所以对一般的陈述性知识的传授就不合适。

因此，在教育方法的选择方面，一定要考虑教育活动所追求的目标是什么，然后根据不同的目标选择相应的教育方法。

③教育活动目标决定着教育活动手段的选择。教具、学具、现代化教育手段的使用都是为教育活动目标的实现服务的，手段本身并不是教育活动的目标。这一点应该有清醒的认识，不要为手段而手段。离开了目标的手段是毫无意义的。

此外，还要考虑教育活动手段的经济性问题，如果教育活动手段花费少，教师和幼儿消耗也少，又能达到同样的教育活动目标，即使不够"现代化"，也是一种好的教育活动。

④教育活动目标决定着教育活动环境的布置。教育活动环境的布置要为教育活动目标的实现服务，要为幼儿养成良好态度、提高各种能力、掌握基础知识和基本技能服务，要为幼儿的全面发展服务。因此，要根据不同的教育活动目标，创设相应的环境。教育活动环境的布置要考虑其教育价值，不要为环境而环境。同时，还应充分挖掘现有环境的教育价值，使之更好地为教育活动目标的实现服务。

然而，目前的幼儿园教育活动环境布置，一是为教育活动目标实现的意识不强，多是一些点缀——花费不少，却布置了毫无意义的活动环境；二是挖掘和利用现有环境的教育价值，为教育活动目标的实现而服务的意识和能力不强。

⑤教育活动目标是指导教育活动评价的重要标准。如何评价一次教育活动的质量？对这一问题的观点不一，争议颇多。有人认为，一次教育活动的效果如何，主要看幼儿是否活跃，教师是否投入，教师的思维是否清晰，表情是否自然，声音是否响亮，语言是否幽默有趣，是否运用了现代化教育手段，等等。其实，这些都不是评价教育活动质量高低的主要标准，评价教育活动质量高低的最重要的标准就是这次活动在多大程度上达成了活动目标。离开了目标的实现，其他一切标准都是多余的、没有必要的。当然，这里有一个前提，那就是所制定的活动目标一定是科学的、合理的、适合的。

一次高质量的教育活动，一定是目标科学合理且明确具体的，活动过程紧紧围绕目标的实现而展开，过程中随机生成的活动，也应符合这一要求，或者比较有利于教育活动总目标的实现。

2.教育活动目标设计的原则

（1）整体性原则。教育活动目标的涵盖面要尽量全面，应指向幼儿的全面发展。全面发展目标不仅要包括德、智、体、美等全面发展的目标，而且要尽量涵盖情感态度、能力、知识技能等方面的目标。虽然不同教育活动的教育目标应有所不同，且应有各自的重点目标，但总体而言，除了突出本活动的重点目标外，还要兼顾其他方面的目标，不要有意无意地忽视某方面的目标。每一个教育活动的目标原则上都应包括情感态度目标、能力目标、知识技能目标3个方面的内容。

（2）系统性原则。教育活动目标要具有连续性和一致性。一是阶段性目标之间要相互衔接，体现身体、心理、知识、技能等方面发展的循序渐进性；二是下位目标与上位目标之间、局部目标与整体目标之间要协调一致，每个层次的目标都应是上位目标的具体化，以保证每一条具体活动目标的实现都朝着总目标前进一步，都成为实现上位目标的有效一环。

（3）可行性原则。制定教育活动目标要考虑本班幼儿的实际，应该是在教师的引导下，幼儿经过努力能达到的。过低或过高要求的目标，都会使教育活动失去应有的引导、促进发展的价值和功能。

（4）时代性原则。教育活动目标应体现时代性，应关注社会，反映社会发展，在了解社会发展趋势的基础上预测未来社会所需要的人才规格。

有学者提出，未来社会的合格成员应该有积极的自我概念；了解和尊重他人，善于合作；有不断学习的态度和能力；时间观念强，做事讲究效率；有社会责任感，关心人类环境；独立性强、勇于开拓和创新等。教师在设计教育活动时，应适当考虑如何达成这些目标。

3.教育活动目标表述应注意的事项

（1）目标陈述的应是幼儿通过活动之后在德、智、体、美等方面的情感态度、能力和知识技能方面的变化。教育活动目标不应陈述"教师做什么"，因为它预期的是幼儿的学习结果，用"教师应该做什么"的语句陈述，在逻辑上讲不通。再者，如果教育活动目标陈述的是"教师应该做什么"，如"教育幼儿热爱劳动和爱惜劳动成果"，那么教师"教育"过了，其目标就达到了，至于幼儿的情感是否发生了变化，能不能经得起测量和检验，以教师的行为陈述的教育活动目标是不需要回答后面的问题的。

教育活动目标与"教学要求"是不一样的，"教学要求"是"教师应该做什么"，而

教育活动目标则是"幼儿做什么"。这也反映着一种观念的转变，即由原来的关注教师的"教"，转向关心幼儿的"学习与发展"。

（2）目标的陈述要尽量使用具体明确、可观测的行为术语。教育活动目标应陈述预期幼儿要获得的学习结果，而应尽量避免使用含糊的、不切实际的语言陈述。因为教育活动目标是以具体明确的表述方式说明幼儿完成学习任务以后要达到的"目的地"，如不能清楚地表达幼儿要达到的"目的地"，幼儿很可能会抵达另一个地点，甚至会走错方向。目标不明确，对教育活动内容的选择、教育活动过程的安排、教育活动策略的采用及学习结果的评价都是不利的。例如，有教师在制定小班生活活动目标时写"培养幼儿的独立生活能力"，这样的目标表述，一是过于含糊不具有可观测性和可操作性，对教育实践没有指导意义；二是它所反映的"培养"是"教师应该做什么"。如果把它改为"学习并能初步做到独立地穿脱衣服、吃饭、上厕所等"，就比较具体，具有可观测性，对教育活动的具体实践也有指导作用。

（3）目标的陈述应反映学习结果的层次性，且目标之间不交叉、不重复。华东师范大学邵瑞珍教授认为，认识领域的教育活动目标一般反映记忆、理解、运用3个层次，因此不能把教育活动目标都笼统地陈述为"掌握……"。因为这样的目标不够具体，在活动过程中不易操作。在制定活动目标时，可以参考布卢姆的教育活动目标分类学的划分方法。

同时，目标要有代表性，每一条教育活动目标均应是单独的内容，目标内容之间不要有交叉或重复。

（4）对需长时间才能达到的目标，表述要慎重。情感态度、能力、行为习惯、心理品质等方面的目标，一般不是通过一两次教育活动就能达到的，而且它比认知、技能领域更内在，所以要把它们具体化为可观测的行为不容易。制定这类教育活动目标时，只要明确幼儿必须参加的活动，而不必精确每个幼儿应从这些活动中习得什么。例如，"升国旗唱国歌"这类的教育活动，明确幼儿在升国旗唱国歌过程中的态度、行为等即可。

（5）目标的陈述原则上应包含如下4个因素。

①行为主体：指由谁来完成教育活动所预期的行为。在幼儿园教育活动中，行为主体一般是幼儿。例如，"幼儿能用自己的方式给叶子分类"。不过，由于教育活动过程的学习主体极为明确，因此，在表述目标时，行为主体可以省略。

②行为结果：即通过学习后，幼儿行为所产生的变化。例如，"能区分家畜和家禽"。一般情况下，均使用动宾结构的短语来描述行为结果。其中动词是行为动词，它表明了学习的类型；而宾语则说明某一领域的具体学习内容。针对不同的学习领域及不同层次的学习目标，有些可供教师参考选用的动词。

例如，在制定认知学习领域的目标时，可选用以下动词。

知识：说出、名称、列举、选择、背诵、辨认、回忆、描述、指出、说明等。

领会：分类、叙述、解释、选择、区别、归纳、举例说明、改写等。

应用：运用、计算、改变、解释、解答、说明、证明、利用、列举等。

分析：分类、比较、对照、区别、检查、指出、评论、猜测、举例说明、图示、计算等。

综合：编写、设计、提出、排列、组合、建立、形成、重写、归纳、总结等。

评价：鉴别、讨论、选择、对比、比较、评价、判断、总结、证明等。

而在制定情感学习领域的目标时，则可选用下面这些动词。

注意：知道、看出、注意、选择、接受等。

反应：陈述、回答、完成、选择、列举、遵守、称赞、表现、帮助等。

价值判断：接受、承认、参加、完成、决定、影响、区别、解释、评价等。

组织：讨论、组织、判断、确定、选择、比较、定义、权衡、系统阐述、决定等。

价值体系个性化：改变、接受、判断、拒绝、相信、解决、要求、抵制等。

现以学习"相邻数的规律"为例说明怎样描述行为结果。此内容要求幼儿能说明相邻数的规律，这是一个认知学习领域的目标，其目标层次是理解并应用。参考"理解"和"应用"中的动词，"行为"可以被描述成"举例说明相邻数的规律"。

另外，在描述行为时，一定要注意，这里的行为是指幼儿学习后能做什么，即学习后表现出的行为变化，是学习的结果，而不是教师的行为。因此，应避免出现教会、培养、鼓励、引导、激发幼儿等写法。

③行为情境：即说明上述行为在什么条件下产生，在评价幼儿的学习结果时，也应以这个条件来衡量。情境或条件表示幼儿完成目标行为时所处的情境，即说明在评价幼儿的学习结果时，该在哪种情况下评价。例如，"能手口一致地点数 4 以内的数"的活动目标中，"手口一致"就属于行为情境或条件。这些情境或条件一般包括下列因素：环境因素，如空间、光线、气温、室内外、噪声等；人的因素，如个人单独完成、小组集体进行、个人在集体的环境中完成、在教师指导下进行等；设备因素，如工具、设备、图纸等；信息因素，如资料、图表等；时间因素，如速度、时间限制等；问题明确性的因素，如为引起行为产生，提供什么刺激、刺激的数量如何等。

在描述情境或条件时应注意，教育活动目标中的情境或条件往往也是评价幼儿时的情境或条件。另外，在描述"条件"时，不要把学习活动本身当作行为情境或条件，如不能描述成"教育活动后，幼儿……"。

④行为标准：即用来评价幼儿学习结果的标准，也就是用来衡量幼儿行为完成质量的可接受的最低依据。对行为标准做出具体描述，使目标有可观测性的特点。标准一般从行为的速度、准确性和质量三方面来确定。例如，"能说出园内 3 种以上的植物名称"中的"3 种以上"就是行为评定的标准；又如，"能独立地在 6 分钟内穿好衣服"（速度）。

当然，在表述目标时，并不需要把 4 个要素都写出来，以免琐碎繁杂。但在表述时适当考虑上述 4 个因素，对制定好目标是有益的。不管怎样，制定目标时行为结果的表述是最基本的，不能省略。

（6）内外结合的表述方法。在上述的目标"四因素表述法"中，虽然避免了用传统方法表述目标的含糊性，但它本身也有缺点：只强调了行为结果，而未注意内在的心理过程，因而可能引导教师只注意幼儿外在行为变化而忽视其内在的能力和情感的变化。此外，在具体的教育活动过程中，根据目前已有的研究成果，还有许多心理过程及其品质无法行为化。因此，描述内部心理过程的术语不能完全避免，所以还需要运用内外结合的表述方法，即先用描述内部过程的术语来表达目标，以反映理解、应用、分析、创造、欣赏、尊重等内在的心理变化，然后列举反映这些内在变化的例子，从而使这些内在心理变化可以观测。这就是用内部过程与外显行为结合描述学习结果的方法。例如，学习内容"食品营

养真重要"，运用内外结合的表述方法制定目标，可以是：积极参与有关食品营养的学习与讨论活动；能用自己的方式向别人介绍食物的营养价值；逐步做到什么食物都吃，不偏食。

实践训练： 自选内容设计活动目标。

（二）教育活动内容的选择

对于幼儿园教育活动内容的选择，《纲要》提出了3条明确的要求：既适合幼儿的现有水平，又有一定的挑战性；既符合幼儿的现实需要，又有利于其长远发展；既贴近幼儿的生活来选择幼儿感兴趣的事物和问题，又有助于拓展幼儿的经验和视野。考究这3条要求，可以明晰选择幼儿园教育活动内容应考虑的标准。

（1）内容应与教育活动目标相符，并且有利于幼儿全面健康和谐的发展。教育活动内容是为实现教育活动目标服务的，在选择内容时应考虑：选择这一内容是为了实现哪一条或哪几条活动目标？这一内容还可能指向哪些教育目标？还有比这一内容更能促进相关教育目标实现的内容吗？同一目标，可以通过不同的内容来达成，关键看哪种内容更有利于目标的达成。现实中，有的教师在内容的选择上只求新、求异，不考虑其发展价值，进而导致许多无价值甚至有负面价值的内容也被引进幼儿园的教育中。

为幼儿选择学习内容，要考虑其对目标的意义，同时还要考虑在促成各领域目标的达成方面取得一种平衡，以利于幼儿健康和谐地发展。

（2）内容应是幼儿现在或将来学习、生活所必需的或对幼儿基本素质发展有较大价值的。幼儿学习的内容应是其发展所必需的关键经验，幼儿期是学习这些内容的最好时机，错过了这个时机以后就没有这么好的发展机会了，虽然其他年龄阶段也可以发展，但要付出更大的代价；如果这个年龄阶段可以学习，其他年龄阶段也可以学习，但这个阶段要取得同等发展效果需要付出更大的代价，那么，这样的学习内容则不宜在幼儿期进行。

现在幼儿学习的内容比以前丰富多了，但就其必要性来看，许多内容并非幼儿学习生活或发展所必需的，如幼儿园的"认识乌龟"主题教育活动，开展了3个月之久。对此，园领导的评价是教师开发课程的能力强。而仔细推敲，"乌龟"并没有重要到需要幼儿花3个月的时间去认识它的程度。

（3）内容应能转化成幼儿自身的活动，且有适度的挑战性。活动是幼儿发展的基础，幼儿的发展是在其与周围环境交互作用的过程中实现的。幼儿有什么样的活动，就有什么样的发展；没有幼儿自身的活动，也就没有幼儿的发展。

因此，教师的主要作用在于如何让幼儿的身心更加积极有效地活动起来，只有这样，幼儿才能获得真正的发展。从这个意义上来说，教师尽可能地少讲、避免精讲是幼儿获得尽可能多发展机会的必要前提。

然而，并不是所有的活动都能促进幼儿发展，只有那些有适度挑战性的活动，对幼儿的发展才有促进意义。此处的适度挑战性是指幼儿需要经过努力可以克服的困难或解决的问题。没有适度挑战性的活动是浪费幼儿宝贵的时间和受教育的机会。如果活动的要求大大低于幼儿身心的能力，或者没有达到一定的身心负荷，那么他们的身心力量就派不上用场，他们的发展就会进展缓慢，他们的身心能力甚至还有可能会衰退和钝化。幼儿经过努力克服了困难，获得了成功体验，对提高他们的活动兴趣和自信心很有帮助。但是，如果挑战过大，幼儿几经努力，还是接连不断地失败，就会使他们垂头丧气，失去自信心。因此，适度挑战很重要。

平时，许多教师在教育活动设计和实施过程中，对手段和形式考虑得比较多，而很少考虑如何适当调整活动的挑战性来促进幼儿的发展。这不能不说是幼儿园教育活动设计与实施的一个盲区。

（4）内容应与幼儿的生活经验相联系。活动内容与幼儿的生活经验相结合，既有利于调动幼儿学习的兴趣，也有利于幼儿对相关内容的理解，还有利于幼儿对所学内容的现实意义的理解。

因此，为幼儿选择内容时，要尽量选择那些贴近幼儿生活的内容，不要人为地将幼儿的学习远离他们的生活。而现实是，有些教师在预设主题活动时，往往将主题内容预设到"远古时代"。例如，一位教师在预设"现代信息广场"这一主题活动时，将原始社会部落中使用的通信工具"狼烟""消息树"等，都纳入到活动内容中。从表面上看，这些主题活动的内容很"完美"，但这些远离幼儿生活的内容，如果不与当下或未来的生活相联系，那么对幼儿当下和未来的发展意义都不大。

（5）内容之间应有内在逻辑联系。教育心理学研究表明：有内在联系的知识经验比零散的知识经验更有利于幼儿的发展。因此，为幼儿选择内容时，要努力使同一领域的不同方面的内容、不同领域的内容、前后学习的内容之间产生有机的联系。在内容的组织方面，努力按照知识经验的内在逻辑关系来组织，并且努力让幼儿通过学习了解这些知识经验的内在逻辑关系；当幼儿的知识经验达到一定程度时，还要将知识经验"联系的原理"当作他们进一步学习的基础，进而不断提升他们的知识经验和能力的水平。遗憾的是，许多教师并没有认识到"联系"的真正意义，他们按"方案"或"主题"所编织出来的内容，更多的是只具有表面联系，缺乏内在的逻辑联系。例如，一位教师在为中班主题"金色的秋天"选择内容时，将苏轼的《水调歌头·明月几时有》选了进去，其理由是"这首诗描写的内容与秋天（中秋节）有关"。其实，在这一主题下，幼儿要了解的是有关秋天的感性经验或知识，而不是"人有悲欢离合，月有阴晴圆缺……"。从表面上看，这首诗确实与秋天有关，但凭幼儿的经验和能力，他们无法理解这种相关，因而这样的内容对幼儿发展的意义是非常有限的。

（6）内容应是幼儿感兴趣的。幼儿是情绪化的，他们的学习绝大多数由兴趣所决定。没有兴趣的学习，对幼儿来讲没有意义。因此，为幼儿选择的内容应是幼儿具有自发兴趣的，或是经过教师的努力，可以让幼儿感兴趣的。幼儿不会像成人那样为了"美好的明天"而学习，他们的学习一般都是由其对活动本身的兴趣所激发的。

（三）教育活动策略的选用

1. 教育活动方法的选用

曾有学者问过执教的青年教师："你们选择教育方法的主要依据是什么？"多数人的回答都是"幼儿的兴趣"。事实上，选择教育方法，不仅仅是为了幼儿的兴趣，还应该为了幼儿的全面发展，为了高效达成教育活动目标。因此，教育方法的选择应该考虑以下要求。

（1）教育活动目标的要求。现代教学理论研究表明，根据不同的教育活动目标选用不同的教育方法是走向教学最优化的重要一步。因此，围绕目标的实现来选择教育方法是一条重要的原则。根据目标选择教育方法应考虑以下几个方面。

①特定的目标往往要求特定的教育方法来实现。认知领域的目标有知识、理解、应用、分析、综合、评价6个层次。通常，只要求达到识记、了解层次的，可选用讲授法、介绍法和阅读法等；要求达到理解层次的，可选用质疑法、探究法、启发式谈话法等；要求达到应用层次的，则宜选择实践练习法、迁移法和讲评法等；而对于高层次的目标，如分析、综合、评价，则宜选用比较法、系统整理法、解决问题法、讨论法等。因此，选择教育方法时一定要考虑活动所追求的目标，并根据不同种类的目标选择相应的教育方法。

②各种教育方法的有机结合，发挥最佳功效。每一种教育方法都有其优势和劣势。例如，讲授法对陈述性知识的教学比较有效，但对技能的教学则不然，在进行技能教学时，讲授法只有在初期即告知办事的操作规则时才有效，如果教师一味地依赖讲授法，幼儿就会失去练习的机会，很难促成幼儿相应技能的掌握。同时，由于活动目标的多层次化和活动环节的多样性，必然要求教育方法的多样化。特定的方法只能有效地实现某一或某方面的目标，完成某一或某几个环节的任务，要保证目标的全面实现，教育活动中往往要求选用几种能互补的方法，并将它们有机结合。

③扬长避短地选用各种教育方法。每一种教育方法都有助于实现一定的教育活动目标，具有其独特的功能和优点，同时也都有其局限性和不足之处。正如苏联教育理论家巴班斯基所说："每种教育方法按其本质来说都是相对辩证的，它们都既有优点又有缺点。每种方法都可能有效地解决某些问题，而解决另一些则无效或低效；每种方法都可能有助于达到某种目的，却妨碍达到另一种目的。"因此，选用不同的教育方法时要尽可能地避免其缺陷。例如，使用讲授法时，要努力调动幼儿学习的积极性、主动性。如表1-1和表1-2所示，可以清楚地看到在解决某一范围的教育活动任务时，各类教育方法中哪些方法效果较好。

表1-1　教育活动目标与教育方法的选择（巴班斯基）

教育方法	教育目标												教学速度
	形成			发展									
	A	B	C	D	E	F	G	H	I	J	K	L	
口述法	+!	+!	-	+!	-		+	+!	+	+	+	+	快
直观法	-	+	+	+	+!	+	+!		+!	+	+	+!	中
实际操作法	-	+	+!	-	+	+!	+	-	+	+!	+	+!	中
归纳法	+	+!	+!	+	+!	+	+		+	+!	+	+!	慢
演绎法	+!	+	-	+!	+	+	+	+	+	-	+!	+	快
教师指导下的学习活动法	+!	+	+	+	+	+	+	+	+	+	+	+	快

续表

教育方法	教育目标												教学速度
	形成			发展									
	A	B	C	D	E	F	G	H	I	J	K	L	
独立活动法	+	+！	+！	+	+	+！	+！	+	+！	+！	+！	+！	中
认识性游戏	+	+！	+	+	+！	+	+	+	+！	+	+	+！	慢
教学讨论	+	+	–	+！	+	+！	+	+！	+！	+	+	+！	慢
口头检查	+！	+！	–	+！	+	+	+	+	+	+	+	+	中
书面检查	+	+	–	+	+	+	+	+	+	+！	+！	+	中
实验室检查	–	–	+！	–	–	–	–	–	+	+！	+	+！	慢

注：A 代表理论性知识；B 代表事实性知识；C 代表实际操作技能；D 代表抽象逻辑思维；E 代表直观形象思维；F 代表思维的独立性；G 代表记忆力；H 代表言语力；I 代表认识兴趣；J 代表学习劳动技能；K 代表意志；L 代表情绪。"+！"指解决问题比本组其他方法更有成效；"+"指基本能解决问题；"–"指完成该项任务比本组其他方法成效更差。

表1–1 说明：每种教育方法都有其特别适用的范围，同时也有其局限性；每种教育方法的教学速度是不一样的。因此，选择教育方法时，一定要从教育活动目标出发，选择更有利于教育活动目标实现的教育方法；同时，还要根据教学所能花费的时间来选择适当的教育方法。

表1–2 有效运用各种教育方法的条件（巴班斯基）

	口述法	直观法	实际操作法	再现法	探索法	归纳法	演绎法	独立工作法
教育任务	形成理论性和事实性的知识	发展观察力，提高对所学的内容的注意	发展实际操作的技能和技巧	形成知识技能和技巧	发展思维的独立性，形成研究问题的技能和对问题的创造性态度	发展概括的技能、进行归纳推理的技能（从特殊到一般）	发展演绎推理的技能（从一般到特殊）	发展学习的独立性，形成学习劳动的技能
教材内容	主要是理论性和信息的内容	可以用直观形式表达的内容	含有实际练习、试验、劳动作业等内容	太复杂或很简单的内容	复杂程度中等的内容	教科书中是归纳的，或者用归纳法讲述的合理的内容	教科书中是演绎地陈述的，或者用演绎法讲述的特别合理的内容	适合于幼儿独立学习的内容

	口述法	直观法	实际操作法	再现法	探索法	归纳法	演绎法	独立工作法
幼儿特点	用相应的口述法，幼儿有掌握信息的准备	所用直观法教具幼儿都能接受	有完成实际作业的准备	对该课题进行问题研究尚未准备	有准备对该课题进行问题研究	有准备进行归纳推理，但对演绎推理感到困难	有准备进行演绎推理	有准备对该课题进行独立学习
教师可能性	各种口述法掌握得很好	拥有必要的直观教具，能自制教具	有组织实际练习的教学物质设备和教学材料	没有时间对该课题进行问题教学	有时间对该课题进行问题教学，并且探索教学法掌握得很好	掌握归纳教学法	掌握演绎法，并且探索教学法掌握得很好	有供幼儿独立工作的教学材料，并且有充分的时间组织这些材料

表1-2说明：每一种教育方法的有效使用都是有条件的，而不是无条件的。有效地运用各种教育方法，须详细地考虑教育任务、教育内容、幼儿特点等教育条件的不同，应根据不同的教育条件选择不同的教育方法。

（2）教育活动的具体内容及其教学法特点。不同的教育活动内容也制约着教育方法的选择。即便是同样的教育活动目标，由于领域性质不同，具体内容不同，所要求的教育方法也不一样。例如，同样是为了培养操作能力，科学活动多用探究法；而音乐、美术活动则多用创作法。

（3）幼儿的年龄特征和学习特点。教育方法的选择还应考虑幼儿的年龄特征和已有知识经验。例如，幼儿对某种事物已有大量的感性经验，教师讲这一事物，幼儿就可以理解，就不必使用直观教具进行演示；如果幼儿缺乏感性认识基础，就必须采取直观的方法，幼儿才能理解。例如，农村幼儿和城市幼儿认识鸡和鸭的区别在教育方法上就应有所区别。同时，对处于不同年龄段和不同思维水平的幼儿也要采取不同的教育方法。例如，发现法和讲解法对于小班幼儿可能难以达到预期的活动目标；但"角色扮演法"对小班幼儿来说，可能更有利于激发他们的学习动机和兴趣。幼儿的思维类型差异和个性差异也影响着他们对不同教育方法的好恶与适应性。例如，有的幼儿必须在教师讲解后才能清晰地把握知识；有的幼儿要通过亲自动手操作后才印象深刻；还有的幼儿则对经过充分讲解或自己发现的知识才能持久不忘。

值得注意的是，无论选用什么教育方法，都应考虑如何调动幼儿的积极性，使外在要求转化为内在的学习需要，这样选用的教育方法才有效。教育活动方法的选用，既要考虑幼儿的年龄特征，又不能脱离幼儿的原有基础，还必须反映幼儿的主体性要求，把幼儿学习的主体性和学习特点结合起来，幼儿才能学得既主动又有效。

（4）教师的素质与个性特点。教师素质、个性也是选择教育方法不可忽视的重要因素。教育方法只有适应教师的素养条件，能为教师所掌握，才能发挥作用。有的方法虽好，但教师缺乏必要的素养，自己驾驭不了，仍产生不了良好的效果。由于教师个性的影响，不同教师使用同一方法的效果会有差异。此处的个性主要是指在教师个性心理特征基础上表现出来的教学风格，对不同的教育活动氛围的好恶，与幼儿的亲密程度等。例如，一位平时总是表情严肃的教师在使用"游戏法""角色扮演法"时，可能就不如一位平时和蔼可亲的教师采用这类方法的效果好。教师素质差异也制约着教育方法的选择，如果一个教师善于根据自己的素质特点，选用某种教育方法来弥补素质的不足，就会收到意想不到的效果。例如，一位语感较差的教师，可采用视听法，利用电教设备播放儿童文学作品，以弥补素质的缺陷。因此，选择适宜的教育方法，教师首先要正确认识自身的素质、教学风格，其次要善于扬长避短，根据自己的特点选用恰当有效的教育方法。

（5）幼儿园和地方政府可能提供的条件。这方面的条件包括社会条件、自然条件、物质设备等。如果条件不具备，某些教育方法的运用就会受到限制。就教育条件而言，农村幼儿园和城市幼儿园是不一样的，教师应尽量利用各自的优势，进行有效的教育。

（6）教育活动的时限，包括规定的活动时间与可利用的时间限制。从巴班斯基列出的图表中，可以清楚地看到各类教育方法在解决某一范围的教育活动任务中存在着教育活动速度快慢方面的差别。例如，问题探索法、归纳法比讲授法需要更多的时间。当受到教育活动时间限制时，教师就不能不放弃某些教育方法，以便在所规定的时间内如期完成教育活动任务。

综上所述，教育方法的选用必须以教育活动目标为中心，综合考虑各种因素的制约作用，才能发挥教育活动的整体效应。

实践练习： 为自选内容设计活动方法。

2. 教育活动形式的选用

幼儿园教育活动形式一般有集体教育活动形式、小组教育活动形式、个别教育活动形式等，每种形式都有其适应的范围，以及各自的优势和劣势，因此，教师应了解这3种形式的优势和劣势，并根据活动的需要做出选择。

（1）集体教育活动。集体教育活动，一般是由教师按照一定的教育活动目标，依据一定原则，选择教育活动内容，设计教育活动过程，面对全班幼儿实施教育活动过程的活动。在集体教育活动中，教师主要通过直接控制的方式对幼儿施加教育影响。直接控制方式表现为直接、明确地传递教育意图。这一方式是教师作用于幼儿的一种明确简捷、系统有序、经济有效的方式。

集体教育活动形式对幼儿发展有着积极的影响。例如，集体形式有利于幼儿规则意识、合作意识和自信心等非智力因素的培养，有利于幼儿相互学习；在班集体中学习，幼儿彼此之间由于共同目的和共同活动集结在一起，可以互相观摩、启发、切磋，幼儿可与教师及其他同伴进行多向交流，互相影响，从而增加信息来源或教育影响源。集体活动主要以引导幼儿交流、分享各自的经验，解决共同问题为主，通过整合经验，引起新的认知冲突，体验共同探索、共同表达的愉悦。但是，集体教育活动也有着自身的局限。例如，因材施教不能完全到位；单向灌输不能彻底改变；生活教育不能真正实现；其时间、内容和进程容易固定化、形式化，不能够容纳和适应更多的教育活动内容和方法；教育活动多由教师主导，幼儿学习的主动性和独立性受到一定程度的限制。

因此，教师要明确集体教育活动的适宜范围，实现集体教育活动的优化。例如，从内容看，要求全体幼儿掌握的或者是全班幼儿共同感兴趣的内容，或者是全班幼儿有着共同经验基础的内容；从形式来看，大部分幼儿对某些话题有兴趣，需解决共性的疑问和困惑，或者需要教师帮助幼儿积累、提升和分享必需的经验与重要的体验，采用集体教育活动的方式比较适宜。而要实现集体教育活动的优化，首先是教育活动方式的转变——从直接传授为主转向引导发现为主。强调以幼儿发现学习为主，不是不要教师的指导，而是由直接指导变为间接指导。例如，为幼儿创设发现学习的环境，敏锐地感知幼儿发现学习中遇到的困难，启发幼儿寻找克服困难的方法等。其次是教育活动组织形式的变化——突破全班活动"一统天下"的局面，增加小组教育活动、个别教育活动的机会。再次是解放集体教育活动的时间和空间——变一日活动作息时间和内容安排的按部就班为根据幼儿需要的适时调整，变一律端庄静坐的室内活动为走向大自然、走向大社会的室外活动，让幼儿在最适宜的地方去体验、去学习。然后是尝试集体教育活动的分层。分层教育活动是根据幼儿学习的可能性将全班幼儿分为若干层次，并针对不同层次幼儿的特点开展教育活动，使教育活动目标、教育活动内容、教育活动方法更符合幼儿的前期经验、知识水平和认知能力，符合幼儿学习的可能性，从而确保教育活动与各层次幼儿的最近发展区相适应，促进每个幼儿在原有水平上的发展。最后是实现集体教育活动与区域活动的优化组合。例如，将集体教育活动的延伸部分放入区域中。集体教育活动是基础、是铺垫，区域活动是延伸、是拓展。在区域活动中教师可以观察到个别幼儿的兴趣、可以了解到各层次幼儿的需要，以此来弥补集体教育活动中的不足。又如，将集体教育活动的探索部分放到区域中去。教育活动中，不同幼儿对同一个主题的知识储备和兴趣是不同的。这就要求教师必须以各种方式帮助幼儿丰富前期经验。让幼儿于集体活动前在区域里进行自由探索无疑是一种方法。实现集体教育活动和区域活动的优化组合，能使区域活动更具有目标性，也能使集体教育活动更符合幼儿的需要。

（2）小组教育活动。小组教育活动是由对某个话题共同感兴趣的部分幼儿自由结伴，同伴间分工、协商和合作的活动形式。它有教师组织安排的和幼儿自发组成的两种形式，其教育意义在于，相同的兴趣、相同的问题和困惑，使幼儿自然相聚，成为合作学习小组；当幼儿面对共同关注的话题，互相协商、分工合作，为共同目标而努力时，便萌发了初步的合作意识和规则意识。

小组教育活动适宜于部分幼儿有相关的独特经验，或者部分幼儿出现共同的兴趣、疑问、矛盾和困惑时。其容易出现的问题主要有：①在观念上，把幼儿的"主体性"夸大化、孤立化。片面夸大幼儿自主活动的能力，忽视教师在小组学习过程中的引导作用。孤立地看待幼儿在小组教育活动中的地位，忽略小组教育活动中教师、活动内容和形式、活动环境和规则等因素对幼儿发展的重要影响。②在活动管理上，缺乏教师指导和引领。在放手让幼儿自主活动的背后，缺少的是教师对幼儿现有经验的了解和把握，因此在活动过程中易引发幼儿的交往冲突和不当行为，影响幼儿参与活动的信心和兴趣。例如，在小组教育活动中，教师常常会将自己所欣赏的个别小组的创意在全班幼儿面前展示，但其结果往往会引导幼儿去思考"老师想要的"或"老师喜欢的"，而不去深入思考哪些是"自己想要的"。由于幼儿与教师之间并没有认真地"相互倾听"，导致幼儿的行为缺失了认真思考的

基础，教师也不能准确地、有针对性地对幼儿的活动要求进行回应。

因此，教师要明确自身在小组教育活动中的角色，从直接干预者转变为冷静观察者（目的是发现幼儿行为问题并分析原因），从活动氛围的追求者转变为活动氛围的调节者（创设环境、调节氛围，使活动氛围尽量和谐、宽松、动静有度），从直接解决问题的解答者转变为提问幼儿的帮助者，从单纯的活动实施者转变为活动效果的反思者（对活动管理方式与操作行为进行反思，提炼出管理价值导向与技术操作要点及其遗憾，并与同行、家长主动交流，进行联合反思）。

（3）个别教育活动。个别教育活动是指教师面对一两个幼儿进行指导，或者是幼儿的自发、自由活动。它是以积累个体经验、个别操作为主的活动形式，其价值在于，当幼儿间的兴趣、经验和矛盾有差异时，个别教育活动可帮助幼儿按自己的活动方式自主探索，满足幼儿个体的兴趣和需求。适用于个体不同的兴趣、需要、活动方式和认知风格等。

3. 教育活动过程的安排

教育活动过程是实现活动目标的流程，活动过程的环节和步骤，都应该依据该活动的目标、特点和幼儿的已有知识经验、能力来安排。活动过程体现了教师"教"和幼儿"学"的双边活动。教师作为活动过程的设计者和组织者，其教育行为在活动的组织与实施过程中起着关键性的作用。教育活动过程是教育活动的主体部分，其设计包括开始部分、基本部分和结束部分。

（1）开始部分（导入活动）。开始部分主要任务是创设情境、导入活动，激发幼儿参与活动的兴趣。常用的方式有实物导入、设疑导入、作品导入、演示导入、直接导入、问题导入、故事儿歌导入等，另外，也有一些其他的方法，如游戏法、环境创设法、情境表演法等。教师要根据活动的具体内容和幼儿的年龄特点来设计，并使导入活动简洁明了，能迅速、巧妙地吸引幼儿的注意。

（2）基本部分。基本部分是实现活动目标的主要部分，是突破活动的重难点所在，主要指向教师引导幼儿主动学习和积极探索的过程。在设计时，要注意思考以下几点。

①这个活动大体分哪几个步骤？

②每个步骤必须完成哪些内容？采用什么方式方法？

③哪一个步骤是重点？哪一个步骤是难点？应如何突破？

④每个步骤的时间大体应怎样分配？

（3）结束部分。在活动的最后阶段，教师要引导幼儿对活动内容进行总结归纳、强化巩固、迁移延伸，从而圆满结束活动。其方式主要有以下几种。

①归纳总结式结束。例如，大班科学活动"荷花、藕、莲子"。教师：刚才小朋友们都看了荷花、藕、莲子，知道了它们是非常奇妙有趣的植物，谁能完整地说说自己的发现？

②操作练习式结束。例如，小班韵律活动"拉拉手"。教师：现在，我们再跟着音乐玩一玩。请注意，小朋友们做第二遍游戏时，可以用自己新编的动作。（幼儿回忆动作，自主随乐游戏）

③展示欣赏式结束。例如，大班艺术活动"美丽的服装"。教师：我们的小设计师不但设计了服装，还制作好了。现在，我们就来开一个时装展览会，请小模特们为我们做精

彩的时装表演吧！（音乐起，小模特们表演自制服装秀）

④发散延伸式结束。发散延伸式结束是指教师或提出新问题、新要求，或创设情境，引导幼儿将活动内容和主题进一步拓展、深化，启发幼儿进一步想象、思考，激发幼儿进一步探索的结束方式。例如，大班科学活动"捉泥鳅"。教师：生活中还有好多的地方是滑滑的，有些危险，请小朋友们回去找一找，然后想办法解决吧！

第三节　幼儿园教育活动的指导

杜威认为，教育的问题就是抓住儿童的活动并给予指导。这个论断尤其适用于幼儿园教育活动。幼儿园教育活动中高质量的指导能为活动的开展创造适宜的条件，能使幼儿在活动中获得更多有益的经验，能提升活动的品质。尽管在我国当前的幼儿园教育活动实践中存在着多种形式的指导，但由于对指导理念的理解存在偏差，指导并没有有效促进幼儿的发展。教师拥有活动指导的科学观念并恰当地运用策略进行适当的指导，是保障幼儿园教育活动质量和幼儿健康发展的关键。

一、幼儿园教育活动指导的含义

《现代汉语词典》对"指导"的解释是：指示教导；指点引导。此处的指导含有引导之意，是指给予某人的帮助或建议，尤其是指那些来自于年长者或更有经验的人给予他人的帮助或建议。

幼儿园教育活动指导就是在幼儿的天性、需要和兴趣的基础上为幼儿发展出谋划策，它本身就是一种"刺激"，能激发幼儿的活力，让幼儿投入活动。因此，指导不仅要看幼儿外在行动上的表现，还要看他们内心的转变；指导不是去剥夺幼儿的机会，不是对幼儿的强制和命令，而是给幼儿创造更多的机会。正如日本教育家岸井勇雄所认为的那样："指导是重视对方的主体性，是以谋求培育对方主体性为中心、支持帮助对方，使其能够从自身出发朝更好的方向发展。"

（一）教育活动指导意味着要给予幼儿活动的权利和机会

具体而言，指导就是给予幼儿探究的权利、尝试的权利、合作的权利、思考的权利、表达喜怒哀乐的权利，与世界、与他人、与自己对话的权利，给予幼儿建构意义的机会。真正的指导是放权，信任幼儿的能力，放手让幼儿去与教育活动情境互动，获得经验。以往一直有一种误解和恐惧，认为如果没有成人（教师）的监控，幼儿可能会成为"魔鬼""撒旦"，无恶不作。这些现象在幼儿园教育活动实践中表现为教师对教育活动的高度控制，幼儿的一举一动都必须处于教师的监视之下。活动中，材料和工具是假的，活动的方式、手段是既定的，活动结果吻合于教师的预设。其实，这都是成人的臆测和一厢情愿，是以成人为中心的表现。这也正是马丁·布伯所认为的教育中的危险："从他（教师）

自己和他对学生的观点出发，而不是从学生自己的现实出发，实施他的选择和影响。"面对幼儿，教育者首先感到的应是"儿童是成人之师"，自己应该向幼儿学习。幼儿在有充分的活动权利和机会后，他们会找到自己感兴趣的活动和工作并投入进去，他们的思想、观点和作品往往令成人惊诧和汗颜。

（二）教育活动指导意味着教师要倾听和回应幼儿

意大利瑞吉欧教育在教师角色上有一个与众不同的看法：教师是幼儿的倾听者与积极的回应者，是一个没有剧本的即兴舞台表演专家。倾听使作为倾听者的教师和倾听对象的幼儿都成为教育活动的主体，教师和幼儿形成"我—你"的关系。教师努力去倾听幼儿在想什么，感受幼儿在活动过程中获得了什么，并进行相应的指导。倾听既是一种社会交往行为，同时也是一种教育行为，它真正体现出了幼儿和教师的主体性，表现了幼儿和教师生命与人格的平等。回应与倾听紧密相连，可以说倾听内在地包含回应，因为倾听本身就是一系列行为——听、思考、反馈的集合体。教师适时的回应在一定程度上决定了幼儿的活动状态和活动的质量。

（三）教育活动指导意味着教师要对幼儿进行研究

正如上面分析所指出的那样，指导不只是对幼儿的言说，更在于对幼儿的倾听，而倾听之后还需要描述、分析、解释，然后反馈。因此，从这个层面上看，指导也就是教师对活动中的幼儿进行研究。范梅南认为，在课程领域中，教育者自信地谈论选择、计划、组织学习经验，但这种自信却值得质疑，因为教育者可能并不清楚当幼儿拥有一种经验或当幼儿理解某事时是什么样子。幼儿在活动中会不断地生成和建构自己的意义，这是属于儿童自己的真理，但这些意义与真理可能与教师所预设的意义不一致。此时，不是教师去扑灭幼儿智慧之火的时候，而是教师进行研究的时候。教师应该随时关注幼儿在活动中的表现和状态，了解幼儿在做些什么，努力去理解幼儿正在获得什么样的经验，还可能获得什么经验，并以自己所拥有的理论知识来进行解释，进而尊重幼儿的活动方式和幼儿在活动中诞生的精彩观念，并创造条件让幼儿有获得更多生成意义的机会。

二、幼儿园教育活动指导的原则

幼儿园教育活动指导的原则，是指导幼儿园教育活动过程的一般原理和对幼儿园教育活动实施的基本要求。它服务于幼儿园教育活动目标的达成和幼儿的学习与发展，反映了幼儿园教育活动过程的客观规律，是幼儿园教师长期实践经验的概括和总结。幼儿园教育活动指导原则贯穿于幼儿园教育活动的全过程，指导幼儿园教育活动的各个方面，是幼儿园教师组织教育活动可供参考的基本准则。

（一）灵活性原则

随着幼儿园教育改革的不断深入，课程已不再仅仅是以教材为中心的固定不变的文本，它必须适合每一个儿童的发展需要。而作为课程实施重要载体的教育活动也就应当最大限度地满足幼儿发展的需要。因此，对于教师来说，由于教育对象的个体差异性，在以

促进幼儿发展为目标的活动指导中就必须遵循灵活性的原则。

（1）灵活处理"预设"与"生成"的关系。教师作为教育活动的计划者、实施者、指导者，其教育行为和教学策略的选择总有一定的计划性，在活动的进行中，教师一般也是按照既定的方案予以实施的。但教师也常常会在活动进行过程中碰到类似情况：原先设计的活动内容和材料不能唤起幼儿的兴趣；孩子们由一个活动环境派生出新的兴趣，从而取代了对原有内容和活动安排的兴趣。由此，教师就不能仅仅拘泥于既定的教育计划，而是应当及时捕捉幼儿的兴趣和需要，以此作为灵活调整教育活动的新的"生长点"，在大多数幼儿的经验和兴趣范围内即时生成新的活动内容与主题，从而真正体现以幼儿为主体，让幼儿在自主性学习中主动建构和提升经验。

（2）灵活处理"抛球"与"接球"的关系。在《儿童的一百种语言》一书中曾形象地将教育活动过程中的师幼互动比喻为"抛接球"，教师与幼儿之间的交往就像抛球、接球一样，不断"抛球、接球"的过程，就是幼儿与教师合理互动的过程。作为教师，不仅应当能够敏锐地接过幼儿抛来的"球"，给予即时的回应，还应当能够在一定的情境中主动地向幼儿"抛球"，以此去推动幼儿的自主性探究和学习。一个优秀的教师，在与幼儿的互动过程中应能灵活应变，既可以由教师作为互动发起的主体，与幼儿进行言语和非言语的积极交流、互动，也可以支持、鼓励幼儿作为互动发起的主体，教师给予支持性的回应和交流。

（3）灵活处理角色身份。教育活动过程中的教师应以多重角色身份出现，在不同的活动类型和组织形式中，在对待不同个性和发展水平的幼儿个体时，教师应当灵活调整多重身份，以不同角色介入幼儿的活动。例如，当幼儿在自我探究和发现材料所蕴含的问题情境并积极地进行思考时，教师应当是一个忠实的"欣赏者"或"合作者"；当幼儿在参与技能性的活动时，教师可以是一个耐心的"指导者"或"示范者"；当幼儿在解决问题式的活动中遇到困难止步不前时，教师则应当是一个"激励者"或"建议者"。教师在这样的角色变换中，就能够不失时机地为幼儿的学习提供有效的支持和动力。

（4）灵活调整活动节奏。幼儿的年龄特点和心理发展水平决定了幼儿园教育活动的实施应尽量体现生动活泼与游戏性，这一特点的实现有赖于教师的教学设计与实施。一般说来，"动静交替"是教育活动的基本原则之一，而这一原则的贯彻则依赖于教师在教育活动过程中的自主心理调节，即教师必须在动静交替原则的前提下，根据幼儿即时的心态变化和反应，掌握活动进程的快慢和张弛程度，灵活转换，及时调整，以有利于幼儿在身心舒畅、既不疲惫厌倦也不过度兴奋的状态下进行活动。

（二）主导性原则

对于教师的指导作用和指导者身份，不同的教育观有着不同的解释。传统教育观认为，教师是教育活动的决策者、指挥者、领导者，"导"就是指直接的指导作用和主导地位；而现代教育观认为，教师是教育活动的支持者、合作者、指导者，"导"更多的是指教师间接的指导作用，即"引导""诱导"和"疏导"。因此，对于教师来说，应正确掌握好"主导性原则"，即在教育活动的实施中，明确教师的主要作用和价值在于"引导""启发"等间接性的指导，而不是原来传统意义上的传递知识式的直接指导。"主导性原则"

体现在教师应当引导幼儿自主地学习和探究，通过平等地参与幼儿的活动，使教师与幼儿的心智在共同感兴趣的问题上汇合，从而更适时、适宜地满足和体现幼儿的主体性。"主导性原则"还体现在教师必须意识到自身在活动指导中的主体价值是"导"，包括对幼儿活动参与态度情感的引导、对幼儿活动进程中解决问题的指导及对幼儿进一步探究问题和深入式学习的诱导等。

（三）针对性原则

针对性原则是指教师的指导应有明确的指向和目标，善于"对症下药"。教师应能根据幼儿的实际情况和行为表现，在观察分析的基础上，采用灵活有效的方法提供有针对性和重点的指导。在教育活动中，教师面对着不同的幼儿个体，他们在兴趣爱好、能力水平、个性特征等方面存在着差异，教师所组织的活动既有集体性的教育活动，也有个别化的教育活动。对教师来说，针对不同的活动类型和不同的教育对象，指导要做到因人而异、因环境而异。针对性原则还体现在教师在面对纷繁复杂的教育活动情境、因素及可能出现的意外事件时，应当利用一定的教育智慧，针对性地予以关注和解决。

三、幼儿园教育活动指导的策略

《现代汉语词典》对"策略"的解释为：根据形势发展而制定的行动方针和斗争方式；讲究斗争艺术，注意方式方法。据此，"幼儿园教育活动指导策略"可以理解为：教师为促进幼儿发展，在与幼儿互动过程中所采取的一系列的引导方式、方法，是教育活动科学性与艺术性的统一。教育活动指导策略要求教师根据具体的活动情境和幼儿的需要及时调整具体方法，是教师教育智慧的外在表现，既有教育机智的方面，也有教育常规操作的方面，成功地提炼和转化教育内容，将教育目标有效地转化为幼儿的身心发展素质是教育活动指导策略的核心。

（一）观察策略

观察是教育活动指导的基本策略之一。教育活动中的观察，是指教师借助感官或一定的手段工具，运用一定的方法捕捉发生在教育活动情境中的各种信息的过程。在教育活动的指导中，教师观察方法和策略的运用既是经常的也是多样的，针对不同的活动对象、活动内容和活动形式，观察的目的和实施不尽相同。

1. 活动开始阶段的观察

任何活动都应以幼儿的兴趣为起点，在教师按照预设的活动计划和内容开始实施对活动的指导中，首先就应通过观察去判断幼儿对活动内容、材料及活动组织形式等是否有兴趣。如果教育活动是以游戏的形式展开的，可以观察幼儿参与游戏的态度、情绪情感表现等；如果教育活动是幼儿自己的合作性操作或探索，可以观察幼儿对材料及其操作的关注度、接受度等；如果教育活动是以教师引导为主、结构化程度相对较高的活动，则可以观察幼儿对教师所创设的活动环境是否有兴趣、是否被教师的语言和动作吸引等。总之，活动开始阶段的观察是基础，通过这一基础性的策略实施，可以为后续的活动进程提供好的

开端，也可以为教师在活动指导中其他策略的运用打下基础。

2. 活动进行阶段的观察

幼儿是活动的主体，在活动进程中，教师要真正做到跟随幼儿、支持幼儿、指导幼儿，其前提就是观察幼儿、解读幼儿。通过观察，教师可以真实地了解幼儿的经验水平，以及幼儿是如何与环境和材料互动的；在其互动过程中发生了什么；是否需要他人的帮助；教师应不应该介入；以怎样的方式介入及什么时候介入；等等。因此，在活动进行阶段，教师主要应观察幼儿的互动情况，即幼儿与材料、环境的互动情况，与教师和同伴的互动情况等；观察互动中幼儿的行为、动作、语言、情绪等，并做出即时的分析解读或跟踪式的记录（可以是文字也可以是录像、影像等），从而采取进一步的策略以更好地支持幼儿的学习活动。

3. 活动结束阶段的观察

在教育活动的结束阶段，观察方法与策略的运用主要为对活动成效的评价服务。一般来说，教师主要需要观察的是幼儿在整个活动持续进程中的参与状态、情绪反应，幼儿是否有继续活动或引出进一步活动的愿望，是否希望得到教师或同伴的肯定性评价，是否愿意与他人一起进行讨论和交流评价，是否愿意发表自己的意见、介绍自己的作品等。这些观察信息的获取，可以使教师更充分地得到幼儿在整个活动中的情感态度、学习习惯、能力水平、认知发展、合作交往等各方面的有效信息，既能使教师对本次活动做出总结性评价，或者对个别幼儿做出个案式评价，也能使教师获得对后续活动计划的富有参考性价值的有用信息。

实践练习： 观察记录教育活动视频中的幼儿表现，并尝试解读分析，提出自己拟采取的支持策略。

（二）组织策略

教育活动的组织就是执行具体的活动方案以实现活动目标，这其中也包含在执行过程中根据实际情况对活动方案进行的调整。一般来说，一个活动的具体开展，包含导入、展开、高潮、结束、延伸等环节，活动的开展过程还体现出一定的节奏，它也是影响活动目标的重要因素。

1. 活动导入策略

导入是教育活动的起始阶段，其目的在于引起幼儿注意，激发幼儿的活动兴趣和求知欲，并顺利、迅速导入活动。导入策略的构成要素包括趣味性、针对性、启发性、简洁性、艺术性，策略类型有以下 3 种。

（1）直观导入策略。直观导入策略包括演示导入策略、材料导入策略、故事导入策略等。

①演示导入策略。运用演示导入策略时，要注意 4 点：一是要做好充分准备，事先演示几遍，检查材料设备，设想可能会出现的情况，如是否会不成功、是否会有危险等；二是演示的内容与方式要紧扣活动内容与目标；三是演示的同时要结合清晰、简要的语言说明与指导，讲清操作要领，充分调动幼儿的多感官参与；四是若操作不当，会有一定的危险，如弄伤手指等，一定要向幼儿说明，引起注意，并强化练习正确的操作方法。

②材料导入策略。材料导入策略，即运用新奇、特异的玩教具材料或实物、图片、模型等引起幼儿注意，激发幼儿兴趣，是幼儿园低年龄段教育活动常用的导入策略。

③故事导入策略。运用故事导入策略要注意所选、所编故事的教育性、科学性、艺术性与趣味性，并与活动内容紧密相连，成为活动过程的有机组成部分。

（2）问题导入策略。问题导入策略包括悬念导入策略、直接提问导入策略等。

①悬念导入策略。使用悬念导入策略时，要把所设悬念中的所有问题，尤其是安全隐患，尽可能全面地向幼儿解释，以免幼儿在不恰当的模仿中出现危险。

②直接提问导入策略。运用此策略时则要注意3点：一是难易适度，具有启发性。提出的问题要从幼儿已有的经验、水平出发，并略高于幼儿的现有水平，即"跳跳"能摘到"苹果"；二是提出的问题要具体，形象要生动，紧扣活动内容；三是要把握好提问时机，在幼儿想要探索又不知如何探索时，将幼儿的注意、思维活动引入到某一探索方向上提问效果最好。

（3）知识联系导入策略。知识联系导入策略包括递进导入策略、直接导入策略、衔接导入策略等。

①递进导入策略。运用这种策略时，要注意每一步骤间的环环相扣，同时通过提问，新材料、新情境的适时出现收到奇妙的效果。

②直接导入策略。这种导入策略是幼儿园里比较常见的、相对较简单的策略，对于学习能力、自我意识和意志力水平较低的幼儿来说常常难以收到较好的效果。因此，它用在高年龄阶段，如大班的教育活动中比较合适。运用这种直接点题导入策略，语言要精练，条理性要强，并富有启发性和感染力。

③衔接导入策略。衔接导入策略即运用幼儿已有的知识经验导入新内容的学习，它能充分调动幼儿思维的积极性，也使新旧知识经验前后响应。既使原有知识经验产生意义，又使新的知识经验纳入到已有的认知结构中，从而促进幼儿思维能力的发展。

在幼儿园的教育活动中，除了上述主要的导入策略外，还可以创造性地探索更多符合个人教学风格与班级实际的导入策略。教育活动是情境性的活动，具有不可重复性；且幼儿的情感在一定程度上受具体情境的触发，因此，切不可照抄照搬、僵化教条。

实践练习：自主组织一个自己感兴趣的教育活动导入环节。

2. 掀起高潮策略

掀起高潮的策略就是在教育活动过程中将幼儿的情绪、认知、外显的与内隐的（潜在的）能力推向最为活跃的状态的一种教育艺术。

（1）高潮策略的构成要素。

①情绪的兴奋性。在高潮状态，幼儿的情绪高涨、兴奋难抑，并伴随系列的外部特征，如动作夸张、语言丰富而紊乱、面部表情愉悦而生动等。

②智力的活跃性。在高潮状态下，幼儿想象丰富、思维敏捷、积极动手、手脑并用、智行合一，幼儿体验到了自己追求真理、进行脑力活动的自豪感，体验到了探索知识、智力活动是他的一种道德尊严，高潮策略就是要让幼儿达到这样的"最好的学习状态"。

③审美的艺术性。一般来说，有经验的幼儿园教师在成功导入之后，总是牢牢抓住幼儿的注意力，不失时机地制造小高潮，并全力推向大高潮，达到教育活动的审美境界，这

就是高潮策略的审美艺术性。

④高度的效益性。每个教育活动都有其重点和难点，即有需要幼儿努力跳起来才能摘到的"苹果"，这是教育活动的重心。高潮策略所制造的高潮状态是为活动重心服务的，如果高潮策略激起的活跃心态有碍于重心操作效果，为了所谓的"气氛"和"热闹"而制造"气氛"和"热闹"，就产生不了教育效果，就会出现"活动热闹闹，脑袋空荡荡"的尴尬境况，这是要杜绝的。

（2）高潮策略的基本类型。

①悬念策略。在心理学上，悬念就是指人们急切期待的心理状态。在幼儿园教育活动中使用悬念策略，可以使幼儿集中注意力，唤起学习兴趣，激发探索的欲望，产生"逼人期待"的活动效果。

②情动感染策略。情动感染策略即根据幼儿认知活动总是充满浓浓的感情色彩这一特点，在活动的关键之处凝理注情、动人心弦，设法使幼儿入情以获得强烈的情感体验，达到活动目的。使用这一策略，教师自己的感情必须真挚。

③随机应变策略。幼儿以无意注意为主，注意力集中时间短且很容易分散，易被某一声响、某一新事物、某一新情境所吸引。在活动过程中根据情境需要做出有利于儿童发展、有利于目标实现的调整，而不拘泥于预定计划与目标，这是生成性教育的体现，是新的教育观、课程观所提倡的。

④奇特操作策略。好奇心强是幼儿的一大心理特点，活动过程中利用新颖奇特的玩具材料进行操作活动，能有效激发幼儿的学习兴趣，形成高潮体验。

⑤启发诱导策略。活动高潮的意境，往往是由教师"点拨""指导"而达到的，善于点拨、启发指导有力的教师，总是能"循循然善诱人"。

⑥参与表演策略。人本主义教育心理学家罗杰斯认为：真实的问题情境和活动是最能引起态度和个性情绪的学习方式。让幼儿身临其境地参与活动，不仅能体现幼儿的主体地位，还能增加活动的情趣。

⑦竞赛策略。我国著名特级教师魏书生认为："大脑处于竞赛状态时的效率要比无竞赛时的效率高得多，即使对毫无直接兴趣的智力活动，因渴望竞赛取胜而产生的间接兴趣，也会使他们忘记事情本身的乏味而兴致勃勃地投入到竞赛中去。"在幼儿园教育活动中，恰当运用竞赛手段制造高潮，也是符合幼儿身心发展特点的。

3. 活动结束策略

正如一场成功的演出需要有极其精彩的压轴戏使观众回味无穷一样，一个成功的教育活动也不能只有引人入胜的导入、环环相扣的中间环节及令人振奋的高潮，还应该有耐人寻味的结束环节，且结束环节只有比前面各环节更吸引人才能使人精神振奋。同样，精彩的活动结束环节将幼儿的学习思维推向高峰，达到"言有尽而意无穷，余言尽在不言中"的境界。因此，优秀的幼儿园教师常把重要的、有趣的东西放在"终场"出示，用以激活幼儿头脑中已有的信息。

结束环节还有另一方面的作用，那就是评价。评价是更高的思维方式，包括反思、分析、综合和判断。自我评价、同伴间评价、教师评价也是使一次活动达到目标的重要组成部分，其中，自我评价尤为重要。

（1）结束策略的基本要求。

①首尾照应，结构完整。活动的结束环节要注意紧扣活动内容，使其成为整个教育活动的有机组成部分，做到与活动导入遥相呼应，尤其是那些直接以问题导入的活动，其结尾实际上是对导入设疑的总结性回答，或是导入内容的进一步延续、升华。

②演透勿绝，延伸拓展。一次具体活动的结束环节，不是教育的结束环节。教师不能讲绝了，即活动的结尾应当是开放性的，而不是封闭性的，使幼儿在获得知识、能力的同时离开这一活动，也能在教师的"点睛之笔"下带着问题开始新的探索与活动。"重在转化，贵在拓展"是结束策略的精髓所在。

③水到渠成，适可而止。此要求是指活动的结束应是自然而然、功到自然成的，且到适当的程度就停下来，不要过头，以免过犹不及。如果说活动的导入要像凤凰的头饰一样美丽，展开过程要像猪的肚子那样丰满充实，那么结尾就要像豹的尾巴那样刚劲有力，简练生动。因此，活动结尾不宜拖沓冗长、当断不断，而应自然妥帖、简洁明快、干净利索、适可而止。

（2）结束策略的常见类型。

①总结归纳策略。总结归纳策略即在教育活动的结束环节，教师用准确简练的语言，把活动的主要内容，尤其是直接实现目标的内容加以总结归纳，使幼儿加深对所学知识经验、技能等印象的策略。教师使用此策略时要注意两点：一是充分调动幼儿的主体性参与，效果会更好。例如，根据本班幼儿的实际水平与特点，决定是否先启发幼儿自评或他评，然后再加以补充、小结。二是看情况采用总结归纳的方式，既可由教师用简明扼要的语言复述讲解要点，也可由教师启发幼儿回忆复述要点，还可由教师引导幼儿创编儿歌、游戏或使用现成的儿歌、游戏等形式形象化地总结。

②水到渠成策略。水到渠成策略即按照活动内容的顺序，根据幼儿的认知规律逐步进行，最后自然收笔。这种结束策略，成果是体现在结束方式上，功夫却下在了整个活动过程中，它要求教师精心设计活动内容及其结构，准确把握活动的进程与时间、节奏，环环相扣，丝丝入扣，才能有效地达到预期的目标。

③操作练习策略。操作练习策略即在活动结束时，引导幼儿进行多种多样的操作练习活动，以巩固所学知识经验、进一步形成技能的策略。教师运用此策略时要注意3点：一是操作、练习材料要充分。最好是能有生活材料、自然材料、废旧材料，便于幼儿将生活与所学进行双向迁移，获得学习意义。二是设计的操作活动在内容上要能集中运用所学。三是操作活动与前面各环节有机联系，自然过渡。

④延伸扩展策略。在教育活动结束环节，有的教师所设计的内容并不是活动的终结，而是把这次活动作为导线，将幼儿的活动巧妙地引入下面或以后的活动中，使活动的内容间、幼儿的各类活动间具有了连续性，这种策略就是延伸扩展策略。教育应是引导幼儿不断地探索、学习新知识，因此，延伸扩展策略应是教育活动主要的结束策略。

⑤游戏表演策略。游戏表演策略是在幼儿园教育活动的结束环节中经常看到的结束策略。幼儿的身心发展特点决定了幼儿在学习活动中容易疲劳，而幼儿天生喜欢游戏，在游戏中易兴奋，且易掌握所学内容，因此，当用提问、复述、总结、评价等方式幼儿不感兴趣、影响效果时，应当采用生动活泼的游戏表演形式结束活动。

实践练习： 自主组织一个自己感兴趣的教育活动结束环节。

4. 活动节奏策略

生命活动是有节奏的活动，幼儿的肌肉与神经的张弛、有意性与无意性的转化等都是有规律有节奏的。教育活动要遵循生命活动的规律，优化生命活动，因此，教育活动也应是有节奏并具有美感的。

所谓教育活动的节奏策略，是指教师具有使其所组织的教育活动富于美感的规律性变化的教育智慧。教师在活动中借用重复、突转、强弱、曲折、缓急、间歇、交替、明暗、动静、交换等策略，形成起伏有致、张弛交错的活动节奏，能使师幼双方情感发展波澜起伏、此消彼长，构成教育活动内在的动律，使教育活动产生一种韵律流动之美，具有撼人心弦的艺术魅力，达到教育审美心理的共鸣。

（1）活动节奏的基本要求：快慢得宜，疏密相间；动静结合，气氛适宜；起伏有致，抑扬顿挫；起承转合，整体和谐。

（2）活动节奏的策略类型。

①活动内容的节奏。活动内容的节奏主要体现为内容的变化性。德国哲学家狄慈根曾言，"重复是学习之母"。而同一内容的机械重复，幼儿不感兴趣。因此，教育活动内容的安排应注意"同中求异"，一般可采取"A–A1–A2"来制造和谐节奏。

②活动时间的节奏。活动时间的节奏主要体现为时间纬度里活动内容的变化、活动方式的变化、活动材料的变化等。如果某一内容或某一活动方式持续太长时间，就会引起幼儿疲劳或注意力不集中。

③教师语言的节奏。语言节奏主要由语音的强弱、语速的快慢构成。单一而无变化的语音和语速很容易引起幼儿听觉的钝化。教师的语音突然由强变弱或相反，突然由快变慢或相反，都会引起幼儿的重新注意。因此，教师应注意克服单调的语言节奏，而增强其变化性。

④幼儿学习的节奏。幼儿学习的节奏主要体现为学习优势器官的交替使用，如视觉学习、听觉学习、动作学习等学习方式在教育活动过程中的不断变化。从大脑生理学角度而言，就是交替使用大脑不同部位的机能。

（三）方法策略

教育方法包括教师教的方法（教授法）和幼儿学的方法（学习方法）两大方面，是教授方法与学习方法的统一。教授法必须依据学习法，否则便会因缺乏针对性和可行性而不能有效地达到预期的目的。

1. 方法策略的选用要素

（1）依据活动目标和内容的性质、特征选用方法。《纲要》在领域目标描述中，把儿童的情感、兴趣、态度、个性的发展放在知识、动作技能的掌握之前，并立足于儿童的终身发展，把"学会认知、学会做事、学会共同生活和学会生存"4种基本学习内容融入各领域目标之中。因此，教师在方法决策时，要充分考虑各领域目标的变化和幼儿园教育总体目标的变化，同时，要注意把握各领域内容各自的特点及领域间内容的交叉融合。

（2）尊重幼儿年龄特点和发展差异选用方法。教育活动是为幼儿的发展服务的，因此，方法策略的核心标准就是是否尊重了幼儿的发展特点和发展差异，能否最大限度地满足幼儿直接感知、实际操作、亲身体验的学习需要。尊重幼儿的年龄特点，就是要尊重其作为该年龄儿童的生存与发展权利；尊重幼儿的发展差异，就是要尊重幼儿间不同智能组合类型上的差异。教师在方法决策上，要充分考虑到幼儿的年龄特点及个体间的差异。

（3）选用的方法应体现先进性。教育学的许多研究都表明，教育方法的选择与使用具有鲜明的时代性，也就是说，教育方法的选择和使用不仅受活动目标、活动内容、幼儿的年龄特点和发展差异所制约，而且受社会发展水平的制约，尤其是科技发展水平的制约。

（4）教育方法的优化组合和创造更新。一般来说，在教育活动中使用的方法都不太可能是单一的，而是多种方法按一定的顺序和关系配置结合在一起的，构成一个最佳的组合方案。哪个组合更能有效地实现教育目标，哪个组合也就更优化，其创新的力度也就更大。

2. 方法策略的基本要求

（1）参与度。活动中，采用的教学方法能使教师与幼儿的主体性、主观能动性、创造性等都极大地受到激发，并参与进来，获得发展。

（2）综合化。活动中，采用的教学方法具有鲜明的综合化特征，如主体综合化，教师、所有幼儿都积极参与，获得发展；目标综合化，教师专业素质的各方面、幼儿身心成长的各方面都得到发展；内容综合化，各领域知识得到综合运用；方法综合化，教师与幼儿综合运用多种教学方法，实现发展目标；评价综合化，教师、幼儿都参与评价，采用多种评价方式、方法对教学活动、师幼发展的方方面面进行评价，给活动的可持续发展提供反馈。

（3）审美价值。活动中，采用的教学方法展示的是生命的成长、发展过程，教师、幼儿的兴趣、需要得到满足，创造性得到发挥，教师欣然，幼儿畅然，使师幼身心都处于愉悦、满足状态。

3. 方法策略的基本类型

按照教育方法的外部形态，以及相对应的这种形态下学习者认识活动的特点，活动中常用的方法一般分为以下4类。

（1）以语言传递信息为主的方法。以语言传递信息为主的方法是一类通过教师应用口头语言向幼儿传授知识经验的方法。常用的包括讲授法、讨论法、谈话法等。

①讲授法是教师通过简明、生动的口头语言向幼儿传授知识、发展幼儿智力的方法。它是通过叙述、描绘、解释、推论来传递信息、传授知识、阐明概念，引导幼儿分析和认识问题的。运用讲授法的基本要求是：讲授既要重视内容的科学性和思想性，又要应尽可能地与幼儿的认知基础发生联系；讲授应注意培养幼儿的思维，具有启发性；讲授要讲究语言艺术，如语言要生动形象、富有感染力，清晰、准确、简练、条理清楚、通俗易懂，音量、语速要适度，语调要抑扬顿挫，适应幼儿的心理节奏。讲授法的优点是教师容易控制活动进程，使幼儿在较短时间内获得大量的信息；但如果运用不好，幼儿学习的主动性、积极性不易发挥，会出现教师"满堂灌"、幼儿被动听的局面。

②讨论法是在教师的指导下，幼儿以全班或小组为单位，围绕活动的中心问题各抒己见，通过讨论或辩论活动获得知识经验或巩固知识经验的一种方法。运用讨论法的基本要求是：讨论的问题要具有吸引力，讨论前教师应提出讨论题和讨论的具体要求，指导幼儿收集查阅有关资料或进行调查；讨论时，要善于启发引导幼儿围绕中心、联系实际，自由发表意见，让每个幼儿都有发言机会；讨论结束时，应引导幼儿一起小结、概括讨论情况，

使幼儿获得正确的观点和相对系统的认知。

③谈话法是指教师引导幼儿运用已有的经验和知识回答提出的问题，借以获得新的知识经验、巩固旧的知识经验的教学方法。一般包括两种：一是为建构新的知识经验而进行的谈话，也称启发式谈话法。一般是由教师根据活动目标提出一系列前后连贯而又富有启发性的问题，引导幼儿依据已有的经验和知识，或者根据对眼前事物的观察，进行积极的思考并作出回答，借以获得新的知识经验。二是为巩固知识经验或检验知识经验的掌握情况而进行的谈话，也称再现谈话法或问答式谈话法。根据幼儿学习过的内容提出一些问题，幼儿通过回忆旧的知识经验进行回答，经过知识经验的再现达到巩固或检验的目的。

运用谈话法要注意：提问要适合幼儿发展水平，有启发性，问题的表述方式应通俗易懂，含义明确，便于理解；提出的问题有一定的逻辑联系；不仅教师提问幼儿，幼儿也可以向教师质疑。教师要有充分的准备，谈话要有计划，提问的问题要明确，要有启发性，要难易适度。提问的对象要普遍，对不同性质、不同程度的问题，要适当地让不同程度的幼儿回答。要认真倾听幼儿的回答，无论幼儿回答正确与否，教师都要有积极明确的态度。谈话中的提问要具备 3 个条件：一是幼儿对教师提出的问题已具有一定的知识基础；二是幼儿对教师提出的问题已具有某些实际的生活经验或表象；三是幼儿对教师提出的问题虽无一定的知识基础和必要的生活经验，但能够用观察、实验、直观教具、逻辑推理或用已知的现象作对比得出结论。

实践练习：自主采用上述以语言传递信息为主的方法，与同学一起模拟演练自己感兴趣的教育活动片段。

（2）以直接感知为主的方法。以直接感知为主的方法是指幼儿通过运用感官来直接感知事物或现象而获得知识经验的方法。由于它不是借助语言、符号来传递知识的，而是强调幼儿感官的参与，因此，这类方法具有直观形象性，且符合幼儿认识事物的特点。在活动中，教师可以通过展示实物或直观教具，通过形象传递使幼儿获得对事物的表象，从而加深认识。同时，学前教育强调以自然为师，因此，也可以通过参观的形式，组织幼儿在大自然中、社会生活中，通过对真实世界的直接观察来学习。

运用以直接感知为主的方法主要有以下几种情况。

①认识自然界及其事物之间的相互关系。教师可以通过让幼儿观察真实的自然界事物和现象，或者利用课件或影音资料等使幼儿获得丰富的感性经验，培养幼儿的观察和学习能力，增进幼儿热爱自然的情感。

②对与幼儿社会生活环境的相关信息的认识。教师可以通过展示相关的直观教具或组织幼儿参观超市、社区、银行、消防队、图书馆、博物馆等扩大幼儿的视野，使幼儿在与社会接触中建构相关经验。

③与幼儿个人生活密切相关的知识经验，可以通过展示图片、图画和宣传册的方式激发幼儿学习的兴趣，提高活动效果。

值得注意的是，以直接感知为主的方法需要与以语言传递信息为主的方法相结合，如果只是给予幼儿直观事物刺激而缺乏教师的言语指导，那么活动也就失去了其本来的含义。

实践练习：自主采用上述以直接感知为主的方法，与同学一起模拟演练自己感兴趣的教育活动片段。

（3）以亲身体验为主的方法。以亲身体验为主的方法是指教师围绕一定的教育目标，结合幼儿的身心特点和社会生活实际，选择或创造一种情感和认知相互促进的实际或模拟情境，引导幼儿在亲身经历中获得切身感受，形成深刻理解，生发认知和情感的共鸣，进而把活动中的知识经验内化为个体知识经验的教育方法。它包括情境体验法、移情体验法、实践体验法、交流体验法等。

①其中情境体验法是指教师按照教育内容和教育目标选择或创设良好的教育情境，让幼儿置身其中，直接感受情境的冲击力，诱发和唤醒其情感体验，进而达到自我完善的教育方法，如实际情境体验、模拟情境体验和想象情境体验等。无论是哪种情境体验，均要求情境的创设和选择要有针对性和多样性，除了言语描绘情境、实物演示情境等常用方法之外，还可以采用音乐渲染情境、图画再现情境、影像再现情境等方法，并注重对情境体验的交流和总结。

②移情体验法是指教师选择或创设一定的情境，使幼儿在心理上将自己置于他人的位置，体会、分享他人的情感并产生与之相一致的情感，领悟他人情感表达的意义，并作出相应行为的教育方法。其最突出的特征是情绪情感性和间接性。移情体验是一种心理活动，幼儿以他人的身份去参与体验，体会和分享他人的情感，这整个过程是在心中完成的，而不是在实际中担任他人的角色。其中的"他人"既可以是想象的，也可以是真实的。因此，应注重培养幼儿的移情能力。

③实践体验法是幼儿通过参与具体的实践活动形成对社会各个方面真实的感受，在感受中自主评价，反思自身先前的认识和行为，进而形成正确的认知和观念的一种方法。其突出的特点是实践性，包含劳动锻炼、社会服务活动、社会考察等。实施时应注意4点：实践目的要明确；实践计划的拟订要把握幼儿的体验需求；实践体验活动要在有安全保障的前提下进行；要及时总结提炼。

④交流体验法是一种通过彼此之间的沟通从而获得认识的教育方法。在形式上，交流体验既可以作为情境体验法、实践体验法等方法的重要一部分融入这些方法之中，也可以独立存在；在内容上，它既包括教师与幼儿之间的交流体验，也包括不同幼儿之间的交流体验。其特征主要是平等性、互动性、共享性，包括面对面的交流体验方式和虚拟的交流体验方式。运用时应注意：明确交流的目的性；注意激发幼儿的自主性；注意营造平等交流氛围；坚持对立统一的交流原则；坚持因材施教的原则。

以上分析的几种体验教育法在实际运用的过程中是相互影响、相互作用的，也就是说同一个教育活动往往包含多种体验教育方法。

实践练习： 自主采用上述以亲身体验为主的方法，与同学一起模拟演练自己感兴趣的教育活动片段。

（4）以实际操作为主的方法。实际操作是指在教师的指导下，幼儿亲身参与（通道、多感官）的、有目的、有计划、有方法、有步骤的操作学习活动。它是一种适合幼儿身心发展的活动形式，是幼儿探索周围世界、寻找知识经验间联系的有效方法，主要包括探究法、练习法、实验法等。

①探究法也称发现法，是指幼儿像科学家发现真理那样，根据学习情境自己提出问题，并有计划、有目的、有步骤地进行研究与探索，通过自己的探索和学习，"发现"事

物变化的因果关系和内在联系，建构相应的经验。探究法的优越性在于：能提高幼儿的智慧，发挥幼儿的潜力；能使幼儿产生学习的内在动机，增强自信心；能使幼儿学会发现的试探方法，培养幼儿提出问题、解决问题的能力和创造发明的态度；由于幼儿自己把知识经验结构化，因此能更好地理解和巩固学习的内容，并能更好地运用它。其基本学习过程是：从情境中发现问题；提出解决问题的各种可能的假设和答案；尝试探究、发现解决问题的方法；交流分享，补充修改，总结运用。

②练习法是指在教师指导下，幼儿通过独立的智力、体力和情感活动，运用已有的知识、经验解决有关问题，或者反复多次完成某些动作和行为，以进一步理解和巩固已有的知识经验，并培养相应的技能技巧和形成良好的行为习惯的教学育方法。运用练习法的基本要求有：使幼儿明确练习的目的和要求；精选练习内容，注意练习方式的多样性，不要机械重复；注意练习要难易适度；及时检查和评价练习的结果。

③实验法是在教师指导下，幼儿利用一定的实验材料，控制一定的条件，作用于一定的对象，以引起事物或现象的某种变化，从观察这些变化中直接获得知识经验的一种方法。运用实验法的基本要求是：做实验之前，教师要做好实验准备，如制订实验计划、准备好实验材料、控制好安全风险、将幼儿分组等；指导幼儿独立进行实验，提醒幼儿认真观察实验过程与结果，注意实验安全，爱护实验材料；实验结束后，要进行总结，并收拾试验材料。

实践练习： 自主采用上述以实际操作为主的方法，与同学一起模拟演练自己感兴趣的教育活动片段。

（四）语言策略

优秀教师的语言魅力在于能化深奥为浅显、化抽象为具体、化平淡为神奇，从而激发幼儿的学习兴趣，集中幼儿的注意力，激发幼儿的求知欲，使幼儿的学习更具有趣味性和艺术性。

1. 语言策略的基本原则

（1）情感性原则。情感性原则是指教师的语言应充满感情色彩，能拨动幼儿心弦，引起其内心世界的共鸣，激发其对活动和学习的兴趣。它主要表现在两方面：一是教师通过语言将活动内容、活动过程中的情感传达给幼儿，让幼儿充分体验这些情感，从活动中获得乐趣和情感的满足；二是教师在与幼儿交流中，语言直接体现感情色彩，以表达教师对幼儿的尊重、关爱、赞许、肯定等态度。

贯彻情感性原则，一方面教师的语言要富有趣味性，能激发幼儿的兴趣，善于从幼儿活动的实际出发，或者借助谜语、儿歌、故事、游戏，或者用变异的语言形式和手段，或者用教具、动作、表情等辅助手段，使活动充满乐趣，把幼儿潜在的学习积极性充分调动起来，使其在愉快的气氛中自主地学习；另一方面，要能够根据不同的教育情境调控自己语言中情感的有无、轻重与正负。

（2）形象性原则。具体形象性是幼儿思维的基本特点，并且在这种具体形象思维中还伴有浓浓的直觉行动思维特征，即幼儿在依赖表象、具体形象进行思维的同时，还常常需要有直接操作等感官运动辅助。这些特点决定了幼儿更容易理解和接受直观、生动、具体的教育影响，特别是对观念的感知和理解，更需要借助于形象。因此，教师必须善于运用语言创造直观形象，来帮助幼儿理解和感知各种抽象事物、词语、概念等。

贯彻形象性原则，要求教师要尊重幼儿的年龄特点、生活经验、文化背景，甚至文化习惯，使用易于幼儿理解的形象化的语言来交流情感、发出指令、传授知识经验等。

（3）启发性原则。语言的启发性是指教师的语言能够诱发幼儿思考并让他们有所领悟。教师运用具有启发性的语言，是调动幼儿主动、积极地学习和思考，发展幼儿智力的有效手段，是"幼儿是学习的主体"这一要求的具体体现。幼儿教育中经常使用的"支架式教学"，就要求教师的语言和其他指导行为像一个必要的"脚手架"，启发幼儿的"学"，支持幼儿不断建构自己的心灵世界。有针对性的提问、机智的点拨、诱发幼儿联想的讲述等，都是教师运用语言启发和诱导幼儿积极主动、大胆探索外部世界，建构自己知识经验的重要方式。

贯彻启发性原则，一方面，语言内容应尽可能具有开放性，给幼儿留下思考与感受的空间；语气上是期待的，让幼儿有参与愿望；节奏上快慢有致、疏密有节，给幼儿提供参与的时间。另一方面，教师要多告诉幼儿可以做什么，怎样做会更好，多从正面引导幼儿；尽可能少说什么不可以做，怎样做不好，少从负面制止幼儿。

（4）逻辑性原则。语言的逻辑性指的是教师在使用语言时必须条理清晰、简练恰当，并使其内容符合事物规律，且根据思维的逻辑，准确运用概念，恰当作出判断。

贯彻逻辑性原则，要求教师在使用语言时，在遣词造句上要用词准确、句法正确，在内容上要符合事物的客观规律，在前后表述上要根据思维发展的逻辑及幼儿思维发展水平准确运用概念、作出判断，语言形式要与语言内容、说话时的场合情境相匹配、相适宜，给幼儿树立良好的榜样。

（5）生活性原则。幼儿教育内容的生活化决定了教师语言的生活性。语言的生活性是指教师在组织活动时应当较多地使用常用的非概念化的日常生活交际语言。虽然可以偶尔使用一些书面语形式的词语和专门化的科技语言，但这些词语和语言也必须是幼儿生活中常见的和符合幼儿认知水平的。

（6）文学性原则。语言的文学性，一方面表现在教师在一日活动中恰当利用故事、儿歌等文学形式的语言调节幼儿情绪，集中幼儿的注意力，融洽与幼儿之间的关系。另一方面表现在教师在组织活动时，合理地运用幼儿熟悉的文学作品中的人物形象或角色语言，使他们置身于熟悉且喜欢的文学情境之中，在轻松、愉快、充满想象的气氛中生活和学习。

2. 语言策略的基本类型

语音、语调、语气、修辞、节奏、停顿、轻重音等，是说话过程中实现完整表意的基本构成因素，因此对这些因素的良好调控与使用能力，也就成为了教师语言策略的基本类型。

（1）语调策略。通俗地说，语调就是说话的腔调，是一句话中语音高低轻重的配置。教师的语调策略，就是教师能根据幼儿的身心发展特点、个性特点和教育目标、教育内容特点、说话的场合等因素恰当地使用和调控自己的说话腔调。

语调策略要求教师在语言使用上做到：发音准确，普通话标准，并适当考虑幼儿的方言文化；讲述故事、发送指令、讲授知识等注意语音的高低调配、轻重音分配，以使表意清楚、重点突出；组织活动时注意语调的舒缓有致，语速不过慢或过快，符合幼儿的注意力和神经反应的速度；巧妙处理儿化音、变调，做到说话抑扬顿挫、娓娓动听；能根据不

同场合采用相应语调。

（2）修辞策略。语调体现的是语言的音韵美，修辞则体现了语言的形式美。当然，具备某些修辞形式（如排比等）的语言在语调上也很美。修辞是语言表意、表情的主要功能要素，是幼儿在教师语言中感受语言艺术美的重要方面。

为了达到美化语言的良好效果，教师在语言的修辞策略上可从以下几个方面努力：采用形容词叠用、摹声等修辞手段，刺激幼儿的联想；选用拟人、比喻、夸张等手段，刺激幼儿的想象；施展绘声绘色的描述技巧，刺激幼儿的"内视觉"，激起他们对新事物的再造想象力；把枯燥的词语概念编成儿歌、故事等，使之转化为生动、直观的事物形象。

（3）停顿策略。教师在说话过程中的合理停顿，既有助于幼儿学会正确说话，保障气息的连贯、平稳，以促进幼儿的身体健康，也有利于幼儿对语义的把握，促进幼儿语言能力、智力等方面的发展。同时，停顿也是语言节奏的体现，教师合理的语言停顿，还可以让幼儿感受到语言的艺术美。

停顿策略要求教师在说话时要注意：使用正确的发声方法，注意气息的连贯、平稳，在使用发声器官上给幼儿良好的示范，保护幼儿的发声器官，促进幼儿发声器官的健康发育；认真把握说话内容的要旨与语义层次，根据表意的需要合理处理短停顿和长停顿，以便幼儿更好地理解语言内容，促进幼儿逻辑思维的发展；根据幼儿的情绪状态，合理调整说话过程中的停顿。

（4）重音策略。幼儿的注意以无意注意为主，幼儿语言理解力的发展水平使幼儿很难从轻重音差别不大的语言中有意地去选择有用的信息。由于幼儿的听觉器官发育不成熟，容易出现不适应或疲劳，因此，缺乏轻重音变化的语言，很快就不再是幼儿知觉的对象，幼儿的注意对象就会发生转移。

语言的重音策略要求教师在说话时要注意：弄清每个句子中各成分对表意的功效分担，在同一个句子中注意轻重音的分布；弄清句群中各句子的表意功能，信息承载越多的句子说得越重，信息承载越少的句子说得越轻；在布置多个任务时，注意根据任务间轻重、缓急的不同而说话轻重不同；在评价幼儿（如表扬与批评）时，也注意语言的轻重。

（5）节奏策略。语言的节奏策略是与语调策略、停顿策略紧密联系的策略，主要由语音的强弱、语速的快慢构成。语言的节奏策略要求教师在说话时注意：多使用短句，尽量避免使用长句；多使用"散句"，尽量少用"整句"；多用幼儿熟悉的、富有表现力的词语与句式，避免过多生疏的附加成分；注意恰当地使用排比和重复句式。

（6）语气策略。语言的语气策略是指教师在教育活动中恰当地调控与驾驭自己说话的口气，选择合适的句式来表意、表情，引导幼儿在语言及其他方面积极、健康地发展。此策略要求教师在使用语言时注意：语气要柔和；陈述句、疑问句、祈使句和感叹句在使用频率上相比较，应多使用疑问句、祈使句和感叹句，少使用陈述句；适当用些"呀""啊""呢""啦"等语气助词，以渲染情绪氛围，加强表意。

（7）肢体语言策略。肢体语言策略是不以发声语言为载体传达信息的策略，主要包括体态语策略和表情语策略，两种策略经常交织在一起使用，如亲情式、平等式、感染式、回应式、示意式、巡视式、鼓励式、仰视式等。

实践练习：日常生活中，注意根据语言策略的基本原则和基本类型进行言语表达。

思考与实训

一、单项选择题

1.美国华盛顿儿童博物馆的格言"我听见就忘记了，我看见就记住了，我做了就理解了"，主要说明了在教育过程中应（　　　）。

　　A.尊重儿童的个性　　　　　　　　B.培养幼儿积极的情感体验

　　C.重视儿童学习的自律性　　　　　D.重视儿童的主动操作

2.教师选择或创设一定的情境，使幼儿在心理上将自己置于他人的位置，体会、分享他人的情感并产生与之相一致的情感，领悟他人情感表达的意义，并作出相应行为的教育方法属于（　　　）。

　　A.情境体验法　　　　　　　　　　B.移情体验法

　　C.实践体验法　　　　　　　　　　D.交流体验法

3.在教育活动结束时，引导幼儿进行多种多样的操作练习活动，以巩固所学知识经验、进一步形成技能的策略属于（　　　）。

　　A.总结归纳策略　　　　　　　　　B.水到渠成策略

　　C.操作练习策略　　　　　　　　　D.延伸扩展策略

4.教育活动中，教师借助感官或一定的手段工具，运用一定的方法捕捉发生在教育活动情境中的各种信息，运用的是（　　　）。

　　A.观察策略　　　　B.组织策略　　　　C.方法策略　　　　D.语言策略

二、简答题

1.简述幼儿园教育活动的意义。

2.简述幼儿园教育活动设计的原则。

3.简述幼儿园教育活动指导的原则。

三、论述题

1.结合实际，分析幼儿园教育活动的特点。

2.结合实际，阐述幼儿园教育活动指导的意义。

四、材料分析题

请阅读案例并回答问题。

案例:《太阳和影子》活动片断。

A.踩影子:将幼儿分成两部分，一些人躲闪，一些人踩影子。当踩到别人的影子时，互换角色，继续玩。

B.造影子:让幼儿用自己的手和身体变换各种不同的动作，在地上造出各种奇形怪状的影子，并说一说它像什么。

问题:

1.此案例主要运用了哪种方法? 运用这种方法的要点是什么?

2.活动主要遵循了哪项设计原则? 运用此项原则应注意什么问题?

五、活动设计题

秋天到了，幼儿园里几棵树上的叶子开始变黄，有的已经落到了地面上。在室外活动时，好多孩子对落在地面上的树叶产生了浓厚的兴趣，他们有的捡起来当小扇子扇一扇；有的拿在手里折一些小玩意儿；有的甚至把树叶当成了宝贝放到了自己的书包里。李老师想到利用这些树叶作为教育活动的媒介，为孩子们设计一个有关秋天的主题活动，于是她设计了下面几个活动。

活动一：用树叶粘贴小动物（美工活动）。

活动二：散文《小树叶》（语言活动）。

活动三：小树叶换新装（科学活动）。

请分别为以上 3 个活动设计活动目标和活动过程。

第二章 幼儿园一日活动设计与指导

 引入案例

　　刚毕业的年轻教师小岚刚到幼儿园上班，园长就把她分到了小一班教师助理岗位，其工作职责是记录幼儿每天的在园生活。一开始，小岚还按要求观察记录，认真履行自己的职责，可没过几天，她便发现每天记录的内容极其琐碎，吃、喝、拉、撒、游戏、学习全都在册，而且第二天和前一天没什么太大差别。小岚想：我是正规院校学前教育专业毕业的学生，到幼儿园来应该是组织小朋友学习和游戏活动的，这么一天到晚地记录些没有价值的流程琐事，不是耽误自己的专业发展吗？于是，她向园长提出要上岗当老师的想法。没想到，园长却让小岚先思考一个问题："学龄前阶段，幼儿需要学习哪些内容？如何学？"面于对园长的提问，你怎么看呢？

　　问题：幼儿园教师的主要任务是组织好集体教学吗？幼儿园教育目标的实现仅仅依靠教师有组织的教学活动和游戏活动吗？我们该如何理解幼儿的学习方式和学习特点呢？幼儿在园的一日活动应该如何安排呢？

学习目标

　　（1）了解幼儿园一日活动的内涵、教育价值、基本结构和组织原则。
　　（2）学习幼儿园一日活动设计的基本方法。
　　（3）能对一日活动的科学性、合理性做出初步判断，并调整改进。

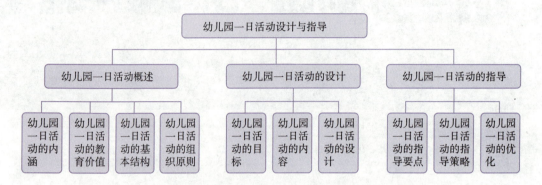

幼儿园一日活动设计与指导

幼儿园一日活动概述　　幼儿园一日活动的设计　　幼儿园一日活动的指导

| 幼儿园一日活动的内涵 | 幼儿园一日活动的教育价值 | 幼儿园一日活动的基本结构 | 幼儿园一日活动的组织原则 | 幼儿园一日活动的目标 | 幼儿园一日活动的内容 | 幼儿园一日活动的设计 | 幼儿园一日活动的指导要点 | 幼儿园一日活动的指导策略 | 幼儿园一日活动的优化 |

第一节　幼儿园一日活动概述

　　学龄前儿童区别于基础教育阶段学生的学习方式而言，其经验的获得往往从生活中来。因此，日常生活能让幼儿接受来自环境、他人、事物等方面的不断刺激，继而产生与周围环境的互动，充实生命体验，实现个体发展。

知识拓展

　　个体发展是指个体从出生到生命终结，其身心诸方面所发生的一切变化，它是个体的潜在素质变成现实特征的过程。现代教育学将影响个体发展的因素归结为四个方面，即遗传、环境、教育和主观能动性。这四方面的因素相互联系、交织在一起，共同作用于个体的发展。

　　基于此，遵循幼儿学习与发展特点，科学、合理地安排幼儿在园一日活动，既有利于幼儿园各项活动的有序开展，又能够满足幼儿多方面的发展需要，帮助他们获得有益于身心发展的经验。

一、幼儿园一日活动的内涵

　　幼儿园一日活动的内容即幼儿在园的全部生活。从一日作息的角度，可视为幼儿在园生活安排的所有环节，如入园、晨检、进餐、游戏、户外锻炼等；从一日活动特征的角度，可相对划分为生活活动、区域活动和教育活动；从幼儿在园活动状态的角度，可大致分为个别活动和集体活动。总体来说，幼儿园一日活动主要包含生活、游戏和教学三大类内容。

幼儿的学习与发展蕴含在幼儿园的一日活动中。幼儿处于人生早期，各方面的知识和能力缺乏，需要成人在日常生活、身体保健、知识学习、能力培养等各方面提供帮助。而3~6岁的幼儿正处于通过反复认知、操作，以获取直接经验的敏感期，如果仅靠集体教学中口口相传、手手相授的说教和示范不仅达不到幼儿获得发展的效果，更是违背了其身心发展的规律，不利于幼儿的学习和成长。因此，科学合理地安排好幼儿的一日生活，使学习、生活、发展三位一体，对幼儿的成长将起到事半功倍的效果。例如，在喝水时，知道前面有人则需要排队等候，自觉遵守基本的行为规范，这是社会领域的基本目标；一一对应取放区角中的玩具，通过观察收集信息，用图画或其他符号记录等、则涉及科学领域的内容；将音乐活动中所学的作品在角色区表演，则是艺术教育发展的体现。因此，幼儿的学习与发展，往往是渗透在一日活动各环节的交汇融合中。

幼儿园教育目标的实现依赖于幼儿园的一日活动。《规程》指出，幼儿园的任务是"按照保育与教育相结合的原则，遵循幼儿身心发展特点和规律，实施体、智、德、美等方面全面发展的教育，促进幼儿身心和谐发展。"其保育教育4条目标更是涉及幼儿身心健康、智力发展、情感培育、审美能力等方面。这些目标的达成，需要教师根据幼儿的年龄特点和发展需要，有目的、有计划地挑选、整合相关教育内容，遵循动静结合、集体活动与自由活动结合、室内外活动结合，不同形式的活动交替进行、教师主导作用与幼儿主体地位合理调配等原则，科学安排幼儿在园的一日活动，使幼儿在教师或预设或生成、或集体、或个别的活动中，积极投入、尝试探索，在练习与体验、梳理与运用的交互作用中实现幼儿园教育目标，体现生活即教育的思想。

幼儿园一日活动既是实现幼儿园教育目标、落实幼儿园教育任务的途径，也是教师创造性开展工作的过程。

知识拓展

"生活即教育"是我国现代教育史上伟大的人民教育家、教育思想家陶行知先生生活教育理论的核心。陶行知的教育理论主要包括生活即教育、社会即学校、教学做合一3个方面。主张教育同实际生活相联系，反对死读书，注重培养儿童的创造性和独立工作能力。

【名人名言】

要解放孩子的头脑、双手、脚、空间、时间，使他们充分得到自由的生活，从自由的生活中得到真正的教育。

——陶行知

　　游戏、生活和教学构成了幼儿在园的一日活动。《指南》指出，"要珍视游戏和生活的独特价值，创设丰富的教育环境，合理安排一日活动，最大限度地支持和满足幼儿通过直接感知、实际操作和亲身体验获取经验的需要……"。为什么要专门提出"幼儿园一日活动"这个概念呢？在一日活动中，又为什么强调游戏和生活呢？

　　其一，珍视幼儿生活的独特价值是世界幼儿教育的共识。OECD（世界经济合作与发展组织）曾在关于保教制度的调查报告书（2001）中，倡导了重视幼儿当下生活的早期教育观。报告指出："幼儿时代，作为人生的一个阶段，是一个其本身就拥有极高价值的时代。对幼儿来说，自由的时间、独自的文化和游戏都是有决定性意义的重要东西。……幼儿能够基于自己的思考、自己的兴趣而生活，让幼儿始终保持那种意味的生活，是保育者必须牢记在心的追求，保教机构的管理运营必须秉此进行。""一个儿童早期保教经历就是他们的人生经历，也同时是面向未来人生的准备。保障每一个生活在当下的儿童过有意义的生活，将让他们未来的人生充实而精彩。"可以说，尊重幼儿的生活，将之视为幼教质量的核心，是以"儿童为本"的幼儿教育的基本特征，也是当今世界幼儿教育的普适性追求。

　　其二，在我国，绝大多数的幼儿园园长和教师都将集体教学活动当作自己幼儿园最主要的活动，在这类活动上花费了最多的教育资源和寄予了最多的期望。这是我国的社会文化使然，亦是国情使然。如此背景下，幼儿园游戏、生活等则被悄然忽视，导致社会大众错误地以为"幼儿园教育就是组织集体活动（上课）"。因此，长期以来，重"集体教学，轻生活实践""重显性知识，轻学习品质"的做法，使我们忽视了真实环境的教育功能，忽略了教育对象发展的能动性，成为影响儿童全面发展的桎梏。实际上，对于幼儿来说，身体的发展、基本的生活习惯和生活能力的形成是最为重要的目标。因此，游戏和生活活动在幼儿园课程中应该占据重要的地位，是幼儿园课程的一个重要特质。

　　其三，游戏和生活活动时间在幼儿园一日活动中的占比较大，应该被充分地挖掘和利用。入/离园、就餐、盥洗、午睡、如厕、过渡环节、户外活动环节、自由游戏环节等的存在都是因为幼儿自身特点的需要，均有其不可替代的价值。在这些环节中，幼儿的能力、需求和习惯表现得最为真实和自然，教育工作者要善于观察幼儿在生活和游戏环节中的行为表现，知其所需，巧妙干预，顺势引导，使幼儿在不知不觉中主动外化规则、能力，并通过生活与游戏这类真环境中的反复练习，最终内化为习惯和意志品质。

　　综上所述，专门的教学活动（学习活动）是幼儿园课程实施的基本途径，游戏是课程内容整合的重要方式，生活活动是幼儿在园活动的重要组成部分。幼儿园教育的实施应关注幼儿一日生活中的各类活动，并注意活动间的有机联系，发挥这些活动的互补作用，做到在生活中学习，在游戏中学习，学习联系生活、利用生活，使幼儿园一日活动成为一个真正的教育整体。

三、幼儿园一日活动的基本结构

各地幼儿园虽然在一日活动的具体环节设计上有所差别，但就其结构而言，却大体相同。

（一）游戏活动和教学活动

游戏活动是幼儿自发、自主、自由的活动，教学活动是教育计划中预定的、以教师为主导的活动。游戏活动和教学活动常以不同的比例和方式结合成一体，反映出活动具有不同的结构化程度。这些活动可以以集体活动、小组活动或个别活动的方式进行，如集体教学、区域活动、室内外游戏活动等。

（二）生活活动

生活活动包括餐点、午睡、盥洗、如厕、入园、离园等活动，这些活动既可以是教师统一组织的，也可以是根据幼儿的年龄和需要进行生活化的自主活动。

从生活活动的内涵看，这类活动包括"生活自理、交往礼仪、自我保护、环境卫生、生活规则等方面的活动"。例如，在有序的环境中，让幼儿自觉遵守幼儿园的作息制度，养成良好的日常起居、进餐、盥洗、如厕等习惯；让幼儿学习自理简单的个人生活、从事简单的劳动，包括自己进餐、穿脱衣服、盥洗、如厕等，以及参与打扫卫生、整理物品、种植、值日等活动；让幼儿懂得一些简单的健康和安全常识，包括饮食卫生、营养卫生、睡眠卫生、起居卫生、心理卫生、疾病和安全事故预防等；让幼儿能适应集体生活、维护公共卫生和遵守集体生活规则；等等。

幼儿园的生活活动是一种养成性的教育活动，主要是在幼儿园的饮食、睡眠、盥洗、如厕、入园、离园等日常生活中进行的。幼儿园的生活活动也可以是专门的、正式的或非正式的教育活动。例如，疾病预防、情绪排解等健康领域的知识可以是专门的、正式的生活活动；洗手、喝水、如厕等生活环节中的技能可以采用非正式的方式来传递；等等。

（三）运动

在幼儿园中，运动主要包括室内、室外开展的课间操、器械运动，以及利用自然因素进行的锻炼等活动，这些活动可以全园性、年级性、班级性和个别化等方式进行。

从运动的内涵看，这类活动为的是提高幼儿的身体素质、动作协调能力及适应环境的能力。例如，3~4岁幼儿能双手抓杠悬空吊起10秒左右，4~5岁为15秒左右，5~6岁为20秒左右；从能双手向上抛球到能连续自抛自接球再到能连续拍球；能在较热或较冷的户外环境中活动半小时以上等。幼儿园中既有专门的基本动作体验和练习，又需要通过环境的创设，使幼儿通过玩沙、玩水、远足等各类活动提高运动能力，达到增强体质的目的。

此外，《规程》和《指南》中均明确指出，幼儿每天的户外活动时间一般不少于2小时，其中体育活动时间不少于1小时，季节交替时要坚持。由此可见，定量、适宜的运动是幼儿在园生活中必不可少的重要环节。

（四）其他活动

除了游戏活动、教学活动、生活活动和运动外，幼儿园的活动还有过渡环节、保健、体检、各类开放活动等。这些活动中，诸如保健、体检、各类开放活动等均是在专门的时

间内由专人负责的活动，一般来说，是有计划、有目的、有组织的活动。例如，"六一"体检、"新年迎新"活动等。因此，我们只要关注到立足幼儿发展，科学安排、统筹管理，这类活动就会为幼儿的健康成长助力。

过渡环节是指幼儿一日生活中各项活动之间的衔接转换，是承上启下、调节幼儿心理和教育节奏的环节，它是非正式的、闲散的、自由活泼的，是幼儿园教育特点的所在，蕴含着极高的教育价值。《纲要》第三部分"教育活动的组织与实施"中明确指出："尽量减少不必要的集体行动和过渡环节，减少和消除消极等待现象"。因此，过渡环节需要班级教师有策略的自然转换，使之张弛有度，利于幼儿轻松自如地投入到下一个活动中。

 案例 2-1

巧用媒介来过渡

小刘老师是一位刚入职的新教师，接手中一班后，她总是非常细致地向小朋友们交代每件事情。例如，集体活动结束后，她会说："请男孩先去上厕所，不要忘记洗手哦！请女孩先去看会书，等会儿老师再叫你们上厕所"；区域活动结束后，她也会积极地用语言督促大家："活动时间到了，小朋友们赶紧收拾区域玩具，排队喝水，准备散步"……可一段时间后，小刘老师却沮丧地向园长诉苦："每次我都尽量把事情交代清楚，可为什么孩子们越来越无动于衷，要我一遍又一遍的重复呢？"得知小刘老师的困惑后，园长给了她几点建议，其中一条是：区域活动结束时，试着用音乐提醒孩子们，给孩子们自主收拾的时间，从容进入下一环节。带着一丝疑虑，小刘老师尝试着使用园长的建议，一周后，她非常欣喜地发现，在音乐的提示下，不仅孩子们能自觉快速地整理好玩具，而且教师也方便了个别提示和指导，费力啰唆又不讨好的现象得到了有效改善。

 案例 2-2

科学安排，轻松过渡

早餐后，按惯例是教师带着孩子们一起户外散步，可每每这时，王老师都会忙得不可开交，因为孩子入园时间不一样（有早有晚）；进餐速度不一样（有快有慢）。所以，要想在预定的时间段内集体出门，都得大费周章。再这样继续下去，恐怕进餐和散步都将达不到预期的目标。于是，在和班级其他两位老师商量后，王老师决定对一日活动环节进行调整，即将原来的"早餐—餐后散步—课前谈话"调整为"早餐—区域活动—课前谈话"。这样一来，既尊重了幼儿的进餐节奏，也避免了不必要的管理行为，同时在"有事可做"这种积极的环境暗示下，又能逐步引导幼儿学习自我管理，养成良好的进餐习惯。

四、幼儿园一日活动的组织原则

幼儿在园的一日活动既丰富又琐碎，要科学合理地融合在一起，需要教育工作者从本地、本园的条件出发，结合班级幼儿的实际情况，因地制宜，制订切实可行的工作计划，灵活执行。一般来说，幼儿园一日活动的组织在活动形式上应遵循以下原则。

（一）一日活动的组织原则

1. 动静结合

3~6 岁的幼儿正处于生长发育阶段，身体、心理等方面尚未成熟，注意力集中时间较短，体能有限，既不能长时间运动，也不宜长时间从事单一的静态学习。针对这一特点，幼儿园应该有意识、有计划地合理安排一日生活，活动与活动之间注意动静交替，如集体教学活动后可衔接一个户外运动，音乐游戏后可衔接一个科学活动等。不仅在形式上关注动静交替，在活动本质特点上也应该考虑动静交替。

2. 集体活动与自由活动结合

我们知道幼儿也需要有独处的时间和空间，在享受自主发展的同时，缓解教师高控下紧张、疲惫的情绪，平衡身心状态。因此，科学合理的一日活动一定是既有适量的集体活动，又有充分的幼儿自主游戏时间，体现集体活动与自由活动相结合的原则。例如，科学规划班级区域，为幼儿提供直接感知、实际操作的玩教具，供幼儿自主摆弄等。

3. 室内活动与室外活动结合

《托儿所幼儿园卫生保健工作规范》中明确要求：保证儿童每日充足的户外活动时间。全日制儿童每日不少于 2 小时，寄宿制儿童每日不少于 3 小时。户外活动既可以是体育锻炼，也可以户外观察、游戏学习等。室内外巧妙转换不仅能为幼儿提供接触大自然的机会，学习场所的变化，也能帮助幼儿调节情绪、状态，重新投入到下一个游戏活动中。

（二）辩证看待一日活动

1. 稳定性与灵活性

幼儿在园的一日生活应该根据年龄特点和园所情况提前拟订好活动计划，一日活动各环节应相对稳定，这样既能有利于幼儿秩序感的形成，又能促使幼儿更快地熟悉幼儿园的各类活动，进行有规律的生活和学习，形成良好的习惯。同时，相对稳定的一日生活还有利于幼儿自我管理能力的发展。例如，幼儿园每天 10：00 开始全园混龄户外活动，午餐后幼儿会出来散步，离园前需要对个人物品进行整理等，这些相对稳定的环节让幼儿对接下来的活动有充分的心理准备，其行动的方向便会在日复一日中越来越明确，行动中的方法和策略也将随着经验的提升得到不断的累积。

当然，我们也应该看到，每位幼儿都是独立的个体，都有其独特的个性特征，因此，在一日活动中，还要注意尊重幼儿的个体差异，把握好一日活动的灵活性。例如，单独安排个别没有午休习惯的幼儿，户外活动中照顾体弱的幼儿，冬夏季节调整外出运动的时间，支持幼儿按量进餐、按需如厕等。只有幼儿园的稳定性的同时关注灵活性，才能真正做到"以幼儿为本"。

2. 一致性与发展性

在幼儿园一日活动中，全体教育者应给予幼儿明确和一致的要求，尊重教育的一致性。幼儿园管理者、班级教师、保育员等都是幼儿一日生活的组织者、参与者和支持者，在对幼儿常规及活动目标的要求上，要尽可能的统一，切忌不同教师不同规则，大孩子小目标、小孩子大目标的矛盾现象出现。例如，午餐环节，A 教师要求先喝汤，B 教师要求先吃饭，类似这样的情形要尽可能地避免，否则因人而变的常规将造成幼儿认知上的混乱。

幼儿园一日活动还需充分体现教育的发展性原则。幼儿的成长是不断持续的过程，其能力和水平也不断发生变化，因此，教师要及时了解幼儿身心发展、知识结构、情感技能等现状，寻找最近发展区，并在此基础上及时调整、制订适宜的活动方案和计划，使之能在原有水平上提高，满足发展的需要。

知识拓展

最近发展区：由苏联教育家维果斯基提出的儿童教育发展观。他认为学生的发展有两种水平：一种是学生的现有水平，指独立活动时所能达到的解决问题的水平；另一种是学生可能的发展水平，也就是通过教学所获得的潜力。两者之间的差异就是最近发展区。教学应着眼于学生的最近发展区，为学生提供带有难度的内容，调动学生的积极性，发挥其潜能，超越其最近发展区而达到下一发展阶段的水平，然后在此基础上进行下一个发展区的发展。

3. 全面性与差异性

全面性有两方面的含义。首先，就个体来说，要实施体、智、德、美全面发展的教育，培养一个全面发展的儿童。这就要求我们所制定的一日活动内容要全面、方法要适宜，要以发展的需要来平衡各个活动。其次，就整体来说，要促进每个幼儿富有个性的发展。教师需要为每位幼儿提供发展的时间和空间，创造发展的机会。因此，全面性根本上就是面向每一个不同个体的因材施教。

差异性实际上包括了发展的不同水平和发展的不同特点两个方面，主要表现为发展水平差异、能力倾向差异、学习方式差异和原有经验差异。正因如此，我们需要意识到教育者要尽可能为幼儿创设一个丰富多彩、多功能多层次、具有自由选择度的环境，让每个幼儿有机会接触符合自身特点的活动内容，成就个性化发展。

总之，全面性与差异性落实到具体的一日活动中体现为环境的丰富、形式的多样、内容的全面，以及个性化评价、科学化调整。

|||||||||||||||||||| **第二节　幼儿园一日活动的设计** ||||||||||||||||||||

幼儿园一日生活涵盖了幼儿在园的各类活动，这些活动在幼儿的发展中都具有特殊的价值，是幼儿园课程实施的基础。因此，教育工作者需要从教育整体出发，遵循幼儿身心发展特点，科学、合理地安排好幼儿的一日生活。

一、幼儿园一日活动的目标

（一）《纲要》关于幼儿园一日活动的表述

（1）幼儿园应为幼儿提供健康、丰富的生活和活动环境，满足他们多方面发展的需要，使他们在快乐的童年生活中获得有益于身心发展的经验。

（2）幼儿园教育应尊重幼儿的人格和权利，尊重幼儿身心发展的规律和学习特点，以游戏为基本活动，保教并重，关注个别差异，促进每个幼儿富有个性的发展。

（二）《指南》关于幼儿园一日活动的表述

幼儿的学习是以直接经验为基础，在游戏和日常生活中进行的。要珍视游戏和生活的独特价值，创设丰富的教育环境，合理安排一日生活，最大限度地支持和满足幼儿通过直接感知、实际操作和亲身体验获取经验的需要，严禁"拔苗助长"式的超前教育和强化训练。

（三）《规程》关于幼儿园一日活动的表述

（1）综合组织健康、语言、社会、科学、艺术各领域的教育内容，渗透于幼儿一日生活的各项活动中，充分发挥各种教育手段的交互作用。

（2）幼儿一日活动的组织应当动静交替，注重幼儿的直接感知、实际操作和亲身体验，保证幼儿愉快的、有益的自由活动。

（3）幼儿园日常生活组织，应当从实际出发，建立必要、合理的常规，坚持一贯性和灵活性相结合，培养幼儿的良好习惯和初步的生活自理能力。

（四）幼儿园一日活动的总目标

幼儿园一日活动组成了幼儿园课程，是以保教结合为依托，有计划、有步骤地实施教育行为，促进幼儿全面发展的过程。其总目标可以概述为在健康、丰富的幼儿园环境中，获得有益的学习和生活经验，培养基本的自理能力，养成良好的生活、卫生习惯，愉悦身心、和谐发展。

正因如此，幼儿园一日活动的教育是全方面的，活动与活动之间是相互作用、互为补充的。

知识拓展

　　幼儿园课程是实现幼儿园教育目的的手段，是帮助幼儿获得有益的学习经验，促进幼儿身心全面和谐发展的各种活动的总和。

二、幼儿园一日活动的内容

　　一般来说，幼儿在园的所有活动都属于一日活动的范畴，从各流程项目来看，包含了入园、离园活动，游戏、学习活动，生活活动及其他活动。

（一）入园、离园

　　幼儿从入园开始，其在园的一日生活便拉开了序幕。入园时的情绪、身体状况、注意事项、晨间活动安排、翌日交接等都需在短短的几十分钟内，通过教师观察、记录，完成交接部署，做到心中有数，保证一日活动紧张、有序的开展。

1. 晨检

　　早期晨检是幼儿园为加强传染病防控、了解幼儿的身体和情绪状态、检查所携带物品等所采取的一项措施，目的是为了及时排除身体的不适因素和安全隐患。一般流程为一摸、二问、三看、四查。

　　随着学前教育事业的发展，晨检被赋予了更多的内容和意义，与家长和幼儿交流，安抚情绪，增进师生情感，养成良好的问候习惯等。

2. 晨间和早餐后活动

　　晨间衔接晨检和早餐活动，是幼儿陆续入园的一段时间。晨间活动开展得好，能使幼儿精神饱满、情绪愉悦的开始一天的学习和生活。而餐后活动在幼儿早餐后开展，因此适宜安排运动量相对较小、轻松闲适的活动，如阅读活动、走迷宫、散步、拍球、过小桥（平衡木）等。

3. 晨间谈话活动

　　晨间谈话活动，顾名思义就是教师利用晨间活动后的10~15分钟时间，面向全体或个别幼儿有计划、有内容、有组织的谈话活动。晨间谈话标志着幼儿园一日生活正式开始，内容可以涉及成果分享、活动安排、热点交流等幼儿生活的方方面面。晨间谈话活动是话题共享、相互交流、相互了解、相互影响的环节。

4. 离园

　　离园既是幼儿园一日生活的最后一个环节，也是幼儿自我服务的重要时段。这个时间段的幼儿知道即将回家，身心处于兴奋期盼状态当中，表现出愉悦感和幸福感，因此能够积极主动地投入到有趣的离园活动中，享受自由自主的状态。同时，在放松感和满足感中又留恋幼儿园生活，对明天充满着期待和向往。

（二）游戏、学习

1. 集体教学

集体教学是在当前我国国情下，一种经济、高效的教学组织形式，是在教师的直接指导组织下进行的活动。它的特点是全班幼儿在同一时间内学习同样的内容，活动过程以教师的引导和组织为主。

2. 区域活动

区域活动又称活动区活动，是指幼儿在活动区内进行的以自由游戏为特征的活动，是满足幼儿不同兴趣和需要的最好途径。通过区域活动，可以满足幼儿交往的需要，丰富幼儿的生活经验，让幼儿勇于尝试和探索，促进幼儿富有个性的发展。常见的活动区有角色游戏区、建构区、益智区、听赏区、美工区、科学区等。

3. 室内外游戏活动

陈鹤琴先生说过，游戏是儿童的心理特征，游戏是儿童的工作，游戏是儿童的生命，从某种意义上说，幼儿的各种能力是在游戏中获得的。正因如此，游戏是幼儿园的基本活动，教师会专门设计选择各类游戏组织鼓励幼儿参与，在发展幼儿身心的同时，也能达成一定的教育目的。除此之外，幼儿本身也会自发组织游戏，与同伴自由自在参与其中。

（三）生活活动

幼儿园日常生活活动是指幼儿一日活动中的生活环节和一些每天都要进行的日常活动，包括进餐、饮水、睡眠、盥洗、如厕等。幼儿园在生活活动方面，主要着力于培养幼儿良好的作息习惯，如睡眠习惯、排泄习惯、盥洗习惯、整理习惯等；帮助幼儿了解初步的卫生常识和遵守有规律的生活秩序的重要意义；帮助幼儿学会多种讲究卫生的技能，逐步提高幼儿生活自理的能力；帮助幼儿学会用餐的方法，培养幼儿良好的饮食习惯。

1. 盥洗

幼儿园一日活动中，幼儿会进行多次盥洗，小班可能是在教师的组织指导下完成，中大班则需要幼儿能自我服务、正确盥洗。教师可以采用示范、图片提示、个别提醒、榜样激励等方式帮助幼儿养成良好的盥洗习惯。当然，盥洗不可避免地要与水打交道，因此，教师还应该在日常生活中培养幼儿的节水意识和正确的节水行为。

2. 午睡

良好的午睡习惯能促进幼儿身体机能的正常发育和心理的良好发展，使之精神饱满，积极地投入到游戏、学习中。一般幼儿在园午睡时间以 2~2.5 小时为宜，随着年龄的增长可以逐渐减少。午睡时，教师要注意关注幼儿的睡姿。

3. 饮水

水对于人的生命来说极为重要，养成良好的饮水习惯，是幼儿园生活环节中非常重要的一件事。《指南》指出：鼓励幼儿多喝白开水，少喝饮料。因此，能自主饮水、取水适量是饮水环节的重要目标。

4. 如厕

如厕是每一位孩子的生理需要，但许多幼儿不愿意在园如厕，尤其是大便，因此，幼儿园需要为幼儿营造宽松的如厕环境，引导幼儿及时排便，不让如厕成为幼儿的负担而为

童年的生活留下阴影。当然，如厕和盥洗是需要安排在一起完成的。

5. 进餐

幼儿正处于生长发育阶段，他们在园的进餐情况是家长和教师共同关心的话题。园所情况不一，开餐次数也不一样，有的园所三餐两点，有的园所两餐一点，有的园所一餐一点等。但无论开几餐，幼儿应养成的用餐习惯都会大致相同，如会正确使用进餐工具、能根据自己的需要添饭菜、不剩饭菜等。

（四）其他活动

幼儿园除了相对稳定的游戏学习、生活活动、入园离园活动外，还有过渡环节及其他不经常的、发生周期较长的活动，如家园开放、体检等。这样的活动也同样承载着其教育功能，值得好好计划、合理安排，为幼儿园一日活动增色。

1. 过渡环节

过渡环节有着承上启下的作用，虽然单位时间短暂，但也不容忽视。成功的过渡环节既能使幼儿身心放松，享受相对自由的状态，又能轻松自然地衔接下一个活动。

2. 其他

一般幼儿园每个月会有一次家园开放活动，目的是拉近家园距离，为形成教育合力搭建平台。另外，幼儿园每年两次的体检也是服务于幼儿健康成长的重要活动。此类活动虽然间隔时间长、发生频率低，但也是幼儿在园生活的一部分，其价值与意义同样不能忽视。

三、幼儿园一日活动的设计

一日活动涵盖幼儿园一天中的各个环节，如同散落的珍珠，需要教师有目的、有计划地将它们串起来，这样才能体现出教育的一贯性，发挥教育的整体功能。同时一日活动的设计应符合幼儿园保教结合的基本要求，成为幼儿园实施教育、保育的日常制度。

（一）一日活动设计要符合教育、保育要求

1. 要充分发挥各种类型教育活动的功能，并使之达到平衡

幼儿园游戏活动、教学活动、运动、生活活动及其他各种活动，对于幼儿园教育、保育都具有不同的功能。认清和把握各种类型的教育、保育活动既能充分发挥其自身的功能，又能对其他活动起到相互补充、相辅相成的作用，需要我们认清和把握各类活动的功能和特点，科学选择、组合和安排幼儿园一日活动，使之达成总体的平衡。

2. 要具有多样性，注意动静交替

由于幼儿主动注意维持的时间较短，不可能较长时间将注意力集中在单一的活动之上。因此，具有多样性的活动内容和活动方式，能使幼儿避免单一的刺激、减少疲劳，增加活动的兴趣，提高活动的效能。

在活动的设计中，动静交替、动静结合是丰富活动内容和活动方式，为幼儿提供具有多样性特征活动的好办法。决定幼儿活动负荷、导致幼儿产生疲劳的因素是多方面的，而且是相互影响、相互作用的。在选择和安排幼儿园一日活动时，要充分考虑到影响幼儿疲劳程度的各种因素，以及这些因素相互作用后所产生的整体效应，做到有张有弛、体脑并

用、动静交替、劳逸结合，能使幼儿在活动中获得较高的效能。

3.既要制度化，又要富有弹性

幼儿园一日活动的制度化指的是将幼儿园主要活动的程序在时间上相对固定下来，形成制度，不轻易改变。幼儿园若没有一日活动制度，或者一日活动设计得不合理，或者一日活动制度受到破坏，都有可能导致幼儿园教育、保育工作的混乱和低效，导致幼儿活动效能的降低。

但是，幼儿园的一日活动制度只是相对固定的，而且是富有弹性的和灵活可变的。一些有价值的、没有预先计划好的活动及一些特殊的事件都可以而且应该成为幼儿园一日活动中的组成部分。当然，这种可变性应有一定的限度，不应以损害幼儿已经形成的习惯为底线，而且，变化不可以太频繁，幅度也不适宜过大。

4.要顾及各种生态条件

幼儿园一日活动还应考虑各种有关的生态条件，并做出合理的安排和调整。

例如，幼儿园一日活动制度应根据季节的变化做出相应的调整，在夏季，昼长夜短，幼儿园入园的时间可以适当提前，中午可以延长午睡时间等。又如，可根据幼儿活动能力和情绪变化规律安排一日活动等。

（二）幼儿园一日活动设计

幼儿园一日活动，首先需要以一定的时间和程序相对固定下来，成为一日活动的基本流程。好的一日活动流程，能使幼儿在活动与休息、室内与户外活动、活动量大与活动量小的活动之间达成总体上的平衡，促使幼儿身心获得有益发展。

1.相对固定的制度化安排

××全日制幼儿园上半年一日活动流程如表2-1所示。

表2-1 ××全日制幼儿园上半年一日活动流程

时间	活动流程	导览分析
07：20	幼儿入园、晨检、晨间活动	
07：40	营养早餐	
08：10	区域自选或照顾动植物	
08：30	晨间谈话	根据《规程》的要求，制定幼儿园一日生活流程应考虑以下几个方面。
08：50	第一个集体教学活动	（1）两餐间隔时间为3.5~4小时。
09：30	幼儿广播体操及户外运动	（2）正常情况下，幼儿户外活动时间（包括户外体育活动时间）每天不得少于2小时，寄宿制幼儿园不得少于3小时。
10：40	第二个集体教学或主题区域活动	
11：30	美味午餐	
12：10	餐后散步	
12：30	午睡时间	（3）正常情况下，每日户外体育活动不得少于1小时。
14：40	起床	（4）不得限制幼儿便溺次数、时间
15：00	午点	
15：30	区域或游戏活动	
16：00	户外活动	
16：50	离园前活动	
17：10	离园	

2. 清晰具体的一日活动计划

依托幼儿园制定的一日活动流程，班级教师则需要根据本班幼儿的年龄特点和当前实际情况，将一日活动制定得更为具体、明确，便于实际工作中的操作，切实达到教育的目的。

××幼儿园大一班一日活动计划，如表 2-2 所示。

表 2-2 ××幼儿园大一班一日活动计划

活动流程	活动内容
晨间活动	活动名称：一棒接一棒 活动目标： （1）乐于探索纸棒的不同玩法，尝试迎面接力，掌握递接纸棒的方法。 （2）体验游戏中耐心等待的心情。 活动准备： 幼儿每人一根纸棒；障碍标志物。 活动过程： （1）在信号的提示下，进行曲线走、跑练习，并根据口令做相应的动作。 （2）师幼一起做纸棒操。 （3）幼儿玩纸棒，自由探索、交流不同的玩法。 （4）游戏：听信号传纸棒。 （5）收拾材料，放松回班
餐后活动	活动内容：区域自选 活动目标： （1）愿意选择自己喜爱的区域，安静、有序地参与活动。 （2）大胆选择喜欢的游戏内容和材料，自主、愉快的游戏。 （3）能发现科学区的新材料，提高观察能力和解决问题的能力。 活动准备： 科学区投放沉浮材料。 活动过程： （1）介绍开放区域的名称、活动内容，提出活动要求。 （2）按照意愿自选区域，进行分区活动，教师巡回观察，根据幼儿在活动中的表现适时介入，重点关注操作新材料的幼儿。 （3）随乐结束区域活动，收拾材料，提示个别幼儿按需盥洗
晨间谈话	谈话主题：区域活动中的新发现 活动目标： （1）能发现并介绍区域活动中的新材料。 （2）对他人的介绍感兴趣，能认真倾听，引发思考。 活动过程： （1）观察、提问，引出新材料。 （2）说一说：你是怎么操作的。 （3）想一想：沉浮实验还可以投放什么材料？能否让沉下去的材料浮起来，让浮起来的材料沉下去？ （4）简单评价，结束

活动流程	活动内容
教学活动	活动名称：不喜欢运动的国王（语言、健康） 活动目标： （1）乐于倾听故事，体验其中的趣味与寓意，感知运动有益健康。 （2）能理解故事内容，充分表达对故事的感受。 （3）尝试为自己制订运动计划表，并能大胆交流。 活动准备： （1）幼儿对运动有一定的了解，会用符号或简单的图画记录。 （2）教学课件《不喜欢运动的国王》。 （3）运动计划表格人手一张；笔若干。 活动过程： （1）谈话讨论，导入活动。 （2）逐一观察教学课件中的用品，理解故事内容。 （3）完整欣赏故事，尝试小声跟讲。 （4）迁移作品经验，为自己制订合理的运动计划
教学活动	活动名称：我运动，我快乐（艺术、健康） 活动目标： （1）在表现自己运动的过程中，体验绘画带来的快乐。 （2）大胆想象自己的运动情形，并创造性地进行表现。 （3）学习运用不同的作画工具和表现手法表现运动的快乐。 活动准备： （1）幼儿观察并体验过多种运动项目。 （2）各类作画工具，音乐。 活动过程： （1）倾听音乐，做自己最喜欢的运动。 （2）自主讨论，怎样通过画面表现运动的情形。 提示：教师选取几种有代表性的运动，引导幼儿观察并讨论怎样表现其动态特征。 （3）积极思考，交流自己要表现的画面内容。 （4）在背景音乐中自选作画工具，自由表现"我运动、我快乐"。 （5）展示作品，相互欣赏、评价
户外活动	活动名称：混龄区域活动 活动目标： （1）喜欢运动，能积极参与到自选运动项目中。 （2）运动中保护自己的安全，并注意照顾到周围的弟弟妹妹。 （3）能有目的的选择，有策略的玩耍。 活动准备： 户外器械分区摆放。 活动过程： （1）全园幼儿广播体操。 （2）按分流顺序分区域活动。 （3）教师巡回指导，关注有特殊需要的幼儿。 （4）结束，收拾器械

续表

活动流程	活动内容
午睡	睡前故事:《绿野仙踪》P8~12
角色游戏	活动名称: 模拟小学生 活动目标: （1）乐于模拟小学生的生活片段，感受小学生活与幼儿园的不同，体验小学生活及扮演小学生带给自己的快乐。 （2）了解小学生的生活，像小学生一样控制好自己的行为。 （3）在游戏中与同伴友好相处。 活动准备: （1）幼儿已经参观过小学。 （2）照片和视频: 小学生生活；按照小学的班级布置要求布置好活动场地。 活动过程: （1）观看照片和视频，调动幼儿关于小学的经验。 （2）引导游戏，学当小学生。 （3）角色分配，自主游戏。 （4）结束，整理活动材料
户外活动	活动内容: 玩攀爬墙 活动目标: （1）在活动中保护好自己，增强自我保护的意识。 （2）学习正确且手脚协调地向上、下攀爬和向左、右横爬的方法。 活动准备: 检查攀爬墙是否安全。 活动过程: （1）攀爬前组织幼儿活动身体。 （2）幼儿自由练习，注意避让。 （3）攀爬比赛。 （4）放松，回班级
离园活动	活动内容: 阅读、飞行棋；收拾整理、道别

　　做好一日活动计划，既有利于教师组织班级活动时做到心中有数，又有利于幼儿在有序的一日生活中养成良好的作息习惯，形成安全感和归属感。

3. 机动灵活的生活环节

　　因生活环节具有稳定性和个体性，没有翔实罗列在一日活动计划中，但这并不代表生活环节被忽视，相反，教师需要更用心细致的关注，在生活环节中逐步培养幼儿的自我服务意识和能力，并利用生活环节轻松、自由、自主的特点，提供给幼儿不断练习的机会，真正落实寓教育于一日活动的各个环节中。

制定幼儿园一日活动制度和设计一日活动需要考虑诸多因素，而各个园所间的实际情况又是千差万别的，因此，并不存在一种最好的一日活动制度能适合所有的幼儿园，幼儿园应该根据自己的园所实情，制订和设计适宜本园所的一日活动实施方案，以促进本园幼儿的全面发展。

第三节　幼儿园一日活动的指导

幼儿园一日活动设计是否合理，教师的指导是否涵盖了该环节的特点及幼儿的发展目标，如何指导幼儿园一日活动中的普遍性问题，这些需要在实施过程中有针对性的介入和解决，切实提高幼儿园一日活动的质量。

一、幼儿园一日活动的指导要点

（一）遵循幼儿年龄特点及发展需要

一日活动皆教育，幼儿园一日活动的出发点和落脚点都是为了促进幼儿的身心健康和和谐的发展。教师在制定一日生活的教育目标、教育内容、创设教育环境、实施教育过程等环节中，都要充分考虑幼儿的年龄特点、学习特点、发展水平和情感需要，以最适合幼儿特点的课程开展教育活动。适宜的目标幼儿跳一跳能够得着，适宜的内容幼儿容易理解，适宜的方法幼儿能够接受，只有适宜的才是最好的。例如，小班幼儿一般用勺子吃饭，中班幼儿手的动作灵活协调性较小班增强了，就餐时就可以使用筷子。

（二）遵循幼儿园保教结合的原则

保育和教育是幼儿园教育的双重任务。"保"字一词倾向于保护幼儿的身心健康，侧重于注重幼儿身体方面的教育；"教"字一词是指对幼儿的智力、情绪情感、社会性等方面进行全面的指导和教育，比较侧重于幼儿的认知和学习方面。幼儿的年龄特点和发展规律决定了幼儿园不同于中小学的教育内容和教育方法，这主要体现了幼儿园注重保育和教育相结合，二者是不可分割、相辅相成的。

因此，教育者理应在一日活动活动中做到教中有保，保中有教，这不仅仅受到幼儿心理发展水平的制约，同时也是幼儿在园集体生活的需要。一日活动的保育工作包含着教育因素，如洗手，应教幼儿如何洗，如何擦干，洗手过程要按次序进行排队，遵守纪律。同时，教育工作中也渗透着保育因素，比如在户外体育活动中，教师要科学考虑幼儿运动量、及时补给水分等问题。总之，合理开展幼儿园一日活动就必然将保育和教育相联系，不仅使幼儿的身体方面得到发展，同时也完善了幼儿幼小的心灵。

（三）注重集体与个别相结合

集体教育主要是指通过组织集体活动和师幼、幼幼之间的合作交往对幼儿进行教育。

个别教育即我们所倡导的因材施教方式的教育。主要是根据每个幼儿的兴趣、爱好及其自身发展特点和能力倾向进行的个别化的指导。对幼儿来说，集体本身就是一种教育，教师在一日活动中既要注意对全体幼儿进行正确的引导，又要关注到集体中个别幼儿的特殊表现，争取做到针对幼儿的发展特点开展适宜的活动。例如为了学习活动高效，可以采用集体教学；为了鼓励幼儿富有个性的发展可以设置各类区域活动，供幼儿自主选择，自由支配。教师只有将集体与个别有机结合，才能满足幼儿多方面发展的需要。

 二、幼儿园一日活动的指导策略

（一）关注细节

 案例 2-3

微笑

每天清晨，当活泼可爱的孩子们接踵而来，我总是用最亲切的笑容去迎接他们。记得一位从没上过幼儿园的插班孩子在每周一来幼儿园时总是哭闹不止，然而在第五周时他却笑着来园了，他的爸爸妈妈告诉我，孩子回家后对他们说："杨老师每次都是笑着向我问好，所以我也要笑着向小杨老师问好！"

多么神奇的微笑！就是晨间接待这个小小的环节，让我的微笑住进了孩子及家长的心间，温暖了孩子们幼小的心灵，同时也让家长放宽了心。

 案例 2-4

站在适宜的位置迎接孩子

宁宁到教室门口缠着妈妈，哭诉着讲着条件："第一个来接我好不好？好不好？"边说边摇晃妈妈的胳膊。看到此情景，我心里很难受——我对她那么好，为什么她来园总是要闹小脾气呢？

我反思发现：每次清晨晨间接待孩子来园时，我只顾带领班内已到的孩子活动，忽视了刚刚来园的孩子。孩子们在教室门口看不见老师，自然会失去安全感，会更加依恋家长。发现问题后，我选择一个接待孩子的适宜位置，既能环顾已来孩子的活动情况，又能充分看到门口幼儿来园的情况，让来园的孩子一眼就看见老师在门口欢迎他。

第二天早上，我站在教室门口望着孩子们来的方向。宁宁又如往常一样跟在妈妈后面，低着头一声不吭，一脸不悦。看到她来了，我快步迎了上去，并蹲下身子，把他搂住，笑着说："早上好"。宁宁很奇怪，没等她与妈妈讲条件，我已将她带进了班中。

一日生活的每个环节都有技巧和学问。看似简单的晨间接待也蕴含着那么多契机，需要用心对待。例如，晨间接待应该站什么位置，如何让内向的孩子主动问好，如何组织已来园的孩子进行晨间活动等。我们要关注一日生活的每个工作细节，捕捉机会，随机教育。

（二）顺应幼儿兴趣设计活动

 案例 2-5

跟着蚂蚁走

一天下午，我和孩子们在院子里做游戏。这时，我忽然听见阳阳大声叫起来："贾老师，快看，小蚂蚁走路一扭一扭的，真好玩。"话音刚落，小朋友们都围了上来，争先恐后地说："我看看，我看看"，阳阳问："老师，小蚂蚁要上哪去呀？""他回家去呗"旺旺回答道。孩子们纷纷议论开来："它去找妈妈""找吃的""小蚂蚁它吃什么？"……

针对孩子们的疑问，我和孩子们进行了一次谈话活动。活动中孩子们提出不同的问题：蚂蚁住在哪里？蚂蚁的家是什么样子？蚂蚁到底有多少种类？面对这些问题，我鼓励孩子们自己去寻找答案。几天里孩子们通过不同的方式收集到各种各样的资料。有的小朋友带来了有关蚂蚁的图书；有的小朋友拿来了有关蚂蚁的 VCD 光盘；还有的小朋友带来与爸妈在网上找到的有关蚂蚁的资料。在孩子们的建议下，我们把他们带来的东西放在教室的一个角落，取名为"蚂蚁小网站"。从此，这里变成了孩子们自主学习探索的小海洋。有关蚂蚁的活动也从这里开展、延伸，如开展了活动"蚂蚁吃什么""跟着蚂蚁走""我见过的各种各样的蚂蚁"等。

一日活动的教育价值在于顺应孩子的需要，引导孩子积极主动的学习。一日活动的计划、活动的主题、材料的提供不是一成不变的，应该根据幼儿的兴趣需要、发展特点随时调整。

（三）巧妙运用隐性指导

 案例 2-6

教室里的脚印

为了让孩子们懂得有序排队、有序游戏。我在孩子们可能出现拥挤或需要提示排队的地方贴上了一排排脚印。例如，盥洗室饮水机旁边的脚印——提示孩子们排队喝水；区域活动进口处的脚印——提示孩子们脱鞋进入及进区人数；户外活动前集合点的脚印——提示孩子们在此分两组排队等候等。孩子们刚开始觉得踩着脚印有趣，慢慢地也就形成了排队、有序游戏的习惯。

幼儿园环境可以对一日活动进行隐性的教育和指导。通过井然有序的生活环境及"图片暗示"既可以帮助幼儿建立起内在的秩序，也可以激发幼儿学习和参与活动的兴趣。例如，如果班级的主题墙上展示当前幼儿正在探究的话题和进程，那么活动也就能像磁铁般吸引幼儿。

（四）给幼儿自由选择的空间

 案例 2-7

仍想调色的黄黄

今天的活动是孩子们亲手调配春天的大自然的绿色。活动结束后，孩子们都争着让我看他们的作品。只有黄黄一个人还坐在桌子前拿着调色盘认真地调试着。这时值日生将调色盘一一收起，准备洗涮。黄黄站起来抢自己的调色盘："我还没画完呢"。值日生也不甘示弱："老师让收了。"两人争执不下。我见状问清情况，说："那好吧，黄黄，如果你愿意的话，就继续画一会儿。"黄黄继续他的调色活动。

我组织孩子们盥洗、喝水完毕，走过去看到黄黄的颜色依然没有调好，就以商量的口吻说："我知道黄黄做事认真，但其他小朋友要户外活动了，你一个人在教室老师不放心，可也不能影响其他小朋友出去玩。你看这样好不好，你先去户外活动，等下回来继续调色，如果不行，下午你可以继续调，你说好吗？"黄黄看了看我，点点头。

黄黄对活动热情很高，如果强令他停下来让其回到集体当中，不仅挫伤他探索的积极性，还会使他不安心班集体活动。与其这样，不如在不影响全班活动的基础上，给他一个自由的空间，让他继续探索。

虽然，案例中涉及的是给一个孩子选择的权利，其实在一日活动的组织及实施中，我们也要给孩子们一些安排自己活动的权利，因为他们才是自身行为的主人。让孩子们当活动的小主人，他们会变得更加自主、更加轻松、更加愉悦。

像区域活动的主题或户外活动的形式等均可以让孩子们讨论确定，甚至过渡环节的安排都可以让孩子们参与制定规则。

（五）注重养成教育

 案例 2-8

在过渡环节中纠正幼儿的不良习惯

抠鼻子、吮手指是小孩子常见的不良习惯，经常有家长抱怨说："怎么也改不了。"在幼儿园，我也发现孩子们的这些不良习惯在过渡环节中频繁出现。尤其餐前，有的孩子一边听故事一边不断抠着鼻子或将指头放在嘴里吮吸。我不禁反思：能否将幼儿的不良习惯"消灭"在过渡环节呢？

我将简单的说教变成了幼儿能看到、体会到的亲身感受，使他们真实感受到抠鼻子、吮手指会给自己身体带来伤害。我抓住浩浩因抠鼻子流鼻血的契机，让孩子们看到红红的血从鼻子里流出，并在用卫生纸给浩浩止血的同时，及时组织孩子们谈话："他鼻子为什么流血？出血对身体会怎样？怎样才能不让鼻子出血？"我还利用显微镜让孩子们看到放大的"小虫虫"，使他们了解到细菌的存在和危害。

幼儿的不良行为有很多，纠正起来不容易，这需要一个过程，甚至会有"反弹"现象。因此，教师要持之以恒，并创造性地结合幼儿的特点将养成教育渗透在一日活动中，让孩子们在轻松愉悦的氛围中纠正不良习惯，形成终身受益的好品质。

三、幼儿园一日活动的优化

（一）整合有关内容，精简活动环节

一日活动是幼儿在园生活整体性的安排，是教师对幼儿一日生活所预设的计划，其目的始终是支持幼儿身心健康发展。因此，我们要对一日活动安排有科学、客观的认识，切忌为了显得一日活动的紧凑和丰富，而将一日活动安排得过于细、过于精准。

例如，某所幼儿园安排的"半日活动"中，一个上午足足安排了10个活动内容。为了全面安排这些活动内容，时间精确到了以"分"来计算，如表2-3所示。

表2-3 某幼儿园"半日活动"表

时间	活动安排
08：00~08：35	晨间活动
08：35~08：50	晨间谈话
08：50~09：10	早操
09：10~09：20	集体如厕喝水
09：20~09：50	集体教学活动
09：50~10：05	户外游戏
10：05~10：35	集体教学活动
10：35~10：55	户外活动
10：55~11：05	餐前活动
11：05~11：35	午餐活动

从表 2–3 中，我们可以发现这样几个问题：一是活动环节过多。一个上午有 10 个环节，为了完成这些环节，教师必然会对幼儿进行高度控制，从而导致幼儿处于"时时有人管，事事有要求"的紧张状态，自由、自主空间极少。二是每个环节时间都较短，活动节奏过快。这样的安排极易导致幼儿始终处于紧张忙乱之中，既无法充分感受和体验每个活动过程，又无法充分享受活动带来的快乐，更无法从中获得充分的发展。三是过渡环节安排过多，导致时间的隐性浪费。从整个活动环节安排来看，幼儿需要在室内与室外之间走 7 趟，其间浪费了不少时间。由于存在以上几个问题，整个半日活动中幼儿就像在"赶场子"，从而影响了幼儿参与活动的积极性、自主性。

基于以上存在的问题，有必要整合相关内容，将活动环节精简。具体做法可以是：①把集体如厕、盥洗、喝水等活动，以分散、自主的方式安排在除集体教学活动之外的过渡环节之中；②将早操和户外游戏加以融合调整，分别安排在集体教学活动的前后，这样既尊重了室内外交替、动静交替的原则，又能在晨间的户外运动区活动中，等待因特殊原因晚来的幼儿。通过这样的整合，原来半天的 10 个活动环节可调整为 7 个，如表 2–4 所示。需要说明的是，这样的安排较适合春、秋、冬三季，夏季的早操时间可做适当调整。

表 2–4　调整后的活动时间安排

时间	活动安排
08：00	晨间活动及谈话活动
08：20	户外运动区活动
09：00	集体教学活动
09：30	自主游戏、早操
10：00	室内区域活动
10：45	餐前户外自由活动
11：05	午餐活动

通过整合，教师在组织各个环节活动时不再显得匆匆忙忙，可以静下心来细心观察和倾听幼儿，并给予幼儿更多自主活动的时间和空间。幼儿也不再被教师牵着鼻子赶环节，而是可以根据自己的需要和兴趣自主、自愿地开展相关的活动，他们的情绪放松了，心情也就快乐起来了。经过优化之后的环节呈"块状"结构，减少了一些原来统一安排的生活活动，改为让幼儿根据自己的需要自由、自主地安排。另外，通过优化活动环节，形成了"晨间活动（户外）—集体教学活动（室内）—游戏、早操（户外）—区域活动（室内）—餐前散步（户外）"这样有规律的室内外交替安排的活动序列，室内外活动的转换由原来的 7 个减少为 3 个，大大减少了时间的隐性浪费，确保了幼儿的自由活动时间。

（二）提供自理、互助机会，提高生活教育质量

《指南》指出："鼓励幼儿做力所能及的事情，对幼儿的尝试与努力给予肯定，不因做不好或做得慢而包办代替。""指导幼儿学习和掌握生活自理的基本方法。"反观幼儿园的

现实，有些幼儿园还存在着重幼儿学习活动、轻幼儿生活教育的情况，从晨间入园活动开始，几乎没有给予幼儿生活自理的时间和空间。由于每班都配有保育员，幼儿的很多生活需要都被保育员包办代替了。就拿简单的喝水来说，有些教师也是让幼儿整齐地坐在座位上，等待保育员一一分发饮用水。幼儿过着"饭来张口，衣来伸手"的生活，生活自理能力的发展和良好生活、卫生习惯的养成都成了空谈。

针对以上存在的问题，我们认为，可通过让幼儿参与相关劳动或互助活动培养幼儿良好的劳动习惯，形成自我服务和为他人服务的意识和能力。①组织劳动活动。例如，可在每天08：00~08：15安排专门的劳动活动。因此，可对班里的劳动内容进行划分，如分为扫地、擦桌子、擦椅子、擦玩具柜、洗小毛巾、整理玩具架、整理图书、照顾自然角等，让幼儿以自愿认领的方式参与劳动。幼儿每天入园时，会先到"任务墙"前自主选择，挑一个自己喜欢的"劳动任务"，再到装有"任务牌"的杯子里拿一个"任务牌"放到相应的"任务区"里，然后去拿取相应的劳动工具参加劳动。在这个过程中，教师需进行观察和记录，并给予幼儿适时的指导或鼓励。②让幼儿学习生活自理。例如，自主如厕、盥洗，自主取水、喝水，开展自我服务等。在这些生活活动过程中，幼儿碰到困难可向教师或同伴求助，教师则可根据观察记录分析幼儿的生活自理能力发展情况，如根据"饮水区"的喝水"记录表"了解幼儿的喝水情况等。③开展互助性劳动。互助性劳动包括运动中的互助，如一起取放运动器械、整理运动场地、互相帮助塞吸汗巾；值日生劳动，如帮助分发学习用品，餐前帮助教师和保育员擦桌子、分发毛巾、餐具等。这些劳动让每个幼儿充分参与，既可帮助幼儿养成热爱劳动的习惯，又有助于提高幼儿的生活自理能力，还可使他们获得多方面的经验。

（三）减少集体教学活动时间，体现"以游戏为基本活动"的理念

《指南》强调要适当控制幼儿在园参与集体教学活动的时间，让幼儿以直接经验为学习基础，以游戏的方式进行学习。但现实情况是，许多幼儿园一个上午安排两个集体教学活动，合计一个多小时。而幼儿自由游戏时间则只有10~15分钟，户外活动时间也只有20分钟左右，这其中还包括了一些环节转换的过渡时间。此外，有些幼儿园忽视游戏和区域活动，在游戏材料投放和区域环境创设上较少考虑幼儿的需求，因此也没有做到最大限度地支持和满足幼儿通过直接感知、实际操作和亲身体验获取经验的需要。

因此，在设计和指导幼儿园一日活动时，《指南》是根本，一定要按照《指南》精神安排足够的幼儿自主游戏活动时间，落实以游戏为基本活动，为幼儿提自主学习、自主发展的时间、空间和机会。

（四）增加户外活动时间和自由度，让幼儿快乐自主的活动

《指南》和《规程》都强调，要"保证幼儿的户外活动时间""幼儿每天的户外活动时间一般不少于2小时，其中体育活动时间不少于1小时，季节交替时要坚持""为幼儿准备多种体育活动材料，鼓励他们选择自己喜欢的材料开展活动""经常和幼儿一起在户外运动和游戏，鼓励幼儿和同伴一起开展体育活动"等。作为园所，不仅应当了解户外活动对幼儿身心发展的重要意义，还应当根据通过材料投放、区域安排、活动设计等方式为幼儿的自由、自主提供有力的支持，让幼儿在快乐中自主，在自主中获得身心和谐发展。

幼儿园一日活动案例分析

案例 2-9

科学制定幼儿园一日活动流程

因发展需要，幼儿园调吴老师去新园主持工作。为了使新园的一日活动有序、有效开展，吴老师安排保教部门制定出幼儿园一日活动流程，并要求全园遵照执行。流程如表 2-5 所示。

表 2-5　×××幼儿园 2015 年上学期一日活动流程

时间	活动流程
07：10	入园、晨练
07：30	早餐
07：50	餐后散步
08：10	谈话活动
08：30	早操及户外活动
09：10	第一个教学活动
10：10	第二个教学活动或区域活动
10：50	户外运动
11：30	午餐
12：00	午睡
15：00	起床
15：30	午点
15：50	第三个教学活动或游戏活动
16：40	收拾整理
17：00	离园

可半月后，班级老师却反映新园工作有些吃力，总觉得一日活动的时间时紧时松。于是，吴老师进班观察，他发现几个问题：晨间时段教师手忙脚乱；早操时，孩子们进入锻炼的状态较慢；上午两个教学活动衔接松散；中餐时，幼儿比较兴奋等。并且，此现象在全园都较为普遍。为什么会出现此状况呢？吴老师需要带领幼儿园保教人员共同研讨、解决。

案例分析

作为新园，吴老师先要求制定出幼儿园一日活动流程是值得肯定的，这是幼儿园教育整体观的体现。因为一日活动是幼儿园的基础，只有流程清晰、内容具体，教师和幼儿才"有事可干，有事能干"，幼儿在园的生活才饱满，作息才有规律。

但是，仅仅有流程意识还不够，一日流程的科学性才是推进幼儿园一日活动质量的关键。从该园的流程来看，至少有以下几个问题较为凸显。

（1）未关注季节气候因素。上学期正是冬去春来、春寒料峭的时节，气温虽有回升，却仍然处于全年的较低水平。8：30太阳才刚刚升起，户外阳光照耀时间较短，气温较低，室内外温差较大，再加上刚吃完早餐，身体机能还处于待唤醒状态，此时进行户外锻炼，既不能享受充分的日光浴，也不利于幼儿肠胃进行食物的消化，达不到锻炼的效果。

（2）未关注动静交替、室内外交替原则。3~6岁的幼儿身体还比较稚嫩，因此，一日活动的安排还应考虑其机体的负荷能力等因素。例如，幼儿过度运动易造成身体疲劳；长时间的集体教学容易引起幼儿身心疲惫。尽管影响幼儿疲劳的因素很多，但作为园方，应该从整体的可控因素出发，结合幼儿的身心发展特点，动静交替的安排一日活动，做到张弛有度、体脑并用。而该园上午的两个集体教学活动连在一起，虽然方便了教师的组织，但影响了幼儿的学习状态和效果。

（3）未有效利用过渡环节，造成一定程度的消极等待。两个集体教学活动虽然衔接进行，但前后耗去1小时40分钟，以大班每个活动30分钟来计算，其间至少有40分钟的时间是在隐性浪费，因此，极易造成教师和幼儿的松散、疲惫现象。

（4）户外活动时间和幼儿自主游戏时间不足。按照《规程》的要求，幼儿户外活动时间（包括户外体育活动时间）每天不得少于2小时，该园显然没有达到。另外，幼儿自主游戏时间也未有充分安排，基本被教师的高控代替。长此以往，幼儿容易浮躁，不利于学习习惯的养成。

（5）未考虑幼儿身体情绪发展的需要。幼儿在长时间运动中，神经系统兴奋性提高、物质代谢加强、内脏器官活动增强，如心率和呼吸频率增快、动脉血压增加、汗腺分泌呈上升趋势，需要通过一系列活动逐步放松下来。该园在运动后，马上进入午餐环节，没有给幼儿身体机能恢复的时间，势必造成午餐难以组织。

【技能实践】

你能根据以上分析，帮吴老师将该园的一日流程进行调整吗？请说明调整的思路和理由。

入园问好的艺术

一入园，阳阳就一路奔跑到老师面前干脆地喊着："老师早！小朋友早！"老师连忙张开双臂一把抱住他，并微笑着点头说："阳阳早！我知道你很想早点来幼儿园，下次记得不要跑，慢点走哦！去选一样自己喜欢的玩具，和好朋友一起玩吧！""好的！"阳阳响亮地回答着。阳阳放慢了脚步走进活动室，找到乐高积塑玩了起来。

不一会儿，玲玲和妈妈牵着手来到了门口。"玲玲来了，几天不见，身体好些了吗？"玲玲点点头，妈妈在旁边说："肠胃调理得差不多了，就是还不能吃太油腻的东西，要麻烦老师多加照顾。""没关系，我们会注意的，您就放心吧。"老师回答着，随即转过头蹲下身，微笑着对玲玲说："几天没见，真想听玲玲的声音了，和我问声好吧！"腼腆的玲玲笑了，轻轻地在老师耳边说："老师早！""玲玲早，欢迎回来！"老师也给了玲玲一个大大的拥抱，然后转身对刚来园的其他孩子说："看，玲玲今天来了，我们赶快和她打个招呼吧！""玲玲早！"孩子们热情地喊了起来。"小朋友早！"玲玲也愉快地回应着。

眼看孩子们来齐了，突然传来了一个带有哭腔的声音："我要回家……"原来是妞妞正在奶奶怀里撒娇呢。看到老师，奶奶马上说："老师早！妞妞，快和老师问好啊。"可妞妞把头埋在奶奶怀里不吭声。"妞妞早上好，我一直在等你哦！我们教室里的小金鱼也在等你呢，它们还没有吃早餐，走，我们去给它们喂食吧。"说着，老师牵起了妞妞的手。妞妞恋恋不舍地和奶奶道别，跟随老师来到了自然角。看着鱼缸里的金鱼，老师轻轻地说："小红，你好！小黑，你好！"妞妞也跟着说"小红、小黑，你们好！"很快，妞妞就和旁边的小朋友聊起来了。

案例分析

来园接待虽然只是幼儿园一日活动中的一个小环节，但却是幼儿离开熟悉的家人、转换交往对象和生活环境的典型时刻，是幼儿一日愉悦情绪开启的重要时机。不同性格特点的幼儿在来园时会有不同的表现，教师应该关注幼儿的各自特点、情绪表现，采用不同的问好方式和幼儿进行互动交流，帮助幼儿调整情绪状态，以便他们更好地投入到后续的活动中。

例如，对于像阳阳这样外向、热情的幼儿，教师在给予热情回应的同时，更需要用动作、语言等进行暗示、引导，帮助其稳定情绪，明确后续活动的指向，并提示其注意活动规则，以便更好、更快地进入来园后的游戏状态。

对于像玲玲这样几天没上幼儿园、情绪有些不稳定的幼儿，教师应给予更多的热情，借助拥抱、悄悄话等比较亲密的方式快速拉近与幼儿的距离。同时，借助同伴的力量，让她感受到集体生活的乐趣。

而像妞妞这样内向、胆怯、"慢热型"的幼儿，更需要一个温暖、宽松的环境，以便形成安全感和信赖感。对于这类孩子，教师应给予更多的关爱、更细致的照顾和交流。例如，案例中的教师牵着孩子的手等，以建立亲密的、可信的关系。同时选择孩子感兴趣的事物吸引他们的注意力，引发他们与教师进一步自由、愉快的交流。在此基础上，再循序渐进地引导幼儿主动和老师、同伴问好，积极、愉快地参加活动。

　　入园接待，看似简单的一个问好，却饱含着教师对幼儿的尊重、热情及教育的智慧。

 案例 2-11

憋尿的孩子

　　小涵是一个内向的女孩。她入园两个月了，已经过了哭闹期，能够情绪稳定地来园了。不过，这几天小涵表现得有些异常，已经一连好几天尿裤子了。虽然老师和她母亲交流过，但还未见效。老师决定先观察一下再做决定。

　　这天学习活动过后，老师提醒幼儿小便、喝水。小涵并没有起身，而是静静地坐在椅子上，老师走上前去询问："小涵想要小便吗？"小涵摇摇头，孩子没有意愿，老师也没有强求。区域活动开始了，小涵选择了娃娃家，没过多久，只见她两腿夹得紧紧的，不时来回扭动，老师连忙跑上去问："是要小便吗？"小涵的头点得像"鸡啄米"，老师赶紧把她带到卫生间。

　　便后，老师把她揽在怀里，轻声地问："小涵，你刚才那样被尿憋着，难受吗？"小涵点点头。老师给予建议，慢慢地说："是啊，如果有了要尿尿的感觉，就要马上去卫生间小便，这样才不会尿裤子。"

　　"小涵，我们做个约定，这个星期都自己去上厕所，不尿裤子，老师送你一份礼物作为奖励，好不好？"小涵点了点头，爽快地答应了。

　　接下来，老师默默地关注小涵的行为，先适时提醒，后逐步放手，一周内小涵已经会主动如厕了，老师如约送给她一件小礼物。

案例分析

　　憋尿现象在刚入园的小班幼儿中经常出现。一方面，小班幼儿年龄小，又处于对新环境的适应期，胆小、焦虑，不敢向老师表达需求。另一方面，幼儿在家中解决小便问题多是家长包办，自主小便的习惯还没有养成，自主如厕的能力较差。虽然是普遍现象，但也不容忽视，这不仅关系到幼儿的生理健康，更重要的是会影响幼儿的心理发展。经常尿湿裤子的幼儿也许会遭到同伴的嘲笑，使他们的自尊心受到伤害。因此，教师要特别重视幼儿的憋尿问题，小心处理，通过细致的观察、适时适当的引导帮助幼儿克服憋尿的问题。

　　案例中的教师在带班过程中发现问题，通过细心地观察发现小涵小便的时间

点，及时介入，成功避免了幼儿尿湿裤子。此外，教师与幼儿的交流都是以特别的方式小声交谈，这种私密的谈话方式很好地呵护了幼儿的自尊心。教师还通过约定游戏，激发幼儿的自理意识，在后续的时间里教师从介入到逐步退出，帮助幼儿自然养成了良好的小便习惯，说明教师的指导策略是比较适宜的、到位的。由此可以看出，教师只有从幼儿细微的行为变化发现信息，并进行细心、贴心的指导与呵护，才有可能成功地帮助幼儿解决问题，使其形成良好的生活自理习惯。

 案例 2-12

是谁扔的猪血？

午餐开始了，今天的菜式是花菜炒肉和猪血豆腐汤，大一班的孩子们在保育员刘老师的组织下逐桌安静地排队端饭，取饭的队伍与端饭回座位的路线相互错开，因为有序，忙而不乱。孩子们陆续开始进餐。这时，第四桌传来了争吵，是李涵贞和叶晓琳。刘老师快步走过去，问："怎么回事？"

"叶晓琳把猪血扔在桌子上。"

"我没有，是李涵贞扔的。"

两位孩子各说各的，争执不休。

"行了"刘老师说："刚才谁扔的不重要，重要的是小朋友们要营养均衡，什么菜都要吃。"说完，在两位孩子的碗里各添上一勺猪血豆腐，然后转身准备离去。忽然，刘老师猛一回头，看见李涵贞正低头大口进餐，而叶晓琳则嘟着嘴不情愿地将猪血豆腐挑在碗边。

"叶晓琳，不喜欢吃的菜可以少吃，但一定要跟老师说，挑出来扔掉是不对的，并且，还推到李涵贞身上，既不诚实也伤害了你的同伴，自己好好想想。"

教室里鸦雀无声，叶晓琳的小脸涨得通红，低声对刘老师说："我错了，下次再也不这么做了。"

案例分析

在过去很长一段时间内，社会对幼儿园保育老师的认识是有偏差的。大家认为，保育员就是照顾幼儿的生活起居，帮孩子穿衣服、喂饭、擦屁股、塞隔汗巾、盖被子，扫地、擦桌子、抹窗户、洗床单被子等。殊不知，幼儿的年龄特点决定了他们在生活中学习的重要意义。因此，保教结合，适用于教师、保育员等的幼儿园所有工作人员。案例中的刘老师深知这点，所以才能抓住生活细节，适时对幼儿施加教育。同时，刘老师没有像其他的教师一样，表现出绝对的权威，一定要孩子接受吃猪血豆腐，但是也没有任其挑食，而是给出合理化的建议：不喜欢吃的菜可以少吃，但一定要跟老师说，不能浪费。这样的处理方式既解决了当下的矛盾，也体现了对幼儿生活习惯的尊重。

当然，刘老师当着全班幼儿的面对叶晓琳进行批评教育也存在不妥之处，如果能等餐后单独和她谈，既能给叶晓琳实质性的引领，又能保护孩子的自尊心，效果会更好，孩子也会更加信服。

案例 2-13

问题出在哪？

孙老师是刚毕业的大学生，喜欢孩子，非常愿意从事幼教事业，刚刚入职接手中班。她认为在幼儿园，幼儿应该自由自在尽情游戏，不要组织集体教学、小组教学等约束孩子行为的活动，因此，上班时间，孙老师总是提供各种各样的材料和玩具，任由孩子们玩耍。教研主任来班级检查，孙老师总是说："我遵守了幼儿园一日活动制度，只是把集体教学和区域活动改成了自由探索游戏。我觉得这样孩子会更加快乐啊！"可渐渐的，问题也来了，首先是配班老师反映：孩子太乱，基本的生活和游戏规则都不遵守，很难管理；接着是家长质疑：为什么孩子每天回家都显得特别疲惫？就连孙老师自己也发现：班级矛盾越来越多，材料和玩具损耗大，搜集制作的速度根本跟不上。为什么会这样呢？

案例分析

首先，孙老师对孩子的态度值得我们学习。能放手给幼儿自由，愿意花时间和精力搜集材料、制作玩具供幼儿玩耍，这是难能可贵的。但作为新教师，孙老师显然也忽视了教育中的其他因素。

（1）自由的前提是对规则的遵守。我们知道社会生活需要秩序，秩序来自规则。在实际生活中，哪里有规则，哪里才有秩序，哪里的生活和工作才能顺利进行；反之，没有规则，生活和工作就会紊乱，生活中将会因为各种矛盾而怨声载道，更加谈不上享受自由。3~6岁的儿童正是秩序感和规则意识建立的最佳时期，作为教师应该要营造良好的环境，帮助幼儿建立规则意识，养成尊规守则的习惯，如区域活动前，了解进区的相关要求；游戏中，遵守游戏规则；想要加入同伴时，学会商量、轮流、等待；等等。这样才能在和谐、平等的社会交往中实现真正的自由。幼儿的年龄特点决定了其自身还不能完全自律，还需要成人的督促和榜样的示范，因此，教给孩子基本的行为准则并进行提示和引导是很有必要的。

（2）小组学习或集体学习能有效梳理经验，是一种既经济又高效的教学组织形式。集体教学确实较为高控，但也不能因此而否定了集体教学的优势，应该说，集体教学在当前国情下确实是一种高效经济的教学组织形式，一个有效的集体教学，能使幼儿在原有水平上获得一定程度的提高，尤其是方法的梳理、经验的传递等。只要从教者控制好时间、用好方法和实施策略，集体教学同样可以助力幼儿的成长，也能为幼儿提供一个了解同伴、向同伴学习的机会。

（3）有规律的一日生活有利于幼儿养成好习惯。我们不能忽视有规律的生活在幼儿成长中的重要作用。幼儿年龄小，自控能力较差，运动能力却呈增长的趋势，因此，我们可以看到：幼儿能跑就不会愿意走，能站就不愿意坐，能动就不愿意静；能做自己喜欢的事情，就会沉浸其中，而不会轻易做出其他选择。孙老师的班级就呈现出这样的特点，因此，孩子单一的只玩一类游戏或一个活动，没有科学的干预，没有用动静交替、室内外交替等方法适宜的转换来调控休息和游戏时间，久而久之，孩子就会出现疲惫。

综上所述，建议孙老师在了解幼儿身心发展特点和遵守幼儿身心发展规律的前提下，制订出科学合理的一日活动计划，以保障班级幼儿真正的全面发展。

 思考与实训

一、单项选择题

1.进餐、盥洗、如厕等属于幼儿园一日活动中的（　　　）。

   A.生活活动　　　　B.日常活动　　　　C.过渡环节　　　　D.个体活动

2.下列哪些活动不属于幼儿园一日活动的范畴（　　　）。

   A.集体教学与游戏活动　　　　　　　B.入园和离园活动

   C.每晚亲子阅读活动　　　　　　　　D.大班组参观小学活动

3.幼儿陆续结束美术创作活动，教师引导先完成的幼儿进入户外运动，这体现了教师在组织一日活动时的（　　　）。

   A.差异性　　　　B.全面性　　　　C.灵活性　　　　D.稳定性

4.一天，妈妈发现4岁半的贝贝已经会有模有样地叠小被子及整理脱下的衣物了，贝贝的这些经验是从（　　　）来的。

   A.生活中　　　　　　　　　　B.一次印象深刻的课堂教学

   C.电子媒介中学的　　　　　　D.自然习得的

二、简答题

1.简述幼儿园一日活动的组织原则。

2.简述幼儿园一日活动的具体内容。

3.简述幼儿园一日活动的指导要点。

三、论述题

1.试述什么是幼儿园一日活动。

2.试述如何设计幼儿园一日活动。

四、材料分析题

案例：运动会

今年五月，红苹果幼儿园将举办幼儿运动会。从四月份开始，大一班王老师就着手对班级幼儿及对应游戏项目展开训练。为了保证充分的训练时间，取得预期成绩，王老师决定将每天上午的时间腾出来集中训练，但又考虑到幼儿年龄小，一上午的体育活动容易造成疲劳。因此，王老师主动提出将班级午睡时间从每天2小时延长到3小时，下午15∶30起床后，则安排幼儿充分的自由活动时间，这样一来，既保证了班级的训练有序进行，又遵循了一日活动中"集体活动和自由活动相结合"的原则，使一日活动动静达到平衡。

问题：

1. 你同意王老师的调整吗？为什么？

2. 如果是你，你会如何调整班级一日活动？

五、活动设计题

东方红幼儿园地处我国南方亚热带地区，请你为该园大班年级组设计一个夏季一日活动流程，并说明理由。

第三章 幼儿园集体教学活动设计与指导

引入案例

　　这天，李老师又照常上起了美术活动课。她首先在黑板上贴出了一幅已经画好的作品——大猫和小猫，然后带着孩子们一起详细观察了整幅作品的色彩、线条和构图。观察完后，李老师将作品移到黑板旁边，在黑板空白处逐笔地为孩子们再现如何完成这幅作品，还为孩子们细心讲解了这个地方该怎么画，那个地方该怎么画。孩子们一个个伸长了脖子，聚精会神地盯着黑板，生怕漏掉了哪个环节。

　　10分钟过去了，李老师的讲解结束了，接下来便是孩子们自己画画的时间。可是当拿起水彩笔时，有些孩子迟迟不下手，还嚷嚷着："老师，我不会画。"；有些孩子两笔三笔地乱画一通，也看不出画的是什么，就丢下水彩笔和同伴聊起了天；有些孩子则举起手，大声说道："老师，这个我画过了，我不想画这个。"……李老师穿梭在孩子们中间忙个不停：忙着手把手地教孩子们怎么画，忙着修改孩子们的画，忙着维持常规纪律……

　　自由作画的20分钟时间很快就到了，孩子们要准备上厕所、喝水，进入下一个活动环节了。李老师不得不喊道："到时间了，大家都把画交上来吧。"李老师一边翻看着孩子们交上来的作品，一边叹气地说："唉，画得好的又只有那么几个人……"

　　问题：
　　（1）如果你是李老师，你会怎么做呢？
　　（2）一个有效的集体教学活动，应该怎样进行设计与指导呢？

学习目标

　　（1）了解集体教学活动的内涵。
　　（2）了解集体教学活动设计及指导。
　　（3）学会设计集体教学活动。

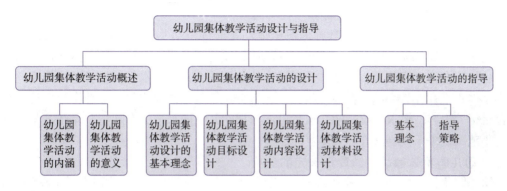

幼儿园集体教学活动设计与指导

- 幼儿园集体教学活动概述
  - 幼儿园集体教学活动的内涵
  - 幼儿园集体教学活动的意义
- 幼儿园集体教学活动的设计
  - 幼儿园集体教学活动设计的基本理念
  - 幼儿园集体教学活动目标设计
  - 幼儿园集体教学活动内容设计
  - 幼儿园集体教学活动材料设计
- 幼儿园集体教学活动的指导
  - 基本理念
  - 指导策略

第一节　幼儿园集体教学活动概述

一、幼儿园集体教学活动的内涵

（一）教学活动与集体教学活动

教学活动就是在师生交往互动的基础上由教师组织、引导学生认识教学内容，从而促进学生身心发展的活动。真正的教学活动应该是师生共同参与、共同建构的双边活动，而且教学活动能够引起学生学习的意愿、采用适合学生的学习方式并促进学生的全面发展。教学活动的组织形式包括集体教学活动、个别教学活动、小组教学活动。

集体教学活动是教学活动的组织形式之一，也称为班级教学，与个别教学相对应。根据固定的时间表向同年龄、同程度（或相近）的班级集体授课。

（二）幼儿园集体教学活动的概念

幼儿园集体教学活动是教师有目的、有计划地组织的、班级所有幼儿都参加的教育活动，包括教师预设和生成的教育活动、全班一起进行的和分小组同时进行的活动。

《幼儿教育词典》中有关"集体教学"的解释主要包含以下3个方面的内容：按照儿童的年龄阶段、认知水平及学习特点分为固定人数的班（教师以班为单位）；根据各门学科教学大纲所规定的内容，选择合适的教学内容，准备与组织教育教学材料，运用合理、科学的教学方法；展开连续的、集中的教学。因此，幼儿园集体教学活动拥有以下特性。

1. 幼儿园集体教学活动是双向建构的活动过程

幼儿园集体教学活动是由教师的"教"和幼儿的"学"所构成的双边活动，是由教师和幼儿共同参与的，而不是由教师单一授课的过程。集体教学之所以被称为"活动"，而

没有称为我们通常认为的"上课"，其关键点就在于活动是幼儿学习的存在状态，幼儿学习的过程不是静态的接受过程。以活动来命名，有助于强调幼儿是集体教学活动中的主体，幼儿必须在活动中学习。

2. 幼儿园集体教学活动具有同一性

幼儿园集体教学是1~2个教师面对全体幼儿或许多幼儿所开展的教学活动，一般而言，要求全体幼儿能在同一时间完成同样的或相关的活动任务。同一性既体现在活动主体上，也体现在活动客体上。一是作为活动主体的幼儿，其年龄水平都处于同等程度，虽然身心发展水平存在着小部分个体差异，但大部分也都处于同等水平；二是作为活动客体的教育目标、内容、要求是统一的，虽然可能依据幼儿发展水平的实际情况存在差异，但这会是小范围现象，其要求方向大体上仍然是一致的。

3. 幼儿园集体教学活动具有一定的结构

幼儿园集体教学活动是教师依据一定的教育目标，有目的、有计划进行组织的活动，其教学内容是系统化的知识和技能体系。从这个层面看，教师对集体教学活动的设计和预设占据了集体教学活动的重要组成部分，并且在集体教学活动中仍然起着主导作用。相对于幼儿自由的低结构化游戏活动而言，幼儿园集体教学活动存在着一定的秩序，是一种半高结构化的教育活动。

二、幼儿园集体教学活动的意义

我国集体教学活动的盛行，源于20世纪50年代将苏联"教学活动"的引入。苏联的幼教理论强调知识对儿童智能发展的影响，强调教育和环境在儿童发展中的主导作用。因而，在苏联的幼教理论影响下，我国幼儿园逐步形成以教师为主导，以知识传授为中心，以分科教学为主要模式的教育观。在这种教育观的影响下，大班制、高效率、高信息量的集体教学组织形式逐步盛行，并较长时间地占据了我国幼儿园教育活动形式的主要位置。

但随着社会的不断进步，心理学和教育学研究的不断发展，人们逐渐意识到传统集体教学组织形式的弊端——过于追求统一化而忽略个体的发展差异，过于强调知识单向传授而忽略双向的建构，这与新时代所提倡的个体差异教育违背。在新观念的推动下，"以儿童为本"的低结构化活动——游戏活动与区域活动迅速在我国幼儿园蔓延。然而，重视"以儿童为本"的活动并不意味着完全丢掉集体教学活动，集体教学活动在我国社会文化背景下仍具有重要意义。

这是因为集体教学活动是我国长久以来国情的必然选择，也是我国社会文化的必然选择。我国人口众多，教师资源欠缺，师幼比远高于西方发达国家。在这种国情下，1~2个教师面对众多幼儿的集体教学是较为高效的教学组织形式，也是较为经济的。再者，集体教学内涵的集体文化精神，也符合我国崇尚集体精神的社会文化，是主流文化必然的价值取向反映，是我国特有的本土文化下的产物。在集体教学模式影响下成长起来的幼儿园教师，在面对幼儿时，其教育行为也必然隐含集体教学的色彩。因此，完全排挤集体教学是不科学的，也是不可取的。应该清楚地认识到，直到今天，集体教学活动仍然在幼儿园发挥着无可替代的作用。

（一）幼儿园集体教学活动是促进幼儿思维逻辑性发展的基本途径

幼儿园集体教学活动中的教学内容，往往是按知识内在逻辑联系而组织起来的知识体系。以一定结构为原则组织起来的教学内容，有助于幼儿掌握系统化知识，促使其思维逻辑能力的发展。

（二）幼儿园集体教学活动是促使幼儿已有经验系统化的有效途径

幼儿的知识相对可以分为两类，一类为日常简单的自然知识，幼儿经过生活、游戏活动便可获得，无须在专门的集体教学活动中获得；另一类为相对复杂的系统化知识。在第一类知识经验中，幼儿通过自我探索认识的知识是零散的、片面的，只有通过专门的集体教学活动才能形成系统、全面的知识体系，这就要求教师在设计教学活动时，必须提前深入了解幼儿已有的知识经验，在幼儿已有经验的基础上，把握幼儿发展的核心经验，以核心经验为线索，引导幼儿整理已有经验，形成系统化的知识体系。

|||||||||||||　第二节　幼儿园集体教学活动的设计　|||||||||||||

一、幼儿园集体教学活动设计的基本理念

（一）活动理念

幼儿园集体教学活动应以活动为基本理念，坚持活动理念也是贯彻和落实《规程》和《纲要》的基本要求。幼儿园集体教学活动的目标实现、内容组织和教学方法的运用无不建立在幼儿主动参与和亲身体验的操作、交往与探索的基础上。活动性是幼儿园集体教学活动实施的基本原则，也是幼儿园集体教学活动的基本特征。在行动中学习、在操作中学习、在交往中学习、在游戏中学习、在实践中学习，才是幼儿园集体教学活动建构和实施的根本依据。

（二）生活理念

生活是幼儿园集体教学活动的基础和源泉。只有依托于幼儿生活的现实和经验，幼儿园的集体教学活动才是切实的、生动的，才是属于幼儿并旨在促进幼儿的发展的。所谓大自然与大社会是幼儿的活教材，所指向的即为幼儿实际感知、体验和经历着的自然与社会中的生活。集体教学的内容与素材，越是来自于幼儿自己的生活，也就越是幼儿感兴趣的，适宜其经验水平和心智发展特点的。生活是联系的、整体的，幼儿园集体教学活动只有关切并归复于生活，才可能是完整的、全面的、和谐的。

（三）游戏性理念

游戏是幼儿期的主要活动，喜欢做游戏是幼儿的天性，在玩中学、学中玩是幼儿学习

与发展的特点，这就决定了幼儿园集体教学活动必须以游戏作为主要的教学方法和手段。根据这一特点，集体教学与游戏必须紧密结合、互相渗透，使幼儿在游戏中体验、感受、获得经验。

特别要注意的是，游戏是集体教学实施的一种方法、形式，而不能演变成集体教学活动的本体。在集体教学过程中，教师运用类似幼儿游戏的形式组织和实施教学活动，是为了达到计划中的教育目的，游戏只是达成目的的手段。集体教学是教师有目的、有计划地将人类积累的知识和技能传授给幼儿，更多强调的是"结果"和教师的指导作用，这与游戏活动有本质上的不同。游戏和教学虽然不可相互替代，但实现最优化的结合，会使幼儿园教育变得更为完善，会从根本上改变"放羊式"的或"灌输式"的集体教学。

知识拓展

朱家雄把游戏与教学的最优化结合分为分离式、插入式和整合式3种类型。

①分离式：在有些场合或情景下，游戏和教学可以完全分离，即在幼儿园一日活动的某段时间内安排幼儿游戏，而在另一段时间内安排教学活动。这种结合方式操作简单，容易被教师掌握；评价直截了当，容易被管理者运用。

②插入式：在教学中插入游戏或在游戏中插入教学，这种结合方式也可根据需要而采用。运用插入式结合方式的原则是既要有益于提高教学的有效性，又要避免干扰幼儿自发、自主的游戏活动，在插入时应自然而不要生硬。

③整合式：指实现两者结合的一种高级形式，使两种性质的活动有机地结合在一起，最大限度地实现两者的价值，使整个活动一气呵成。这种方式操作难度大，稍不注意，不仅难以起到两类活动互补的作用，反而会使两者的作用相互抵消。

——摘自《幼儿园课程》

（四）整体性理念

学前教育是人生开端的教育，是为日后学校教育和个体终身发展而奠定基础的教育，塑造完整素养，陶冶完整心灵，形成完整人格，应当是现代幼儿园教学活动建设和教育教学的根本职责。完整的幼儿园集体教学活动应着眼于追求幼儿学习经验的完整获得，着眼于追求幼儿身心的和谐发展，同时实现于设计全面而适宜的教育目标，全面涵盖多个领域的教育内容，运用多种教学手段和方法，并将之进行有效整合。

二、幼儿园集体教学活动目标设计

（一）目标来源

1. 对社会的研究

教育是为社会服务的，幼儿园课程基本职能之一在于为幼儿适应未来社会生活作准备，因此，必须研究社会对儿童成长的期望和要求。首先，必须了解政府的教育政策法规和各种有关文件及家庭要求；其次，要关注社会生活对幼儿的实际影响和可能造成的影响。

2. 对幼儿的研究

关注幼儿的发展需要，发展需要指的是理想的发展与现实发展的差距。研究幼儿发展的需要，一要了解儿童发展理论所揭示的幼儿应该和可能达到的理想发展，二要了解幼儿现实发展的状况。

3. 对人类知识的研究

知识具有学术发展的价值和一般发展的价值，幼儿园课程注重学科知识的一般发展价值，关心该学科领域与幼儿的身心发展有什么关系，能促进幼儿哪些方面的发展。

4. 依据主题活动的脉络关系的研究

当前幼儿园以主题活动为主，因此每一个教学活动都是主题背景下的具体分解，其起承转合的发展脉络既是教师了解儿童原有经验的基础，也是每个教学活动制定目标的依据。

（二）目标结构

布鲁姆《教育目标分类学》依据个体身心发展的规律，建立了一个比较标准化的教育目标体系，这个教育目标体系被人们广泛使用。具体包括以下几方面。

（1）认知目标。认知目标是指儿童在学习过程中需要了解和掌握的概念、信息、经验等，其主要目的在于掌握知识及发展个体认知能力。常见的行为描述词汇有知道、了解、认识、懂得等。

（2）技能目标。技能目标是指对完成某种任务所必需的活动方式的掌握。它不但指动作技能，还包括思维方式、学习方式等综合能力的要求，如学习能力、生活能力、交往能力、运动能力等。常见的描述词汇有掌握、做到、学会、运用等。

（3）情感态度目标。情感态度目标是指个体的社会性需要是否得到满足时所产生的情绪体验及内在感受，并由此产生的对事物的评价和行为倾向，包括良好的个性品质、道德情感和态度等。情感态度的培养是当前幼儿园教育教学活动的根本目标，体现了教育者对儿童发展的价值取向，常见的描述词汇有愿意、喜欢、乐于（乐意）等。

以上三方面的目标是一个有机的整体，情感态度离不开认知和技能的学习，知识技能的学习又必须以有利于其他目标的实现为前提，所以教师在设计集体教学活动目标时要关注个人价值与社会价值的统一。

（三）集体教学活动目标陈述的方法

1. 角度一致、表述清楚

幼儿园集体教学活动目标表述角度可分为幼儿的角度和教师的角度，无论从哪个角度出发，都要保证目标表述的主体一致。

从教师的角度进行表述，应表明教师通过教学应达到的效果。例如，使幼儿养成饭前便后洗手的良好习惯；培养幼儿与同伴交往的能力；激发幼儿学习数学的兴趣；等等。

从幼儿的角度进行表述，应表明幼儿通过活动应达到的发展。例如，学会正确洗手的步骤，养成饭前便后洗手的良好习惯；喜欢并主动与同伴交往；认识数字5，理解数字5的实际意义；等等。

目前，集体教学活动教案中目标主体的表述多以幼儿为角度，这有助于教师将教学主体从教师自身转向幼儿，转向幼儿"学"的过程，克服传统教学活动中过多"教"的行为和倾向。

2. 三维目标层次分明

（1）认知目标。认知目标是对概念、经验、信息的记忆、理解、掌握、应用、分析、综合及反思等各种综合智力活动。例如，了解人体各消化器官的名称、主要功能及食物在人体内消化吸收的过程；认识常见的温度计，获取温度计指示温度的粗浅经验，了解温度与人们生活的关系；感知并理解音乐节奏；等等。

（2）动作技能目标。动作技能目标既包含骨骼、肌肉的运动和协调，也包括完成某项任务时各种操作方式表达方式等的综合。例如，能用语言及身体动作表现食物在人体内消化吸收的过程，并能用较完整的语言讲述保护消化器官的方法；运用观察、比较、数数、逻辑推理等方式初步学会看温度计上的刻度，初步掌握正确使用温度计及测量、记录的简单技能；看图谱掌握音乐节奏，会使用打击乐器来表现音乐节奏；等等。

（3）情感态度目标。情感态度目标包括对周围事物的态度（如集中注意、意识、察觉、接受等）、获得的情绪体验（高兴、快乐、满足、失望、痛苦等）、对某些刺激做出的反应（如认同、遵守、支持、参与、承担等）、进行的价值判断（如选择、辨别、决策等）、具备的个性特征（如大胆、内向、退缩、畏惧等）。例如，对探究人体奥妙产生兴趣；愿意参与关于温度计的探索活动，体验与同伴合作探究的乐趣；感受音乐带来的快乐，乐于参与音乐节奏活动；等等。

3. 目标具体，可操作性强

过于空泛而笼统的教学目标对教师而言，既不容易把握活动流程，顺利组织好一次活动，也不宜对活动的效果进行评估，难以保证一次活动可以完成，因此必须撰写具有可操作性的具体活动目标。

具体的活动目标具有以下条件。

（1）行为的主体。达成预期行为的人（教师或幼儿）。

活动目标:（幼儿）感受方言童谣的趣味性。

（2）行为的动词。用以描述所要达到的具体状态，常见的动词有"说出""区分""指出"等。

活动目标:了解（行为动词）方言童谣的韵律和韵脚，尝试创编童谣。

（3）行为的条件。核心行为发生的特定的范围或情境，如"不需要提醒能主动饭前洗手"等。

活动目标:能根据节奏的快慢变化诵读童谣，在传递游戏中能快速反应（行为条件）。

三、幼儿园集体教学活动内容设计

（一）与幼儿生活息息相关的内容

教学活动内容的设计应追随幼儿的生活和经验。凡是幼儿需要的、感兴趣的，尤其是随时随地在其生活、学习过程中产生和发现的，又是他们急于想知道或解决的问题，都可以及时纳入到教育活动中来。在这样的活动中，幼儿的学习与他们的真实生活紧密联系在一起，幼儿的经验才会受到真正的重视。

1.体现幼儿周围自然界的现象或变化的活动

蕴含着幼儿周围自然界的现象或变化内容的活动，是幼儿非常热衷的。幼儿生活的这个自然界，本身就充斥着各种"光怪陆离"的自然现象，如雪、雨、风、霜、雷、电、声、光，水结冰、冰融化、种子发芽、蝌蚪变青蛙等，无不蕴含着神奇莫测的无穷变化。这些现象和变化的感性层面的知识和经验是幼儿愿意去探索、能够理解、并且值得掌握的。

2.反映幼儿周围的事件或社会生活的活动

幼儿周围的世界中，除了丰富的自然现象变化外，还有大量的社会生活活动，如奥运会、各种节庆日等，都是幼儿学习和活动的好"教材"。

（二）适合幼儿年龄特点和认知经验的活动内容

教育内容的选择既要符合幼儿的兴趣和现有经验，又有助于形成符合教育目标的新经验。小、中、大班幼儿有着各自不同的年龄特征和认知特点，因此面对不同年龄的幼儿必须选择不同的教学活动内容。下面以科学活动"认识水"为例来说明。

小班：幼儿正处于直觉行动思维阶段，他们对事物的认识经常伴随着动作来实现，认识具有浅表性，注意力也极易转移，所以教师设计的活动内容应尽量浅显，可设计"透明无味的水""流动的水"等内容。

中班：幼儿的想象思维快速发展，生活经验有所丰富，教学内容的设计可以更丰富一些，可适当加入"溶解""沉浮"等反映水的性质的探究和理解。

大班：幼儿的抽象逻辑思维开始萌芽，知识经验和社会技能也逐渐得到丰富和发展，他们开始关注事物的变化、事物和事物之间的区别和联系，因此在"认识水"的活动内容设计中，还应加入对"水的三态变化过程"的研究、对水的功能的认识及"水环保"等方面的内容。

（三）对应教育目标要求的内容

教学内容是教育目标实现的载体，因此，教育活动目标是教学内容设计的重要依据，每一项目标都应有相应的教学内容相对应，从而正确预设与活动目标相应的内容。

四、幼儿园集体教学活动材料设计

（一）教学活动材料概述

1.教学活动材料概念

教学活动材料又被称为教学活动用具，是承载教学活动信息、帮助达成教学活动目标的各种物品和材料的总称，是教学活动的物质支柱，是实施教学活动的基本方法和手段之一。

教学活动材料包括教具和学具。教具是指在教学活动中供教师使用的，以帮助幼儿感

知和理解某种情境、知识、概念或原理为目的，在教学时教师用来讲解、说明、演示教学活动内容的用具和材料；学具是指幼儿在开展教学活动时直接操作的用具，如实物、模型等。

2. 教学活动材料的功能

（1）直观性功能。学前儿童的学习思维特点以具体形象性为主，儿童能理解物体的实际外在形态，如颜色、大小、形状等，但不容易把握抽象概念的物体。教学活动材料往往承载着教学活动的内容，其使用能使抽象的物体概念实体化，加速幼儿与已有经验的结合，调动幼儿学习的兴趣，帮助幼儿更容易地理解教学活动内容。幼儿在与教学活动材料互动的过程中，调动全身心多种感官共同参与，获得了物体丰富的感性经验，从而产生真正有效的学习。

（2）替代性功能。幼儿园教学活动材料往往以某种标记替代事物的特性或功能，如以一个圆片代替一元钱，以一张卡片代表数量1或数量10，都是替代功能的表现。这种替代关系的建立，有利于促进幼儿思维从低级向高级发展，从直观形象思维向抽象思维过渡。

（二）设计原则

1. 实效性

教学活动材料的设计与使用要针对教学活动的需要，针对教学活动的特点，能真正解决教学中的问题。

2. 直观性

教学活动材料的设计要与教学活动内容结合，使抽象的活动内容具体化，为幼儿感知、回忆、理解提供具体表象，帮助幼儿理解教学活动内容。

3. 生活性

教学活动材料的设计要与幼儿的生活世界相结合，要选用贴近幼儿生活形象的物品，以激发幼儿原有的生活经验。

4. 可获得性

教师要选用方便获得的教学活动材料，因地制宜地综合利用身边的教育资源，如废旧物品、已有成品等。

5. 操作性

教学活动材料必须要容易激发幼儿操作的兴趣，鼓励幼儿与材料充分互动，以便使外部物质化的操作转化为幼儿自身的知识建构。

6. 安全性

教学活动材料必须是无毒、卫生、易清洗的，不会使幼儿受到生命安全的危害。自制的教学活动材料要特别注意防腐、消毒，使用的黏合材料，要注意牢固程度，便于操作。

（三）教学活动材料设计方法

1. 确定目标

教师应依据教育活动目标，明确教学活动材料制作的目标。教师应具备充分的目标意识，明确教学活动材料的功能定位，提供合适的教学活动材料。

2. 材料选择

教师既要选择具有教育价值的教学活动材料，还需兼顾材料是否安全、环保和耐用。

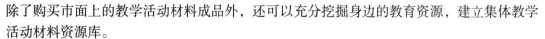

除了购买市面上的教学活动材料成品外，还可以充分挖掘身边的教育资源，建立集体教学活动材料资源库。

3. 结构设计

（1）整体运用。在设计教学活动材料时，如果已有的材料符合幼儿发展水平并具有一定的教育价值，教师可以全盘运用，不进行改造。此种方法常见于购买市面上已有的成品教学活动材料。

（2）局部运用。当某种教学活动材料只在局部具有一定的教育价值，或者存在一定的安全隐患时，教师必须对其进行局部改造。利用分解或组合多种手段，使材料符合幼儿发展水平及教育教学活动的要求。此种方法常见于教师自制的教学活动材料。

第三节 幼儿园集体教学活动的指导

一、基本理念

（一）主体性理念

教学指导要以幼儿为主体，真正把幼儿当作活动的主人，在指导教学的过程中，让幼儿主动参与到教学活动中来，最大限度地发挥自主性、能动性和创造性，从而促进幼儿主体性的发展。

主体性理念基本要求是教师要充分尊重和信任幼儿的能力，培养幼儿的主体意识和主体精神，创造支持幼儿充分发挥其才能的环境，最大限度地挖掘幼儿的学习潜能和学习的主动性。

（二）合作学习理念

教师的教学指导要创建平等、信任、尊重、互惠的良好师幼互动氛围，为幼儿的合作学习创设良好的外部环境，培养幼儿的合作意识、交往技能和社会适宜性。

（三）过程发展理念

教学指导要重视幼儿学习过程的重要意义，而不仅仅只是重视学习效果。通过教学过程，可以掌握幼儿的发展水平、学习风格等，充分挖掘幼儿的发展潜能，使每个幼儿都获得尽可能的成长。

二、指导策略

（一）教学活动导入阶段指导策略

1. 演示导入

教师通过利用直观教具，演示实验形象、直观地展现抽象的教学内容，自然巧妙地引

入新课的学习。随着现代信息化技术的发展，视听媒体的不断涌现，演示导入在幼儿园集体教学活动中越来越重要。

2. 故事导入

结合教学内容，选择或创编具有教育性、科学性、艺术性与趣味性的童话故事，吸引幼儿的注意力，激发幼儿主动学习的兴趣。

3. 问题导入

教师依据教学内容和幼儿现有发展水平，设计带有启发性的、难度适中的悬念疑难问题，使幼儿置于惊异中并启发幼儿的矛盾认知，使幼儿产生强烈的好奇心和求知欲，为幼儿创造出积极探索的最佳教育情境。必须注意的是，疑难问题的提出要具体并形象生动，紧扣活动内容，并注意把握好提问的时机。

（二）教学活动实施阶段的指导策略

1. 提问

（1）选择恰当的时机提问。在集体教学进行中，教师要学会选择合适的时机进行有效提问，减少不必要的、重复的、烦琐的问题。所谓的恰当时机，是指当幼儿对某一个问题感到疑惑而止步不前时，教师可以通过提出启发性的问题，帮助幼儿打开思维方式，进一步激发幼儿的学习热情和引导幼儿进行深入的思考。

（2）选择合适的问题提问。教师在进行提问时，要基于幼儿已有的经验水平提问，并进一步提出高于幼儿发展水平的问题，以帮助幼儿搭建新旧经验之间的联系，实现新旧经验的迁移。高于幼儿发展水平的问题难度，必定是幼儿"跳一跳就能摘到果子"的难度，既不会过于简单，也不会于复杂。

（3）选择多种方式提问。教师提问的方式要多样化，在进行多次提问时，要采用不同的方式进行提问。从对象上看，可以有单人提问、小组提问和集体提问；从提问的方法上看，可以有层层推进式提问（设计层层推进的系列问题）、引导式提问（引导幼儿联系生活实际解决问题）、反问、开放式提问等。

2. 回应

（1）鼓励幼儿自主表达。无论幼儿回答是否完整，是否正确，教师都不能急于否定幼儿的回答。教师首先要对他的大胆表达表示肯定，并给予一定的鼓励。然后，教师必须深入了解幼儿的想法，找出幼儿产生此类想法的原因，对症下药。

（2）均衡关注。教师在回应时，除了要关注表达能力强、与教师互动较多的幼儿外，还要关注游走在教学边缘，没有真正融入教学活动的幼儿。教师要着眼于全体，关注每一个幼儿，帮助幼儿真正融入活动中，形成互动。

3. 采用多种回应方式

除了语言回应外，教师还应运用表情、动作等多种非语言方式进行回应，打破单一的语言回应模式，创设更为生动、融洽的互动氛围。

（三）结束阶段的指导策略

1. 总结归纳

在教学活动的结束阶段，教师要用准确精练的语言，把活动的主要内容，尤其是直接实现活动目标的内容加以总结归纳，使幼儿加深对所学知识、技能的印象。在教学方法上，可以采用简明的语言复述技能要领，也可以启发幼儿回忆复述要点，并采用创编儿歌、游戏等多种形式进行总结。

2. 延伸扩展

一个集体教学活动的结束，并不是本次教学内容的全部结束。教师应把本次活动作为导线，将幼儿的活动巧妙地引入下面或以后的活动中去，使活动与活动之间、内容与内容之间具有一定的连续性。集体教学活动结束环节理应成为展开环节的延伸，起到进一步深化主题、拓展内涵、升华活动的作用。

幼儿园集体教学活动案例与分析

 案例 3-1

大班健康活动：食物的旅行

活动目标

（1）有了解人体奥妙的兴趣，产生养成良好的生活、饮食习惯的意识。

（2）能用语言及身体动作表现食物在人体内消化吸收的过程，能用较完整的语言讲述保护消化器官的方法。

（3）了解人体各消化器官的名称、主要功能，以及食物在人体内消化吸收的过程。

活动准备

（1）幼儿于活动前以自己的方式了解人体消化器官的名称及保护方法；了解粗粮的种类及作用。

（2）《食物旅行》课件及 MP3 音乐；食物图片、消化器官图片和相应字卡、健康知识答题卡、记分牌、裁判挂牌、黑板、布。

活动过程

（1）引入：设疑提问，相互交流，唤醒相关经验。

①提问：今天，你们都吃了些什么食物？这些食物吃到嘴里后，还会到身体里的哪些地方去？

②幼儿相互交流各自的想法，教师适时梳理小结。

（2）观看课件《食物旅行》，了解人体各消化器官的主要功能，以及食物在人体内消化吸收的过程。

①师幼完整欣赏课件《食物旅行》。

②一边提问，一边按顺序播放相应的动画，一边出示相应的图片和字卡，帮助幼儿了解各消化器官的名称、主要功能，以及食物在人体内消化吸收的过程。

第一段动画（食物进入口腔）：食物旅行第一站到了哪里？（了解口腔及主要功能）

第二段动画（食物从口腔到食管）：第二站来到了什么地方？（了解食管及主要功能）

第三段动画：接下来是第几站？这是什么地方呢？（初步了解胃及其主要功能）

第四段动画：然后是第几站？这个地方是哪里？（了解小肠及其主要功能）

第五段动画：食物旅行最后一站到了哪里？（了解大肠及其主要功能）

（3）游戏"食物旅行"，进一步巩固了解消化器官的名称、主要功能，以及食物在人体内的消化过程。

①交代游戏名称，讲解游戏玩法：每人想象一样自己喜欢吃的食物，让食物在自己的身体里旅行。

②引导幼儿用语言及身体动作表现食物在人体内消化吸收的过程。

（4）探讨各消化器官的保护方法，逐步养成良好的生活、饮食习惯。

①提问：要怎样保护好我们的消化器官呢？

②幼儿相互交流，教师根据情况梳理小结并出示相关图片与字卡。

（5）开展健康知识有奖抢答赛，巩固、加深对消化器官的认识，强化养成良好的生活、饮食习惯的意识。

幼儿分成3队坐好。教师当裁判，出示若干健康知识答题卡，当裁判提问完毕，幼儿根据提问迅速举手回答，答对者所在队可在记分牌上加分。最后，得分最多的队为胜。

评析

"食物的旅行"这一活动旨在通过引导幼儿了解身体消化器官，培养幼儿良好的生活和饮食习惯，促进幼儿的健康成长。生活饮食习惯是习以为常的生活行为，在《指南》健康领域中指出，5~6岁幼儿要养成"吃东西时细嚼慢咽"的良好进餐习惯，因此，大班幼儿需要初步了解身体消化器官的构造及食物消化的过程，在已有认知经验的基础上，养成细嚼慢咽的良好进餐习惯。

从年龄发展特点上看，5~6岁幼儿学习求知欲旺盛，不满足于事物的表面联系，而对事物的内在联系关系表现出极大的兴趣，其思维发展仍然以具体形象思维为主，但是已经开始出现抽象逻辑思维的萌芽，能掌握浅显的抽象概念和简单的因果联系。因此，为了达到教育目标，应依据5~6岁幼儿年龄发展特点，创设具体形象却又内含事物内部联系的教育情境，使形象性与抽象性高度融合，帮助幼儿了解抽象的食物消化过程，并在获得消化食物的相关经验下，养成良好的生活和饮食习惯。

为了达到这一活动目标，搭建抽象概念与具体形象的桥梁，促使幼儿在了解消化食物与消化器官的内部联系后养成良好的生活习惯，教师在此教学活动中采用了游戏化教学策略：创设游戏情境"食物的旅行"，使幼儿借助常见的、具体化的食物与抽象化的消化器官结合，在玩耍中了解消化器官的结构，为幼儿学习提供了适宜的支架。

案例 3-2

大班科学活动：有用的温度计

活动目标

（1）对使用温度计测量温度充满探究欲望，了解温度计与人们的关系。

（2）能基本掌握正确使用温度计的简单技能，如测量、读出、记录温度。

（3）认识常见的温度计，了解其用途及使用方法，初步感知热胀冷缩现象。

活动准备

（1）幼儿已认识 10 以上的数字。

（2）幼儿人手一个水温计，操作卡《有用的温度计》，记录卡（表 3-1）、笔；每组提供冷水、热水一份；温度计模型，气温计、体温计若干；汉字卡：0℃温度计、热胀冷缩。

表 3-1　温度记录卡

测量次数	测量者（学号）	测量结果（℃）
第一次		
第二次		

活动过程

（1）观察水温计，引起兴趣。

①出示水温计，提问：这是什么？干什么用的？（引导幼儿了解水温计的名称，并知道它是测量水的温度用的）

②请幼儿仔细观察水温计，说出其特征：玻璃管子、红柱子（线）、数字。

③出示温度计模型，引导幼儿认读、记录温度。

提问：温度计里的红柱子和数字有什么用处？

小结：红柱子指的数字就是温度，我们可以用"℃"来记录，读作摄氏几度（出示卡片℃）。

移动模型中的红柱子，请幼儿记录、认读温度（第一次可由老师记录、幼儿读出，接下来由幼儿记录并读出）。

④游戏：看谁说得对。依次调节温度计，显示不同温度请幼儿认读，提示幼儿先找红线到达哪里，再看看刻度是几度并读出。

（2）尝试操作，测量并记录水温，体验热胀冷缩。

①教师：桌上有冷水和热水，请你们去把它的温度测量出来，并记录在小卡片上。想一想，温度计该怎么用？在使用时要注意些什么？

讨论后，提醒幼儿测量时注意：温度计是用玻璃制作的，特别容易碎，请小心使用；碰到困难，请仔细想一想，或者与好朋友商量，想出解决的办法；结束后，

请与好朋友说说，你是怎样测量的。

②幼儿第一次操作。教师巡回观察，了解幼儿碰到了什么困难，是否想办法解决了困难。

请幼儿交流：你们测量到的温度是多少摄氏度？你们是怎样使用温度计的？是怎样观察、记录的？碰到了哪些困难？又是怎样解决的？

③幼儿第二次操作。提问：刚才测量冷水和热水的温度，你们发现了什么？（引导幼儿关注温度计中红柱子的长度会发生变化）是怎么变化的呢？从冷水到热水是怎么变化的？从热水到冷水又是怎么变化的呢？

教师小结：这叫"热胀冷缩"（出示相应汉字卡）。

④游戏：热胀冷缩。

教师：老师有个提议，我们来玩个"热胀冷缩"的游戏。想一想，这个"热胀"要怎样做出来？"冷缩"又要怎么来做呢？（想出来后，师幼一起游戏两遍）

（3）认识其他的温度计，了解温度计的用途。

①教师：小朋友，老师有3个问题，请你们动动脑筋，说说自己的想法。

一位小朋友身体不舒服，有什么办法知道他是不是在发烧？我们怎样才能测出今天的气温有几度？怎样知道杯子里的水是几度？

②根据幼儿的回答，出示相应的温度计，并告知它们的名称：测量体温的称为体温计；测量天气情况的称为气温计；测量水的温度的称为水温计。它们都是用来测量温度的，有一个共同的名称叫"温度计"（出示相应汉字卡）。

③请幼儿比较3种温度计，找出相同之处。

小结：这些温度计是一根玻璃管子，中间有一根红柱子，管子上还有许多数字。

念谜面：玻璃身体直心肠，一条红线在中央，有时上来有时下，人们生活需要它。

④提问：温度计还有什么作用？你们在哪里或在什么时候见过温度计？

（4）比较思考，引发新疑问。

①引导幼儿感受在同一时间中不同的地点也会有不同的温度：幼儿自由选择地点测量温度，如室内、室外、阳光下、阴凉处等。

②请幼儿报告自己的测量结果并思考：为什么同样的活动场所温度不一样？

温度计模型，如图3-1所示。

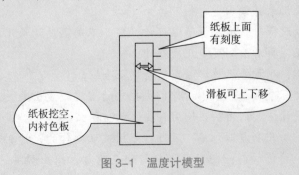

图3-1 温度计模型

评析

　　"有用的温度计"活动旨在通过对温度计这一事物的观察和探究，培养幼儿初步的观察、记录、比较、分析等探究能力。《指南》科学领域目标指出，5~6岁幼儿"能用数字、图表、图画或其他符号记录""能探索常见的物理现象产生的条件或因素""能发现事物简单的排列规律"，即大班幼儿应当具备运用数学的方法，初步探究周围生活事物的能力。

　　5~6岁幼儿有意注意开始提高，集中注意时间延长，对周围生活中的事物表现出极大的探究兴趣，喜欢问"为什么"。同时，也能有目的地观察事物的特征，并以此为依据进行初步分类，且掌握了一定的观察方法。从教学经验上看，5~6幼儿已经理解10以内数字的实际意义，并理解10以内相邻两数间多"1"和少"1"的关系。因此，基于大班幼儿年龄发展特点和已有数学经验，大班幼儿可在教师指引下，了解相邻数的等差关系，探究周围生活世界。

　　"有用的温度计"活动素材选择来源于生活中常见的事物，能有效激发幼儿探究周围生活世界的兴趣，指引幼儿发现温度升高及下降的条件和因素，引导幼儿认识温度计上的数字刻度，促使幼儿运用粗浅的数学经验，去探究周围生活的事物。《指南》指出，学前儿童的思维特点以具体形象为主，幼儿园活动应创造幼儿直接感知、亲身体验、实际操作的环境。本活动提供观察、触摸、操作等多种方式去感知温度计，多渠道全面支持幼儿的自主探索，让幼儿在亲身体验中认识温度计的特点，满足幼儿自我探索的需求。

案例 3-3

大班音乐活动：聪明孩子和笨老狼

活动目标

　　（1）欣赏音乐，感受乐曲轻快诙谐的风格，初步把握乐曲中的重音和乐句结构。

　　（2）尝试用个性化的动作表现对乐曲重音的感知，大胆想象、表现乐曲所描绘的音乐形象。

　　（3）享受游戏带来的快乐，学习有控制地按规则随乐游戏。

活动准备

　　（1）幼儿玩过木头人游戏。

　　（2）教学CD《拨弦》；乐曲、图谱（图3-2和图3-3）；大灰狼道具。

活动过程

　　（1）游戏：聪明孩子笨老狼，初步感知音乐游戏。

　　教师哼唱乐曲，师幼一起玩"聪明孩子笨老狼"游戏进场（当教师回头时幼儿学习控制自己不动）。

（2）完整欣赏音乐，大胆说说自己的感受。

①师幼共同欣赏教学CD，教师用身势动作配合表现。

②提问：听了这首音乐你想到了什么？有什么感觉？

（3）感受重音，理解乐曲的结构和特点。

①讲述故事（案例3-1），以游戏的方式引导幼儿感受乐曲中的重音。

②出示图谱，引导幼儿听辨重音，感受音乐起伏的变化。

提问：老狼都在音乐怎样时回头？每次回头中间间隔的时间有什么不同？

③熟悉音乐，感受重音，幼儿在重音处拍手、跺脚。

（4）随乐游戏，再次完整欣赏并表现音乐。

①教师扮演笨老狼，"老狼"走时幼儿走，"老狼"回头时，幼儿自由造型（启发幼儿尝试用个性化的动作表现对乐曲重音的感知）。

②幼儿扮演笨老狼玩游戏1~2次。

③玩吓唬大灰狼的游戏。

（5）与老狼笨笨成为好朋友，玩捉迷藏的游戏结束。

拨 弦

1=C 2/4

[德]德立勃 曲

轻快、诙谐

图3-2 乐曲

聪明孩子笨老狼

从前，有一个黑森林，森林里的路很黑很黑，小朋友走进去了很容易迷路。在这个黑森林里面，住着一只老狼，它的名字叫"笨笨"，它每天都在森林里走来走去，对森林里的每一条路都很熟悉，就算闭着眼睛也能穿过黑森林。

在森林的另一边，有一个很大的游乐场，里面有高高的滑梯、长长的火车……但是，怎样才能穿过黑森林去游乐场玩呢？

小朋友想出了一个聪明的办法，那就是跟在老狼的后面走，让老狼带我们穿过黑森林去游乐场玩。啊哈，不用担心老狼会伤害你，因为老狼的眼睛很不好，只要它回头时捂住嘴巴不发出声音，老狼就不会发现你。

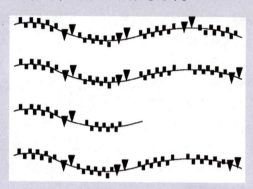

图 3-3　图谱

评析

"聪明孩子和笨老狼"活动旨在通过"木头人"这一民间游戏，引导幼儿在和同伴游戏中体验乐曲结构和律动，激发幼儿喜爱和乐于参与艺术活动的情感。《指南》艺术领域中指出，5~6岁幼儿"艺术欣赏时用表情、动作、语言等方式表达自己的理解""能用律动或简单的舞蹈动作表现自己的情绪"，因此，教师应创设宽松愉悦的音乐欣赏环境，让幼儿在轻松的氛围中自由表达对乐曲的理解。

5~6岁幼儿语言发展水平明显提高，表达和表现形式多样化，表现欲望强烈，热衷于各种各样的表演。从音乐感受能力上看，5~6岁幼儿对乐曲高音和低音的感知能力已有一定的发展，能准确听出沉重与轻快的乐曲节奏，因此，在幼儿已有的音乐经验水平上，应创设轻松愉悦的氛围，促使幼儿自由表达对乐曲的理解。

本活动以游戏贯穿活动始终，使幼儿在游戏情景中感受音乐，并加入中华文化元素，选用了民间传统游戏"木头人""捉迷藏"，匹配"躲、藏、不动"的游戏动作，设计成"聪明孩子和笨老狼"活动，去感知音乐中的紧张—舒缓—放松—快乐。该活动以游戏为载体，创设宽松的音乐活动氛围，支持幼儿角色扮演的不同表现形式，激发幼儿愉快地参与其中，并从中体验参与艺术活动的快乐。

案例 3-4

大班数学活动：小羊找家

活动目标

（1）乐于参与找家游戏，积极思考、勇于表达，体验找到交集物体的成功感。

（2）能大胆探索，寻找两个集合中的交集元素，感知、理解交集的意义。

（3）学习交集分类，感知两个集合相交部分所摆放的物体必须同时具有两个集合内物体的特征。

活动准备

（1）经验准备：幼儿会玩"老狼老狼几点钟"的游戏，对自己的着装熟悉。

（2）物质准备：红、黄大圈各一个，提示卡、红蓝圆点、标记贴纸若干。

活动过程

（1）回忆"老狼老狼几点钟"的游戏玩法，掌握游戏规则，学会找家。

①提问：还记得"老狼老狼几点钟"的游戏是怎样玩的吗？

②幼儿讲述后，交代新的游戏规则：今天，我们玩一个新版"老狼老狼几点钟"的游戏，请听清楚游戏规则：第一，小羊要看老师手上的提示卡，它会告诉你们，你们的家在哪；第二，听到"天黑了"的指令时，小羊要根据提示卡，快速找到自己的家，老狼就不能抓到你们了。

（2）玩"小羊找家"游戏，按某一属性归类。

①观察红、黄两种颜色的卡片，小羊根据卡片颜色找家。

幼儿分组游戏后，提问：为什么我没有抓住一只羊（或为什么有小羊会被我抓住）？跟老师手里的卡有关系吗？跟地上的圈有关系吗？

小结：原来地上的圈跟老师手里的提示卡是有关系的，老师出示什么颜色的卡片，小羊就要回和卡片颜色相同的家。（用简单的符号记录表征）

②观察不同颜色的女孩、男孩卡片，小羊根据提示卡的特征找家。

提问：这张提示卡告诉我们什么？如果不符合提示卡条件的怎么办？

幼儿分组游戏后，提问：我为什么又没有抓住一只羊（或为什么有小羊会被我抓住）？

小结：卡片很重要，我们不仅要看卡片的颜色，还要看清楚卡片的图案。（用简单的符号记录表征）

（3）再次玩"小羊找家"游戏，初步感知交集。

①同时出示有女孩和红点的卡片，幼儿观察、分析要回哪个家。

②幼儿集体游戏，根据卡片特征找到相应的家，教师引导幼儿发现两个圈的交集。

提问：发现问题了，有的小羊不知道要回哪个家了，谁来说一说，他们到底应该回哪个家？（根据情况追问：有的既是女孩，又有红色圆点，这种小羊该回哪个家？怎样让她们也有个属于她们的家？）

幼儿讨论后动手操作，初步感知交集。

③用简单的符号记录表征并小结：她们既是女孩属于黄圈，又有红点属于红圈，同时符合两个条件，应该站到两个圆圈重叠的这个地方。

（4）继续玩"小羊找家"游戏，进一步感知交集。

①同时出示有男孩和蓝点的卡片，幼儿游戏，根据卡片特征找到相应的家。

②用简单的符号记录表征并小结：站在两圈重叠部分的小羊，必须同时符合两个条件，既要是男孩子，又要贴有蓝点。

（5）幼儿自定规则玩"小羊找家"的游戏，巩固感知交集分类。

①教师：这里还有许多提示卡，扮演"老狼"的小朋友可以自选两张卡片，小羊们根据提示卡找家。

②幼儿分享交流游戏情况。

③小结：今天，我们发现了，家在两个圈重叠地方的小羊，它们既属于左边的圈，又属于右边的圈。会有家在三个圈、四个圈重叠地方的吗？下次我们一起试试吧！

评析

数学活动"小羊找家"包含了多种数学概念，有集合、分类、匹配等。集合是现代数学的最基本的概念，同时也是幼儿形成数概念系统的基础。集合是将某种相同属性的事物放在一起，分类是幼儿对集合进行区分的过程，集合是幼儿分类的基础。《指南》科学领域的典型表现表明，4~5岁幼儿已"能对事物或现象进行观察比较，发现其相同与不同"。在具有一定分类能力的基础上，让5~6岁幼儿感知事物的特征，把握不同集合间的关系，重点把握集合间的交集是可能的，也是本活动的关键。

5~6岁年龄阶段的幼儿可以把一个集合的元素与另一个集合的元素准确地——对应，但对理解集合中全集与子集的关系、集合与集合间的交集关系还存在一定的困难。同时，5~6岁幼儿能根据事物内部的特征对事物进行抽象概括，但幼儿仍处于具体形象思维水平，脱离不了具体的情境。依据幼儿已有的发展水平和特点，教师可创设具体操作的环境，让幼儿感知集合间的关系。

《指南》中指出，在生活中学习数学，数学教育要游戏化。此活动借助民间传统游戏"老狼老狼几点钟"的玩法，让孩子们扮演小羊，创设小羊找家的游戏环境，有层次地通过区分卡片特征→区分卡片及人物特征→感受卡片及人物特征关系的逻辑线索，让幼儿在看看、玩玩、说说、做做中初步感知集合，由浅入深、层层递进，在游戏中感知比较抽象的数学概念，寓教于乐。

思考与实训

一、单项选择题

1. 教师在收集教学活动材料时，把收集到的饮料瓶子都进行了清洗和消毒，这体现了教学活动材料设计的（　　）原则。

　　A. 生活性　　　　　B. 可获得性　　　　　C. 安全性　　　　　D. 操作性

2. 王老师在组织集体教学活动时，发现小英没有和其他幼儿一起参与到活动中，而是随意在教室里走来走去，不时触摸区角游戏材料。王老师发现后，及时提醒小英集中注意力，回到活动中。这体现了（　　）指导策略。

　　A. 选择恰当的机会提问　　　　　B. 延伸拓展

　　C. 鼓励幼儿自主表达　　　　　　D. 均衡关注

3. 集体教学活动目标不包括（　　）。

　　A. 实用性目标　　　B. 动作技能目标　　　C. 情感态度目标　　　D. 认知目标

二、简答题

1. 什么是幼儿园集体教学活动？

2. 简述幼儿园集体教学活动的内容来源。

3. 简述幼儿园集体教学活动材料的设计方法。

4. 幼儿园集体教学活动目标的表述应注意哪些问题？

三、论述题

1. 结合实例，分述幼儿园集体教学活动的指导策略。

2. 以某一具体活动为例，阐述幼儿园集体教学活动的设计包括哪几部分？

四、材料分析题

在中班科学活动"车来了"中，教师首先出示了大吊车玩具，并提问："什么车开来了？它长什么样子？有什么本领？"随后又提问："那你们知道马路上还有哪些车辆吗？这些车辆都有什么本领呢？"随后，引出了幼儿对马路上常见车辆的学习。

问题：

（1）教师在活动导入环节，运用了哪些策略？

（2）运用这些策略的基本理念是什么？

五、活动设计题

近来，李老师观察发现，小班上学期的小朋友在喝水时出现了频繁的拥挤现象。一堆小朋友挤在水桶前，你不让我，我也不让你。这个情况不仅出现在喝水时，还出现在做操、上下楼梯时……原来，是小班的小朋友还没有形成排队的意识和方法，总是一窝蜂地挤着去干某件事情。请你围绕"排队"这个内容，设计一个集体教学活动方案，帮助李老师解决困扰。

第四章 幼儿园区域活动设计与指导

引入案例

　　走进幼儿园，你会发现班级活动室与中小学教室最大的不同就是：这里被间隔成了一个又一个温馨、自由的"小天地"；这里摆放了琳琅满目的材料；这里有娃娃家、小医院、超市、美发屋；这里还挂着特别的进区卡，贴着神奇的小脚印和一些孩子们能懂的图标……这就是幼儿园里的区域。在这里，有的孩子在静静地阅读，有的孩子在欢快地舞蹈，有的孩子俨然像个科学家拿着放大镜在专注地观察，有的孩子变成一个大厨师正在"烹制"美味佳肴……在这里，纸盒可以堆高高，瓶子可以唱歌，树叶可以跳舞，石头可以作画，纱巾可以做衣服……这就是幼儿园深受孩子喜爱的活动——区域活动。

　　问题：或许你会被这热闹的景象所吸引，但你是否知道热闹背后的价值是什么呢？什么是幼儿园区域活动？在区域活动中，教师应该做些什么？孩子又可以做些什么呢？

学习目标

（1）理解幼儿园区域活动的含义、特点和意义。

（2）了解幼儿园区域活动目标、内容、空间和材料的设计要求。

（3）了解幼儿园区域活动的观察、组织与指导策略。

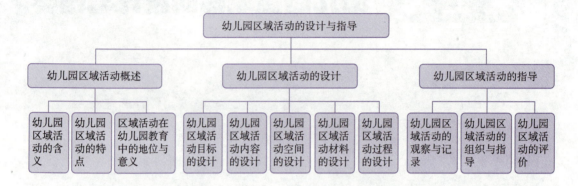

幼儿园区域活动的设计与指导

幼儿园区域活动概述 · 幼儿园区域活动的设计 · 幼儿园区域活动的指导

幼儿园区域活动的含义 · 幼儿园区域活动的特点 · 区域活动在幼儿园教育中的地位与意义 · 幼儿园区域活动目标的设计 · 幼儿园区域活动内容的设计 · 幼儿园区域活动空间的设计 · 幼儿园区域活动材料的设计 · 幼儿园区域活动过程的设计 · 幼儿园区域活动的观察与记录 · 幼儿园区域活动的组织与指导 · 幼儿园区域活动的评价

|||||||||||| 第一节 幼儿园区域活动概述 ||||||||||||

一、幼儿园区域活动的含义

　　区域作为一个外来词，在幼儿园中有多个不同的名称，如区角、活动区、学习区……因此，区域活动又称区角活动、活动区活动，有时也被称为"区域游戏"。

　　关于区域活动的源头，一直是一个有争议的话题。有一种说法它是来自蒙台梭利的"儿童之家"中所设计的有准备的环境。蒙台梭利强调："环境是第三位教师"，每个教室有一排长长的、低低的放置学习材料的柜子。还有一种说法就是它来自英国的开放教育（Open Education），区域活动与开放教育计划有着更为直接的联系，最开始就是"一系列壁龛似的空间，每一个都可以容纳一个或两个小组，让孩子们在其中工作，去创造一种亲密感，容纳发生的各种活动"。世界著名的高瞻（High/Scope）课程也与区域活动有密切的关系，它通过设置特定的活动环境（区域），把关键经验物化为活动情境和活动材料，幼儿通过主动操作材料来获得经验。至少可以肯定的是，区域活动是西方教育的产物。20世纪80年代，在教育改革的大背景下，学前教育工作者开始了借鉴西方的课程经验，将当时在国外盛行的区域活动模式引入中国，很多幼儿园开始了对区域活动的探索与实践。现在，它作为一种重要的幼儿园教育活动形式正越来越受到关注和普及。

　　所谓区域活动，是指幼儿园教师根据幼儿的兴趣和发展需求，融合教育目标和正在进行的各项教育活动要求，选取幼儿感兴趣的活动材料和活动类型，设置相应区域，如生活操作区、美工区、益智区、科学区、角色区、建构区、表演区等，吸引幼儿自主选择区域并通过与材料、环境、同伴的充分互动的个性化学习而获得发展的一种教育活动。简而言之，就是幼儿在教师准备的环境中进行的自由、自主、自选的活动。

对于幼儿而言，它是一种开放性、低结构性的活动。幼儿按照自己的兴趣和需要进行自由活动，活动的内容、时间、顺序、进度及活动的伙伴、规则等都可以由幼儿自己决定或与同伴协商确立，在摆弄、操作、探索、发展、交流与合作的过程中生成活动。

对于教师而言，它是基于对幼儿兴趣和需要的了解，并能反映一定教育价值而组织的活动。教师将教育目标通过环境创设、材料投放进行物化，通过观察、参与、评价等方式来进行间接指导。与过去那种"灌输式"的活动不同，区域活动需要教师紧紧追随幼儿，通过观察幼儿的活动过程和结果，不断调整活动方案，使区域活动的内容和材料更好地定位在幼儿的"最近发展区"，进而更有效地推动幼儿的自主学习和经验提升。

二、幼儿园区域活动的特点

幼儿园区域活动是幼儿在区域环境中自由、自主参与的活动，幼儿自己可以选择玩什么？用什么玩？怎么玩？和谁一起玩？玩多久？……相对于其他形式的教育活动，区域活动具有以下主要特点。

（一）自主性

兴趣是最好的老师，它会让幼儿调动全部身心去探索、去发现、去尝试。区域活动的设置来源于幼儿的现实生活经验，如自然变化、时事热点等内容，要求追随发现幼儿的兴趣点，让每位幼儿都能找到自己喜欢的区域和材料，都能做自己想做、能做、喜欢做的事情。在保障安全和不妨碍他人的基础上，教师不会给予太多的约束和干涉。宽松自由的环境激发了幼儿的主动性，让他们手脑并用，身心合一，成为活动的主人，自由摆弄、操作、探索和发现。通过实践，幼儿享受到了自己作为行为主体操作客观物体的快乐，体验自己的力量和成功的快乐，潜移默化地获得经验与发展，学会自主学习，进而实现深度学习。

（二）互动性

孩子的学习离不开丰富、有价值的环境和材料，区域里有着各种各样的材料，每个幼儿可以选择自己喜欢的东西，用自己的方式学习和游戏，从而实现了幼儿与环境、材料的互动。区域活动多以小组为单位，每个区域的人数不多，幼儿就拥有了更多自由交往、沟通的机会，从而实现了与同伴和老师的互动。区域里有着轻松愉悦的氛围，让幼儿更加愿意尝试，敢于表现，互动因此更加积极与频繁。区域创设了适合幼儿发展的、支持性的环境，让每个幼儿在互动中建构着自己的经验和感受，从而获得实实在在的发展。

（三）开放性

区域活动的目标不像集体教学活动的预设目标那样具体，而是一个较为宽泛且长远的目标，有一个较长的达成时间，服务于幼儿的全面发展和可持续发展。区域活动要注重内容的整合化，避免内容的单一化，指向幼儿发展的多个领域，如在建构区，孩子们不只是在搭积木，不仅需要考验手眼协调能力和思维能力，还需要协商与合作，整合了语言、社会、艺术等领域的发展目标。不同的幼儿进区，目标和内容一定有所区别；幼儿不同的时候进区，目标和内容也会进行动态调整。因此，区域活动的目标和内容应该是开放的、灵活的。

（四）个别性

3~6岁的幼儿受遗传、家庭等影响个别差异较大，主要表现为其兴趣倾向的差异、能力结构的差异、发展速度的差异和学习方式的差异。区域活动一般都是小组活动和个别活动，它更能突破集体教学活动的局限，在活动目标、内容、材料、组织形式、进程等方面关注到幼儿的差异。例如，幼儿可以根据自己的兴趣爱好选择内容和材料，还可以在有层次的材料中选择不同的操作难度，允许出现不同的学习方式和进度，与此同时，教师也会针对幼儿的真实表现给予个别化的指导，为其个性化发展提供有力支持。

（五）指导的间接性

区域活动是以幼儿的自由、自主活动为主，教师的指导从显性向隐性转换，更为强调环境、材料的作用，通过创设环境、投放材料等方式进行间接地指导。教师要明确自己在区域活动中的角色定位。在区域活动中，教师是一个积极的观察者，不仅要对全班幼儿进行观察，了解活动的总体情况，还要有针对性地对个别幼儿进行观察，了解他的需求和特点并给予及时的指导。必要时教师还可成为幼儿活动的参与者和合作者适时适度介入，引导幼儿拓展活动内容、深化游戏情节，帮助幼儿解决问题和矛盾，如成为孩子的游戏玩伴，在与幼儿一起游戏的过程中给予建议，以最小的干预实现指导的价值。

三、区域活动在幼儿园教育中的地位与意义

（一）区域活动的意义和价值

1.推进了幼儿园的教育改革

在2001年7月，教育部颁发的《纲要》中提出："幼儿园应为幼儿提供健康、丰富的生活和活动环境，满足他们多方面发展的需要，使他们在快乐的童年生活中获得有益于身心发展的经验。""幼儿园教育应尊重幼儿的人格和权利，尊重幼儿身心发展的规律和学习特点，以游戏为基本活动，保教并重，关注个别差异，促进每个幼儿富有个性的发展。""幼儿园的空间、设施、活动材料和常规等应有利于引发、支持幼儿的游戏和各种探索活动，有利于引发和支持幼儿与周围环境之间积极的相互作用。"在2010年10月，教育部颁发的《指南》中强调："幼儿的学习是以直接经验为基础，在游戏和日常生活中进行的。要珍视游戏和生活的独特价值，创设丰富的教育环境，合理安排一日生活，最大限度地支持和满足幼儿通过直接感知、实际操作和亲身体验获取经验的需要，严禁'拔苗助长'式的超前教育和强化训练。"……这些精神与区域活动所倡导的价值目标是一致的。在2016年2月，教育部颁发的《规程》中提到："幼儿园应当将环境作为重要的教育资源，合理利用室内外环境，创设开放的、多样的区域活动空间，提供适合幼儿年龄特点的丰富的玩具、操作材料和幼儿读物，支持幼儿自主选择和主动学习，激发幼儿学习的兴趣与探究的愿望。"对于幼儿园开展区域活动的要求更为明确。

过去，集体教学活动是幼儿园教育活动的主要形式，虽然它具有一定的优势（如高效、经济、引领性和系统性强、利于培养集体感），但其弊端和不足也显而易见，如教育

目标过高或过低、难易程度不当、缺乏有效师幼互动、教学方法单一等，可见集体教学活动的价值和作用是有局限的。与此相比，区域活动的优势开始凸显，它拥有更宽松自由的活动氛围、更独立自主的活动空间、更灵活多样的活动形式，能尊重每一个孩子的个体差异，关注到不同孩子的"最近发展区"。我们一直所提倡的"让每个幼儿富有个性的发展"在区域活动中才能得到更好地体现。我们应该超越幼儿园原有的教育活动体系，把区域活动提到更加重要的位置上来，让它成为幼儿园教育活动中不可或缺的一部分。

目前，幼儿园最突出的问题就是幼儿教育小学化倾向，它严重损害了幼儿的身心健康。《教育部关于规范幼儿园保育教育工作，防止和纠正"小学化"现象的通知（教基二〔2011〕8号）》中明确提出："幼儿园要创设多种活动空间，配备丰富的玩具、游戏材料和幼儿读物，为幼儿自主游戏和学习探索提供机会和条件。"可见，区域是整治幼儿园"小学化"教育环境的重要抓手。在区域活动中，幼儿不是被动地接受知识的灌输，而是根据自己的兴趣爱好和发展水平，主动地、积极地与环境、材料和他人互动，让自己的知识经验、能力、情感态度等得到综合提升。所以说，区域活动能够在一定程度上改善或消除幼儿园小学化倾向，让幼儿园教育回归幼儿教育的本质，把游戏还给孩子，把快乐的童年还给孩子。

区域活动能很好的体现《纲要》《指南》和新《规程》所提倡的教育理念，成为推进幼儿园教育改革的重要途径。

2. 促进了幼儿的学习与发展

"以幼儿为本"的理念是区域活动的核心，幼儿的需求在区域活动中能得到充分地满足，幼儿通过自主的游戏和学习活动培养了良好的自我意识、操作能力、交往能力等。

首先，区域活动强调了幼儿的自主性。美国精神分析学家埃里克森指出：促进幼儿自主性和主动性发展，是早期教育的基本任务。幼儿在区域活动中有了更多的机会以"主人翁"的姿态出现，凭借自己的生活经验和能力，尝试着寻找解决问题的方式，有利于其自主性的发展，更凸显其主体的自我价值。在低结构性的区域活动中，幼儿可以按照自己的意愿选择自己喜欢的材料，做自己喜欢的事情，在空间上，幼儿被允许在一定的范围内自由走动，自主选择；在时间上，允许幼儿按照自己的节奏进行活动，在一次活动中既可以完成若干不同的任务，也可以将同一任务反复操作。在活动中，幼儿体验到了主动挑战的成就感，享受到了自主学习的快乐。

其次，区域活动保护了幼儿的创造性。孩子天生具有创造性，只是由于传统教育太过于强调标准和统一，给予他们自由的空间不够，才导致一个又一个大胆的创意被忽视，一个又一个活跃的思维被禁锢。其实，幼儿的创造性和教育活动的自由程度成正比，越是自由的氛围越有助于幼儿自我的展现，越有助于其创造性的表达和表现。区域活动中的过程就是幼儿自主发现问题和创造性地解决问题的过程，真实的问题情境促进了幼儿创造性的发展。

再次，区域活动促进了幼儿的社会性发展。幼儿的发展是不断社会化的过程。在区域活动中，他们可以扮演各种不同的角色，体验各种不同的情感，还有大量与同伴交往的机会，通过互动获得协商、合作、分享等亲社会行为。区域活动的开展有利于幼儿社会性的发展，可以加速幼儿社会化的进程。例如，在角色游戏时，幼儿自由组合、自己分配角色，一起玩，一起交谈，在不知不觉中学会了交流，并从中体验了与同伴交往合作的快

乐，学会了互爱互助、热情待人、友好协作等。

最后，区域活动促进了幼儿个性的发展。区域活动真正落实了"以幼儿为本"的理念，真正实现了"促进每个幼儿富有个性的发展"。区域活动中，幼儿可以不受约束并按照自己的学习兴趣、学习水平、学习方式、学习速度进行活动。区域活动能照顾到每个幼儿的最近发展区，让每一个幼儿通过区域活动在自己原有水平上得到提升，从而实现富有个性的发展。

3. 促进了教师的专业化成长

因为区域活动没有固定、具体的活动目标，活动过程也更加灵活多变，它对于幼儿园教师提出了更高的专业要求和挑战。2011年12月国家教育部颁布的《幼儿园教师专业标准（试行）》中要求教师要"了解幼儿发展中容易出现的问题与适宜的对策。""掌握观察、谈话、记录等了解幼儿的基本方法。""合理利用资源，为幼儿提供和制作适合的玩教具和学习材料，引发和支持幼儿的主动活动。"教师设计和组织区域活动需要较强的专业水平，但同时它也是提升专业水平的最佳途径。首先，教师要了解本班幼儿的学习兴趣和发展水平，并依据这些创设适宜的区域环境，投放适宜的区域材料；其次，区域活动是教师观察幼儿的宝贵机会，教师要学会观察和解读幼儿的行为，并根据这些给予适时适度的指导，甚至对教育内容和方式进行调整；最后，教师还要从区域活动的过程和结果中不断反思自己的教育行为，如是否存在多度放任或者高度控制的极端现象，是否存在"穿新鞋、走老路"的行为等。幼儿园教师通过对区域活动的学习、观察、反思和实践，在"退位"过程中学会等待幼儿，接受差异，将实现自身专业化水平的速度提升。

（二）区域活动与其他教育活动的关系

1. 区域活动与集体教学活动

区域活动和集体教学活动都是幼儿园教育活动的重要形式，两者是平行的关系。区域活动与集体教学活动的区别在于：集体教学活动是同一个时间段所有幼儿进行着同一项活动；而区域活动则是同一个时间段所有幼儿进行着多项不同的活动。它们有着各自的优势和不足。例如，集体教学活动有比较明确具体的目标，效率比较高，而无法充分关注幼儿的个体差异；区域活动可以更好地照顾幼儿的个体差异，主持幼儿的自主学习，但有时效率比较低；等等。这些优缺点决定了他们之间的互补关系，起着相互促进的作用，可以相互转化和迁移。区域活动可以作为集体教学活动的铺垫、延伸和补充，让幼儿在区域的情境中获得相关的知识经验和情感体验。反过来，在区域活动当中出现的一些具有共性和价值的问题，可以设计成集体教学活动，有效提升和巩固幼儿的经验和水平。

2. 区域活动与游戏活动

游戏是幼儿的基本活动，强调幼儿的自由、自主和愉悦性，是由内在动机引发的活动。区域活动当中既有游戏活动，也有学习活动，如娃娃家、超市、建筑工地、大舞台等区域的角色游戏、建构游戏、表演游戏都算是游戏活动，但是生活操作区的穿鞋带、夹珠子、系蝴蝶结、科学区的小实验、小制作等这类活动学习的成分更多一些，不是游戏活动。区域活动与游戏活动两者之间不能画等号，但它们是交叉的关系，应该充分发挥两者的功能，进行有机融合。目前，很多幼儿园存在"轻游戏、重学习"的误区，所以我们呼呀在区域里要增加更多的游戏材料，引发更多的游戏活动，实现区域活动游戏化和游戏活动区域化。

3.区域活动与主题活动

幼儿的发展包括身体、认知、能力、情感、社会性等多个方面的发展，它是一个相互联系的有机整体，幼儿的身心发展规律及学习方式决定了教育活动必须进行整合。主题活动是在一段时间内围绕一个中心内容（即主题）来组织的教育活动。它强调了整合的教育观，打破了学科的界限，改变了彼此脱节的不足。

区域活动是主题活动的重要组成部分，将推动主题活动的深化和拓展。主题活动就像一张网，将幼儿的生活经验联系起来，许多活动是一系列的，需要为幼儿提供足够的时间和空间，保证活动真实而深入的开展。区域活动拓展了主题活动的范围，让幼儿有充分的时间深入探究，挖掘出更多的教育价值。

区域活动与主题活动的有机融合，将提升区域活动的整合性和动态性。一方面，主题活动的内容是相互依存的，围绕主题开展的各类活动为幼儿的区域活动提供了更为广泛多元的学习经验，令区域活动不断优化，更加丰富。另一方面，主题活动并非一成不变的，随着主题的进展，教师将不断引入新的材料，幼儿也将不断发现新的问题，由此生成新的活动内容或区域。

因此强调区域活动要与主题活动结合起来，但也不必要求每个区域或每个材料都要与主题相关，保留一定的常规区域和材料，切勿陷入形式化的误区而削弱幼儿的自主游戏。

第二节 幼儿园区域活动的设计

根据幼儿园教育活动的不同性质，区域活动是幼儿自主生成的教育活动。区域活动具有自主性、互动性、开放性、个别性和指导间接性等特点，幼儿可以在同一时间单元里选择不同的活动内容，多为幼儿的自选活动，强调幼儿的自主自愿。它更为关注幼儿的兴趣、幼儿的学习需要，是在幼儿偶发性的探究和兴趣的支配下产生内部动机的需要，并引导和帮助幼儿生成某个主题的活动。尽管如此，区域活动也需要教师的精心设计，教师必须做到"心中有戏"，才能保证活动的基本价值，才可能有各种生成的从容应对，才能成就孩子的精彩表现。当然"心中有戏"不是墨守成规，也不一定要按部就班，让戏在原有的基础上发展的依据就是对每个孩子的敏锐观察和对每次教育契机的价值判断，如果缺乏有效的设计，活动组织就如"大海捞针"，很容易徒劳无功。

一、幼儿园区域活动目标的设计

（一）区域活动总目标

由于区域活动的开放性，它的目标大而笼统，是综合的、多层次的，涵盖《指南》中

幼儿学习与发展目标的各个领域，幼儿学习品质的培养尤为重要。

（1）乐于选择自己喜爱的区域，自主、专注地参与活动。

（2）大胆选择喜欢的游戏内容，能较合理地运用各种材料，敢于表达自己的想法和要求。

（3）在活动中能自觉地遵守活动规则，学会与人友好相处，相互合作。

（二）不同区域活动的主要目标

1. 角色区

（1）学习人际交往的规则、技能和社会角色行为，理解他人的情感和需要，学习恰当地表达情绪、情感，增进同伴关系。

（2）在角色交往的过程中促进语言表达能力的发展，创造性地使用材料进行游戏，发展想象能力和创造能力。

（3）积累社会生活经验，使有关的生活知识和经验系统化。

2. 建构区

（1）培养坚持性和细致、耐心的品质，学习与他人合作、解决冲突，体验合作与创造的喜悦，发展美感。

（2）在建构中学习各种基本的建构技能和建构物体的基本特征，能根据命题进行有目的的建构活动，发展注意力、观察力、空间知觉、想象力、动手操作能力及手眼协调能力。

（3）认识基本形状、学习分类与排序、形成数概念、感知比例关系，比较大小与多少，比较长短与厚薄、获得平衡与对称、重心等概念。

3. 表演区

（1）满足表现的欲望，体验舞台表演的成就感，增强自信心，培养活泼乐观的性格，陶冶情操，进而对周围事物形成正确的态度和良好的行为习惯。

（2）能创造性地表现文学艺术作品，发展感受力、理解力、表现力、审美力、想象力、创造力。

（3）通过动作、声音、装扮等方式进行表演，加深对音乐和文学作品的理解和记忆。

4. 美工区

（1）喜欢绘画和手工活动，体验美术的创意，大胆自由表达，感受美术活动的乐趣，学习欣赏和尊重自己和他人的创作，体验成就感和满足感。培养感受美和表现美的能力，学习多种绘画和手工制作形式，运用多种手法表现物体的主要特征，培养观察判断能力和手眼协调能力。

（2）认识各种绘画、手工材料和工具，学习用艺术的眼光观察事物，增强对色彩、线条、构图等艺术要素的理解，丰富艺术认知。

5. 生活操作区

（1）培养专注、认真、细致、耐心、有条理的品质，培养自己的事情自己做的好习惯。

（2）通过操作发展动手能力、手眼协调能力和生活自理能力。

（3）学习扣纽扣、叠衣服、整理物品等生活技能，练习串、夹、拧、编织等精细动作。

6. 科学益智区

（1）培养敏捷性、灵活性、独创性等思维品质，养成专注、细致、有序、有条理等良好的学习习惯。

（2）学习辨别、分析、判断，提高分析问题、解决问题的能力，促进观察力、注意力和记忆力的发展。

（3）在数、形、空间等感知、操作过程中，促进各种感知觉的发展。

7. 语言区

（1）喜欢阅读，感受文化的熏陶，体验图书带来的美好和愉悦，形成积极的人生态度和良好品格。

（2）养成良好的阅读习惯，正确取放图书，注重用眼卫生。培养对图画和文字的敏感，能看懂书的内容，用自己喜欢的方式表达认识，提高阅读理解能力，发展想象能力和表达能力。

（3）了解书的结构和作用，掌握正确阅读的方法，学习简单修补图书的方法，通过阅读获取间接知识。

（三）区域活动目标设计需要注意的问题

1. 目标要全面且长远

区域活动应发挥整体性的教育功能，这样有利于幼儿各方面能力的提高，不应过分强调知识技能方面的要求。我们要更多关注幼儿的兴趣需要及活动的过程，注重幼儿的自主体验和建构。

2. 目标要有差异和层次

个别性是区域活动的主要特点之一，因此在目标设计中必须体现差异性，理解、允许和尊重幼儿在兴趣、能力上的差异，根据幼儿的不同状况，预设幼儿可能产生不一样的倾向、速度和效果，通过多层次的目标让每个幼儿在其"最近发展区"获得支持。

3. 目标要开放而动态

区域活动是开放的、低结构的教育活动，其目标较集体教学活动更为开放。而幼儿的兴趣、经验和发展水平是一个不断发展的动态过程，因此目标的设计绝不能一锤定音，教师应根据幼儿当下的行为表现不断更新和变化。

二、幼儿园区域活动内容的设计

（一）区域活动的类别

幼儿园区域活动的分类没有一个统一的模式，在教育教学实践中比较常见的是从幼儿活动的功能出发来进行划分的，即将区域分为"学习性区域活动"和"游戏性区域活动"。

1. 学习性区域活动

学习性区域活动是以具体实物为对象的操作活动，其活动目标偏重于发展幼儿对客观事物及未知事物的好奇心及动手操作探索的愿望、行为与能力，主要包括生活区、美工区、科学益智区、语言区等区域的活动。

（1）生活操作区。生活操作区是提供各种与生活紧密相关的材料供幼儿进行操作练习

的区域，主要包括生活技能练习和精细动作发展两类活动。生活技能练习主要包括扣纽扣、叠衣服、系鞋带、剥豆子、剥水果皮、使用劳动工具、整理各类物品等与生活、生存相关的练习活动。精细动作发展主要包括抓、倒、夹、拧、编织等以手部精细动作为主的活动。

（2）美工区。美工区是一个供幼儿自由欣赏和创作美术作品的个别化学习的场所，幼儿通过与多种美术材料的互动，在观察、操作、发现、想象、表现、创作中激发对美术活动的兴趣、发现美、表现美、创造美。主要包括绘画活动、手工活动和欣赏活动。幼儿绘画种类主要有线描画、水墨画、水粉画、水彩画、版画、写生画等，还可多加入一些更适合幼儿的绘画形式，如石头画、树叶画、油水分离画、吹画、泼画、点画、拓印画等。手工分为平面手工和立体手工。平面手工包括剪纸、拼贴、撕贴、刺绣、扎染等；立体手工包括泥工、纸雕、编织、折纸等。欣赏活动则包括对名画、工艺品、照片及师生作品的欣赏，如贝壳、石头、树叶、明信片、门票、糖纸等小物品也可作为幼儿的欣赏素材。

（3）科学益智区。科学益智区是指在班级活动室、阳台、走廊及户外为幼儿创设的可自由进行感知观察、实验操作、科学探索、比较分析、推理判断的空间，并投放相应的材料，供幼儿活动的区域。主要活动大致包括观察和种植植物、观察和饲养动物、实验操作（如纸的吸水性、颜色的变化、摩擦力、点亮小灯泡等实验）、标本展览、实物展览、图片展览、天气等现象的记录与交流、感官游戏、比较异同的游戏、分类游戏、记忆游戏、迷宫游戏、拼图游戏、棋牌游戏、数字游戏、智力玩具游戏等。

（4）语言区。语言区是提供宽松的氛围和适宜的材料激发幼儿听、说、前阅读、前书写等兴趣，让幼儿在运用过程中发展语言能力的区域，包括欣赏文学作品、讲演游戏、阅读图画书、制作和修补图书等活动。

2. 游戏性区域活动

游戏性区域活动是基于幼儿对已有生活经验的模仿与创造而展开的，它不仅是以实物为对象的操作活动，而且在很大程度上是以同伴为对象进行的交往活动。其目标也更侧重于发展幼儿的想象力、创造性及人与人之间的交往能力，主要包括角色区、建构区、表演区等区域的活动。

（1）角色区。教师根据幼儿的年龄、兴趣和生活经验，可设计不同角色区，如娃娃家、餐厅、医院、理发店、小银行、小超市、烧烤店、糖果店、蛋糕店、警察局、学校等，然后投放不同的角色扮演材料，幼儿可以扮演医生、美发师、服务员、收银员、警察、老师等角色，在角色扮演中满足社会交往的需要。

（2）建构区。建构活动的内容往往来源于幼儿的生活、经验和兴趣，一般多为建筑物（道路、桥梁、围墙、房屋）、动植物、交通工具、生活用品等。从建构类型来看，可细分为桌面造型区和大型拼搭区。

（3）表演区。表演区是幼儿通过扮演文学和艺术作品中的角色，抒发情绪情感，创造性的表达对生活及文艺作品理解的游戏场所。其活动内容可分为三大类别，即语言类、音乐类和简单的形象装扮。语言类表演还可细分为舞台表演、桌面表演、木偶表演、歌谣表演、电视播报表演等。音乐类表演分为歌舞表演、节奏乐表演、韵律表演等。

（二）区域的数量

对于区域的数量并没有一个标准的规定，并不是越多越好，但应满足幼儿不同的兴趣需要，涵盖幼儿多元智能的发展。通常一个区域可容纳6~8人共同活动，一个班设置5~7个区域比较适宜。每个班级的人数不同、面积不同、材料也不同，关键是要所有的孩子都有区域可选，都有玩具材料可玩。

（三）区域活动内容选择的原则

1. 生活性

教育即生活，生活即教育。区域活动内容的出发点应该是幼儿的生活和经验。对于幼儿，那些在他们生活中出现过的、发生过的、目睹过的、听说过的事物往往是他们最感兴趣的。如果脱离了现实生活，幼儿将会难以感知和体验。另一方面，区域活动的归宿也应是让幼儿学会生活。教师应该依据幼儿学习与发展的目标对幼儿的生活经验进行整理、分析和筛选，进行加工和提炼，使其更具教育价值，而不是简单的罗列或拼凑。

2. 操作性

"做过了，我就学会了。"玩中学、做中学是幼儿学习的主要方式。区域活动的内容选择要能够让幼儿有直接感知、实际操作、亲身体验的机会，让幼儿在操作、摆弄、实验、探究的过程中手脑并用，主动思考，从而实现经验的主动建构和不断内化。

3. 主题性

目前，主题活动是大部分幼儿园课程实施的主要途径，在主题背景下开展区域活动也是一种趋势。部分区域活动围绕同一主题进行设计和组织，与主题活动存在直接相关的关系，这类活动将成为一种主题活动有益的组成部分，为幼儿提供足够的时间和空间，完成集体教学活动等其他类型活动无法实现的教育内容。部分区域并非与主题活动有直接的联系，但它们之间存在相互依存和转化的关系，可以动态生成新的主题活动。

三、幼儿园区域活动空间的设计

（一）区域的场地设置

1. 利用活动室设置区域

如果班级活动室比较宽敞，可将空间划分为两大块，分别用于集体活动和区域活动，多个区域都设置在这个独立的空间；或者将不同区域分别设置在活动室的四周，靠边角靠墙摆放，把中间位置留出来便于集体活动地开展。

如果班级活动室的面积较小，可以考虑设置移动区域。移动区域就是将一些摆放灵活、容易取放的区域材料放置在活动室的柜子、架子或整理箱里，待区域活动时，取出材料，在集体活动场地搬上桌子或铺上地垫即可进行活动。

2. 利用寝室设置区域

如果是活动室和寝室分离的班级，现在幼儿园的床大部分都是活动床，可以腾出很大的活动空间，完全可以考虑把寝室利用起来设置区域。活动室和寝室都能设置区域就正好

能把动区和静区进行分离。

3. 利用阳台、走廊、楼梯间、门厅等设置区域

很多园所的阳台、走廊、楼梯间、门厅的空间比较安全、相对封闭，比较适合设置成公共区域，全园的班级均可到这里进行活动。例如，把门厅设置成阅读区，把楼梯间设置成娃娃家等，这样能更好地拓展区域活动的空间，还有利于促进幼儿进行混龄交往活动。

（二）区域的分隔

在区域环境的创设中，适宜的分隔同样发挥着不可忽视的作用。封闭式的区域能避免干扰，给人较强的私密感，让幼儿拥有相对安静、独立的空间，比较适合于幼儿独立思考和探究的活动内容，如阅读区、科学区，有利于培养幼儿的专注力、坚持性、独立性和自我意识。

开放式的区域分隔几乎是通透的，便于幼儿在活动过程中交往和互动，也适合于一些幼儿大动作发展的内容，如表演区、运动区等。

半封闭的区域分隔是最为常见的，即采用一些低矮的橱柜、栅栏、置物架、垂帘等通透的物品进行分隔，使得区域既相对独立又便于区域间的流通和互动，也有利于教师的观察指导。

（三）区域空间布局要点

1. 因地制宜

每所幼儿园，每个班级的情况都不一样，空间设计没有绝对的模式，必须根据场地特点及区域设置的需要扬长避短，发挥其最大的教育价值。还需注意阅读区必须靠近光源，美工区、科学区等区域必须靠近水源，表演区等区域必须靠近电源。

2. 大小适中

区域的面积多大才适宜不能一概而论，也不必把所有区域空间平均分配，必须考虑多种因素，包括班级区域的数量、一次进区人数的多少、材料的数量、受幼儿欢迎的程度、幼儿活动的幅度等。

3. 动静分开

语言区、益智区、美工区、科学区属于相对安静的区域，可以相邻而设。而建构区、表演区等区域属于相对热闹的区域，为避免对其他区域活动的干扰，应该与静区保持一定的距离间隔。

4. 视觉审美

区域的设计需要兼具空间布局及色彩搭配上的美感。在空间布局上，需要做到丰富而有序，疏密得当，高低错落有致，切忌头重脚轻，杂乱无章。在色彩搭配上，需根据园所整体风格及幼儿的年龄特点选择1~2个主色调，如蓝色、绿色、黄色、粉色等，通过主色调贯穿整个环境，在空中、墙面、地面之间产生呼应。

5. 动态变化

幼儿的兴趣和想法总在不断变化中，幼儿的经验与水平也在不断发展中，因此区域的设置要根据幼儿的需要动态调整。在区域设置时，可以使用纸箱、轻质或带轮的架子、推车等物品摆放材料，进行分隔，使区域具有灵活可变、多种组合的可能。

四、幼儿园区域活动材料的设计

（一）区域材料的类别

（1）按材料的来源划分，区域材料可以分为废旧物、自然物和购置材料。例如，在美工区，可以投放卷纸芯、碎布、鞋盒、纸杯、报纸等废旧物，还可以投放黄豆、石头、泥巴、麻绳、稻草、果壳、树叶等自然物，当然也需要投放水彩笔、油画棒、剪刀、素描纸等购置材料。

（2）按材料的材质划分，区域材料可以分为纸类、布类、金属类、塑料类、木类等。不同材质的材料将给予幼儿更多元的感知体验和更广阔的创造空间，所以在材料设计的过程中，教师宜对材料的材质进行分析，避免同质材料过多，异质材料太少的问题。

（3）按材料的功能划分，区域材料可分为主体材料、辅助材料和工具。例如，在建构区，可以投放积木、雪花片、纸盒、易拉罐等主体材料；也可以投放人偶、汽车模型、交通标识、花花草草等辅助材料，让幼儿的建构更加生动、有趣；还可以投放剪刀、胶带、记号笔、不干胶等工具，支持幼儿的尝试和探究。

（4）按材料的性质划分，区域材料可分为自然材料、半成品材料、成品材料。自然材料是指不经任何加工的原始材料，具有多种组合和创作的可能。半成品材料是教师有意识地进行了简单加工，激发幼儿的操作兴趣，降低幼儿的操作难度，让幼儿更易获得成就感，如画好形状的涂色纸、描好虚线的折纸等。成品材料即现成的可直接使用的材料。例如，在表演区里可投放羽毛、纱巾等原始材料，也可投放半成品的面具任幼儿根据自己的喜好制作使用，还可投放服装、配饰等供幼儿直接使用。

（二）区域材料投放的原则

1. 安全性

《纲要》中明确指出："幼儿园必须把保护幼儿的生命和促进幼儿的健康放在工作的首位。"在区域材料的投放过程中，安全卫生也是最重要的。为幼儿选择材料时，一定要选择无毒、无害的材料。如果需要使用饮料瓶、食品盒等废旧物，必须要在清洁干净后方可投放。如果需要使用木头、竹片、易拉罐等坚硬锋利的材料，一定要先经过打磨或包裹，避免幼儿使用时受伤。

2. 丰富性

区域活动室幼儿自发自主的活动，不同的区域需要不同的材料，相同的区域也将因为材料的丰富多样而生发出不同的活动，所以材料的种类和数量必须要满足幼儿的需要。首先，材料的总量必须超过幼儿的人数，建议是幼儿人数的 1.2 倍左右。对于小班幼儿而言，他们的活动以平行操作为主，喜欢模仿，同类材料的数量一定要充足。对于大班幼儿而言，可以增加多种类型的材料，数量并不需要太多，这样可以引发他们的探索与合作行为。

3. 层次性

首先，对于不同年龄阶段的幼儿，其材料一定要有所区别。例如，小班的娃娃家以给娃娃喂食、帮娃娃洗脸等简单情节为主，到了中、大班的娃娃家，可以将家庭生活的场景

更加细化，设置家具、电器和不同的房间，帮娃娃做饭、开生日派对、讲故事等。其次，对于同一年龄段不同能力水平的幼儿，其材料也应体现层次要求。例如，开展剪纸活动时，教师就可提供不同难易程度的范例或半成品，让每个孩子都在自己原有水平上有所发展。最后，对于同一个孩子操作数次后，教师也可根据更替、增加或删减材料提高难度。例如，幼儿在美工区做"面条"，教师可先提供有较宽直线条的纸让幼儿做"宽面"，进而提供较细线条的纸让幼儿做"细面"，接下来还可提供没有线条的纸或有波浪线条的纸让幼儿做"方便面"。

4. 生态性

"大自然的馈赠"往往就是最好的材料。它们不但经济、环保，而且富于变化，最利于幼儿的自由想象和创作，如水、木、泥、沙、石等，这些自然材料没有华丽的底色，没经过人工的雕琢，但是随手可得，玩法无限，孩子总是百玩不厌。在与材料的互动中，幼儿不知不觉地爱上大自然，爱上生活。

5. 情感性

在创设区域时，要充分利用幼儿的心理特点，创设符合其生活经验的情境，赋予材料生命和情感，才能更好地激发幼儿的好奇心和主动性。例如，在益智区中，将"一一对应"的活动设计成"为小动物找家"，将"按规律排序"的活动设计成"为妈妈串项链"。

6. 探索性

幼儿的探索即发现问题、解决问题的过程。教师要善于把问题隐藏在材料之中，让幼儿通过操作和对比发现差异和联系，进而引发思考。例如，在科学区制作"沙漏"的活动中，教师可有意提供秒表、装沙量多少不一的矿泉水瓶，还有钻孔多少不一的矿泉水瓶盖和记录表，让幼儿通过操作发现沙量、孔量与时间的关系。让幼儿动手操作与动脑思考共同进行，激发问题意识，提高解决问题的能力。

（三）常见区域材料举例

1. 生活操作区

生活操作区可以提供乒乓球、玻璃珠、豆子、花生、米、果仁、勺子、筷子、瓶子、杯子、碗、串珠、绳子、棍子、吸管、穿线板等物品让幼儿进行抓、舀、倒、夹、串等精细动作的练习；也可以提供衣服、裤子、鞋子、背包等物品让幼儿进行扣纽扣、拉拉链、系鞋带、整理书包等生活自理能力的训练；还可以提供毛线、毛衣针、针线、布料、纽扣让幼儿挑战编织、缝纫、刺绣等活动。

2. 美工区

美工区可以提供的材料有：白纸、素描纸、水粉纸、色卡纸、刮画纸、宣纸、皱纹纸、蜡光纸、挂历纸、广告纸、报纸等各种纸张；水彩笔、油画棒、毛笔、粉笔、棉签、刮画棒、颜料、喷壶、印章等绘画工具；剪刀、胶水、透明胶、双面胶、回形针、订书机、打孔机等手工工具；橡皮泥、黏土、软陶泥、面团、牙签、木棍子、塑料刀、垫板、模具等泥工材料；豆类、蛋壳、果壳、毛线、纸巾筒、纸袋、购物袋、各种大小的纸盒、饮料瓶、泡沫块、吸管、纸盒、电线、羽毛、棉花、橡皮筋、碎布、纽扣；等等。

3. 表演区

表演区可以提供的材料有：碰铃、圆舞板、铃鼓、响板、三角铁、木鱼、鼓、自制响沙瓶等打击乐器；音乐播放器、话筒、歌曲图谱；各类演出服、头饰、手偶、指偶、沙盘、面具、纱巾、扇子、彩带、镜子、背景板、节目单、报纸、布料；等等。

4. 建构区

建筑区可以提供：原木色积木、彩色积木、泡沫块、纸砖、积塑、插花片、纸箱、纸板、奶粉罐、饮料瓶、纸杯、牛奶盒、竹筒、树墩等主体材料；人物、动物、植物、交通工具、生活用品模型等辅助材料；剪刀、胶带、纸、笔、不干胶、绳子等工具材料。

5. 角色区

（1）"娃娃家"可提供：娃娃和它的衣服、生活用品、餐具、食物；小床、沙发、桌椅等家具；电视机、电冰箱、洗衣机、饮水机、电话、厨具、镜子、钟表、澡盆、小扫把、抱枕、被子等物品；眼镜、项链、钱包、围裙等爸爸妈妈的装扮物品。

（2）医院可提供：白大褂、护士帽等装扮材料；病床、听诊器、体温表、纱布、胶布、棉签、注射器、病历本、药盒等操作材料。

（3）超市可提供：营业员的工作服或标牌、货架、各种日用品、文具、零食、饮料、水果、蔬菜、收银台、价格标签、仿真钱币、纸箱、购物袋、购物车、商品海报、秤、购物小票等。

（4）餐厅可提供：服务员、厨师的服装、帽子、头巾、围裙等；厨房灶具、锅碗瓢盆、烤箱、冰箱等；供顾客用餐的桌椅、菜单、餐具、蔬菜、鸡蛋、肉串、面包、米粉等模拟食品。

6. 科学益智区

科学益智区可提供：水盆、吸管、肥皂、水瓶、石头、木块、沙子、漏斗、勺子等沙水实验材料；塑料袋、气球、打气筒、风车、扇子等空气和风的实验材料；磁铁、回形针、指南针、磁性车、小灯泡、电线、电池、电动玩具等关于电和磁的探究材料；哈哈镜、手电筒、放大镜、万花筒等探究光和影的材料；小天平、弹簧、橡皮筋、降落伞、不倒翁等探究力的材料；各类科技产品、动植物标本及跳棋、象棋、围棋、军棋、飞行棋、斗兽棋、自制棋、扑克牌等各类材料；拼图、嵌板、七巧板等拼摆操作类材料；迷宫图、魔方、魔尺、孔明锁、鲁班锁、图画捉迷藏、找不同等思维游戏类材料；分类、对应、比较、找规律等数学类操作材料；嗅觉瓶、魔术箱、触觉板等训练幼儿视觉、听觉、嗅觉、触觉等感官类的材料。

7. 语言区

语言区可提供：图画书、画报、视听材料；纸、笔、剪刀、订书机、透明胶等图书制作材料；软垫、沙发、靠枕、帐篷；等等。

五、幼儿园区域活动过程的设计

幼儿园区域活动是低结构化的教育活动，是幼儿在与材料、同伴和老师互动的过程中

建构经验，不像集体教学活动那样预设了具体的步骤，其主要的环节大致如下。

（一）区域活动开始之前

1.区域规则的设计

区域活动是由幼儿自主选择内容和材料、自主决定方式、自由选择伙伴的活动，而为了保证全体幼儿的自主权利，自由必须建立在一定规则的基础上。对于每一个幼儿，区域活动对其自主管理能力是一个挑战，规则的建立有利于其社会性行为的发展。

（1）规则的类型。

①人数规则。每个区域因为大小和材料的局限，一般需要有人数的限制。在幼儿园的班级里，一般采用地面的小脚印、椅子、角色服装、手环、挂牌、插卡等方式进行暗示。小班的幼儿适合采用具体的、一一对应的方式进行呈现，让幼儿更容易理解和接受。中、大班的幼儿则可以尝试抽象表征的方式，如数字卡等。当遇到区域人数已满时，幼儿可以调整自己的计划或者暂时等待。

②时间规则。每个班级的区域活动时间段是基本固定的，一般为 40~60 分钟，班级所有幼儿开始和结束的时间应大致相同。教师可以采用口头指令、音乐、钟表计时器等方式提示幼儿时间规则。在活动即将结束时，还应提前给予提醒，让沉浸在活动中的幼儿有所准备，准备开始收拾和整理材料。

取放材料的规则：区域材料的种类和数量都是有限的，提高材料的利用率，发挥最大的价值，教师需要设计取放多少材料、怎么取放材料、如何摆放材料、爱护材料等材料使用的规则。

③操作材料的规则。在区域活动中，也有一部分结构性比较高的学习活动，这类活动有一定的操作要求和流程，教师可以通过步骤图、图示的方式进行提示。在操作存在安全隐患的材料时，安全须知也可以通过规则特别提醒。

④人际交往的规则。为了帮助幼儿养成良好的交往习惯，避免或化解幼儿同伴之间产生的冲突，保障活动的顺利进行，培养幼儿的亲社会行为，可以对幼儿的争抢、打闹等不良行为进行约束。

⑤收拾整理的规则。收拾整理的规则主要是提示幼儿物归原处、分类摆放、有序整理等。每次区域活动的收拾整理是区域活动得以常态化开展的有力保证，也可以培养幼儿良好的秩序感和生活习惯。

例如，美工区的规则。

● 美工区可同时容纳 6 名小朋友。

● 一次只拿一张图画纸或彩色纸。

● 用完彩笔、胶水要将盖子盖好。

● 没用完的材料放回原处。

● 不能把剪刀对着别人，注意安全。

● 不能大声喧哗，影响他人。

● 完成作品后放到展示柜，然后将桌上、地上的纸屑清理干净。

● 结束音乐响起就开始收拾和整理材料。

（2）规则的形成。

①教师提前规定。有些规则是区域活动顺利进行的有力保证。例如，有序选取材料，注意安全等原则性的要求，教师需要提前做好明确的规定。

②师幼协商约定。教师的要求太多效果往往不佳，如果把这些"要求"抛给幼儿，效果反而更好。例如，和幼儿聊天：区域里我们可以做什么？不能做什么？通过与幼儿沟通、讨论、协商或是争论而形成的规则，是他们自己的约定，幼儿更容易理解和记忆，也更愿意遵守。

③在活动中逐步形成。提前制定的规则不一定完美，也有可能出现新的"小状况"，而这些"小状况"正是旧规则完善或新规则形成的契机。当幼儿有失败的经历或不良的情绪体验时，更能激发幼儿主动解决问题、建立规则的内在动机。

案例 4-1

关于建构区规则的讨论

最近，随着孩子们建构技能的提升，中班的建构区里的作品越来越多，越来越大，也频频出现"我的火车被碰断""我的立交桥被踩翻""我的高楼被撞倒"等情况。教师在活动结束后引导孩子："你们的作品很棒，怎样才能保护好让老师和更多的小朋友仔细看呢？"孩子们纷纷说道"选个人少的地方搭""搭牢一点""走路时要看脚下""经过别人作品时要绕过去"等建议。因此，建构区里多了一条新规则：小心行走，保护好自己和别人的作品。

（3）规则的呈现。幼儿规则意识的内化往往需要不断的提醒和督促，将区域规则以物化的形式呈现在环境中可以起到潜移默化的作用。例如，人数、材料摆放的规则可以运用简单明了的标记表示；操作步骤等规则可以采用照片的方式呈现；安全等注意事项可以绘制成图标进行呈现；其他规则可以采用图文结合的方式进行呈现。在制作区域规则时，教师一定要注意，规则的呈现是为了更好地帮助幼儿内化规则、养成习惯，所以要用幼儿能够接受的方式进行表现，不宜太多，也不能一成不变，切忌把规则变成形式主义的"条条框框"。

2. 导入环节的设计

（1）必要经验的回顾和梳理。区域活动一般是在主题背景下开展的，教师在导入时可以引导幼儿对与主题相关的经验进行简单的回顾和梳理，调动幼儿的活动兴趣，让幼儿更加明确活动的主题。

（2）了解新区域和新材料。新区域或新材料的数量一次不宜太多，教师可引导幼儿在活动前自由进区自主了解，也可在活动前集中向幼儿进行重点推介，有的材料必要时还可进行示范。需要注意的是，推介一定要把握好"度"，凡是幼儿能够通过自己的探索学会的内容，教师不如直接投入，耐心等待幼儿自主学习的发生，在有必要的时候再进行

个别指导。

（3）计划与选区。在活动开展前，教师需要引导幼儿对区域活动进行计划。一方面，幼儿可以充分表达自己的喜好和想法，强化幼儿区域活动的计划性和任务意识。另一方面，教师根据情况进行有意的引导，如引导从众的幼儿独立思考、大胆表达；鼓励偏区的幼儿挑战新的内容；均衡热门和冷门区域的人数等。

（二）区域活动之中——观察与指导要点的设计

1.关注幼儿的参与状态

教师在活动开始之初，通过全面观察的方式了解幼儿是否选择了自己感兴趣的区域和材料，还是处于游离或纠结的状态。通过观察了解幼儿的兴趣倾向，对目的性不明确的幼儿进行引导。在活动进行时，有重点的关注幼儿活动的持久度，培养幼儿的专注力和任务意识。

2.关注幼儿的规则意识

教师应对幼儿在各个区域的规则遵守情况进行观察，对于不遵守规则的情况进行分析，了解其原因，通过引导培养幼儿的自我管理能力，或者对环境、材料及规则进行适宜调整。

3.关注幼儿的材料使用情况

教师需要对材料的使用频率、使用数量及组合情况等进行观察，从而才能有针对性的调整材料。对于幼儿不会使用的材料，教师可示范其用法。对于幼儿没有发现或想到的材料，教师可以把它放到更明显的位置。对于实在没有必要的材料，可果断的把它拿走。

4.关注幼儿的认知和游戏水平

在区域中，幼儿是否"会玩"，是否"玩得好"取决于幼儿的认知和游戏水平，而他们在活动中的语言表达、行为动作、活动结果等情况都反映了认知与游戏水平。教师应了解幼儿的已有经验，引导其自我建构、迁移，从而注入新的经验。

5.关注幼儿的学习品质

学习品质是区域活动中重要的教育目标，而这些往往体现在活动的过程中。选择区域是否积极主动，进行操作是否认真专注，遇到难题是否不怕困难，屡次失败是否依然不断探究和尝试，表达表现时是否乐于想象和创造等，这些才是引导幼儿可持续学习和发展的宝贵品质。

6.关注幼儿的人际交往

区域活动是幼儿社会性发展的有力途径，而与同伴的交往是对于幼儿最有挑战性的活动。幼儿在活动中与同伴如何分配角色、共享玩具、交流想法、解决纠纷都显示了幼儿的人际交往能力，也让幼儿在实践中以自我为中心，实现社会化发展。

（三）区域活动结束之后

1.收拾与整理环节的设计

区域材料一般种类和数量都比较多，每次活动结束后如果不物归原处，就会造成材料的丢失现象，将会给以后的区域活动带来不便。教师在此环节切忌包办代替，收拾和整理材料是幼儿的锻炼机会。在时间上，教师需要通过音乐或指令给予幼儿提示。在环境上，教师可以根据幼儿不同年龄段借助照片、图片或符号等手段帮助幼儿收拾和整理。

2. 交流与小结环节的设计

区域活动结束之后，带领幼儿进行分享与交流也是一个非常有意义的环节。教师可以引导幼儿介绍自己的作品，表达自己的感受，分享自己的发现，提出自己的问题等。为了避免交流的空洞，教师可以采用作品展示、照片或视频情境再现进行辅助。为了避免泛泛而谈，教师可以确定一个具有共性的问题集中讨论。同时，切忌教师"一言堂"，多让幼儿有表达和交流的机会。

第三节 幼儿园区域活动的指导

区域活动是幼儿在教师准备的环境中进行的自由、自主、自选的活动。但是首先要明确自主活动并不等于教师的放任。自主活动的指导同样必不可少，它只是由显性指导转向了隐性指导，对教师的要求更高了。其次，幼儿园区域活动是幼儿园教育活动的一部分，虽然在区域活动中幼儿的主体地位更加突出，但是教师的主导作用仍不容忽视。教师的主导作用与幼儿的主体作用并不矛盾，只有通过教师的引导，才能让幼儿的主体作用发挥其真正的价值。教师区域活动指导重点不是约束和控制幼儿，或者解决纠纷处理事故，而是帮助幼儿学会选择和计划，学会交往和分享，学会创造性地使用材料、表达情感，学会发现问题、解决问题等。

教师在区域活动中的主导作用主要从 3 个方面产生，即观察、指导和评价。

一、幼儿园区域活动的观察与记录

活动指导，观察前行。观察是区域活动实施指导的前提条件，没有观察基础上的指导是无意义的指导，草率地干预甚至存在危机。

（一）区域活动的观察内容

1. 幼儿的情绪状态

幼儿的眼神、表情往往最能显露出幼儿的情绪状态，从中能看出幼儿是否对活动感兴趣、是否抗拒、是否自信、是否迟疑等。任何的情绪状态都不是孤立的，教师要结合环境等背景来分析幼儿的心理活动，因势利导。

2. 幼儿的行为表现

幼儿的行为表现包括幼儿的语言和动作，通过这些表现，了解幼儿的思维过程和社会性等发展水平。行为表现的范围广，教师应根据活动的目标和关注重点有针对性的缩小

观察内容，如角色区里的交流语言、建构区里的合作行为、生活操作区里手眼协调等，并将这些观察结果与活动目标进行对照和比较，方能更有效地进行分析，从而推动幼儿的发展。

3. 幼儿使用材料的情况

在区域活动中，材料的使用情况便于教师观察，也便于教师分析幼儿兴趣和经验的变化，从而进一步调整材料。对于材料，一种是量的观察，如幼儿一共选了几种材料？每种材料用了几次？另一种就是质的观察，如幼儿选用的相同的材料，用法有什么不一样？

4. 幼儿的活动结果

幼儿区域活动的结果包括讲的故事、唱的歌、跳的舞、搭建的房子、画的画、做的手工等。通过结果，教师能在较短时间内了解幼儿的发展水平，通过对比发现幼儿的优势和弱势分别是什么？当然，仅凭这种观察方式容易有失偏颇，必须同时关注活动的过程，发展性地看待观察结果。

（二）区域活动的观察方法

（1）按照观察的范围，可分为全面观察、重点观察和个别观察。全面观察是指在活动中对全体幼儿的整体活动水平进行全方位的浏览，对全局有个基本的把握，一般在活动开始后或结束前。重点观察是指教师对一组幼儿或一类材料进行有目的的观察。例如，对每次区域活动的重点指导组，或新投放的材料等。个体观察则是教师对某个幼儿的行为轨迹进行跟踪观察。3 种方法宜交替进行。

（2）按照观察的方式，可分为直接观察和间接观察。直接观察是指教师在活动现场直接感知观察，间接观察则是教师借助摄像头、录像机、录音笔、照相机等仪器设备作为中介进行观察。前者在幼儿园教育实践中较为常用，后者具有真实、细致、全面的优势，但采集分析比较麻烦，可用于课题研究。

（3）按照教师的角色，可分为参与性观察和非参与性观察。参与性观察是教师参与到幼儿的活动中，在活动中进行观察，这种方法能更深入地与幼儿互动和对话，了解到更真实的信息。非参与性观察则是教师不参与幼儿的活动，以局外人的身份进行观察，这种观察方法更加客观，冷静。

（4）按照实施的方法，可分为结构性观察和非结构性观察。结构性观察即有目的、有计划的观察；非结构性观察即随机观察。前者计划性强，能有效控制和记录，但是开放性不够。后者简单易行，但是随意性大，不好做定量分析。

（三）区域活动的记录方法

1. 图表法

图表法即根据事先设定的幼儿各种行为指标，进行有针对性的观察，教师只需根据观察在表格内通过符号或简单文字记录即可。

区域活动观察记录表，如表4-1所示。

表4-1 区域活动观察记录表

记录人: 记录时间:

区域名称	进区幼儿	串区情况	活动情况
建构区	1、5、7	1: ①→③	活动兴趣、认知水平（材料选择的目的性、基本活动能力、活动方式、操作结果等）、个性心理、规则意识等
美工区			
角色区			
科学区			
语言区			

2. 叙事法

叙事法就是将幼儿的行为表现通过文字客观详细地记录下来，常用于幼儿的个别观察或重点事件观察。

3. 记事贴法

随身携带便签纸和笔，用关键词语、数字或图示记录幼儿的行为和语言，事后再通过回顾加以整理。

4. 数码技术法

运用先进数码设备和技术手段，全面、细致地记录幼儿的行为表现，事后进行分析，用于记录信息量较大的事件或瞬间即逝的事件。

（四）区域活动观察记录的分析方法

1. 结合幼儿的年龄特点进行分析

结合幼儿的年龄特点来分析幼儿的行为表现，能使教师把握到幼儿的心理特点，更接纳孩子的学习方式，静心等待孩子的自我成长。

2. 结合幼儿的生活背景进行分析

结合幼儿的生活背景，往往能了解到影响幼儿成长的多种因素，有的放矢地解决问题的根源。

3. 纵向对比进行分析

纵向对比的分析对于孩子的成长具有重要的意义，能让教师发现幼儿的发展水平和发展速度，是因材施教的重要依据。

4. 横向对比进行分析

横向对比有利于教师了解全体幼儿的整体概况和个别幼儿的相对水平，发现平时教育教学中存在的问题和短板，为调整教育教学策略提供有力依据。

5. 结合理论和文献资料进行分析

当教师在观察记录中遇到困惑时，可以借助理论寻找答案，让理论与实践对接，提升自己的专业能力。

二、幼儿园区域活动的组织与指导

区域活动是以小组或个人进行的自主活动，为减少对幼儿活动的干扰，在指导过程中尽可能采用隐性的非集体式的指导。

（一）区域活动的一般指导策略

1. 利用材料投放指导

区域活动中，教师最佳的隐性指导策略就是通过材料投放进行指导，将教育目标进行物化。例如，在建构区内，孩子们兴致勃勃地用牛奶盒搭建幼儿园，为了搭建教学楼的旋转楼梯，孩子们尝试了很多的方法，但总不满意，教师悄悄地送来了剪刀和胶带，巧妙地启发孩子们运用这些工具来解决。

2. 利用幼儿同伴指导

在区域活动中，因为其自主宽松的氛围，幼儿往往会真实地表现出性格和能力的差异，而他们的这些差异可以成为教师的教育资源。幼儿具有喜欢模仿的天性，鼓励他们以强带弱，分工协作，比教师的示范和指导更加有效。

3. 利用教师角色转换指导

教师在区域活动中可以有多重角色。当幼儿的活动需要介入指导时，教师既可以变成幼儿相同的角色平行介入，带动游戏的气氛，也可以以一个新的角色交叉介入，推动游戏的进一步发展。例如，在表演区，蕾蕾换上了漂亮的戏剧服，很想表现一番，但又有些羞涩，教师这时过来索性也戴上头饰，和蕾蕾一起表演起来。当蕾蕾渐入佳境，教师又卸下头饰，站到表演区旁当起观众大声喝彩。

4. 利用引导讨论指导

区域活动中出现了问题和冲突时，教师可以引导幼儿进行讨论，协商解决的办法，形成新的规则。如果是有共性的问题，可以在活动结束时集中讨论。如果影响活动的正常开展或者仅是个别或小组内的问题，可以在活动过程中通过讨论即时解决。

（二）区域活动中常见问题的应对

1. 冷门区和热门区

在区域活动时，很多班级常常会出现这样的状况：有的区域孩子们你争我抢，很快满员，还剩很多孩子想去但去不了；而有的区域空无一人，教师建议孩子们去，但他们就是迟迟不去。

（1）对于冷门区不受欢迎的原因进行分析。如果是内容不符合幼儿的兴趣和年龄特点，则进行更换；如果是材料单一，不具吸引力时，则需更新种类，增加类型；如果是教师指导未到位，则可以重新推介，亲身参与，亲自示范。

（2）对于热门区无法满足孩子的需要时，特别是小班幼儿，教师可以适当增设场地或材料。但是随着孩子年龄的增长，教师可以运用进区卡或记录表，鼓励幼儿尝试选择多种活动，敢于挑战不同的任务。

2. 人际冲突

区域活动常常出现争抢区域、争抢角色、争抢玩具、破坏材料或作品、故意攻击、失手碰撞等冲突，遇到这样的情况，教师不要只关注平息风波，也要在这个过程中，帮助幼儿克服以自我为中心的意识，学会互助、合作和分享。

（1）当幼儿的人际冲突没有安全隐患时，教师不急于介入，静观其变，给予幼儿自己解决问题的机会。

（2）当因为幼儿的不当行为引发冲突时，教师可以引导幼儿进行讨论，建立规则，解决冲突。

（3）当幼儿因为以自我为中心僵持不下时，教师应该引导幼儿换位思考，理解他人的感受。

（4）当幼儿因为表达方式不当引起了误会时，教师应帮助幼儿学习沟通和交流的技巧，让他们学会沟通和协商。

三、幼儿园区域活动的评价

评价环节是区域活动的重要环节，幼儿能通过评价过程分享自己的感受和体验，更是向同伴学习、共同解决遇到的问题的好机会。

（一）评价的内容

在区域活动评价内容较多时，教师不必面面俱到，应根据具体情况有所选择。一般宜选择幼儿当下的关键经验和重点问题来进行讲评，主要包括以下几方面。

（1）幼儿的参与状态。幼儿参与活动的兴趣是否浓厚，幼儿操作材料的注意力是否专注而持久等。

（2）幼儿的规则意识。幼儿是否自觉遵守活动规则，是否按照自己的计划进行活动等。

（3）材料的使用情况。材料数量是否足够，新材料是否能用到，是否有新颖独特的使用方法等。

（4）幼儿的认知和游戏水平。幼儿的语言表达如何，作品的效果如何，遇到了哪些问

题，是如何解决的等。

（5）幼儿的人际交往。和谁一起玩，一起玩的感受，是否发生冲突，是如何解决的等。

（二）评价的方式

（1）讨论法。教师引导幼儿围绕一个专题进行深入的讨论，如遇到了哪些问题，需要建立哪些新规则等。

（2）比较法。呈现两个或多个具有典型性的作品或材料，引导幼儿细致地进行分析。例如，针对幼儿的美术作品，从内容、布局、色彩、线条等多个方面进行比较分析，发现幼儿不同的长处。

（3）再现法。教师通过照片、视频、录音等数码手段再现活动场景，帮助幼儿更细致地回顾自己的经验和感受。例如，教师对建构区的作品通过拍照的方式进行记录，在分享时邀请作者对自己的作品进行介绍。

（4）游戏法。区域活动的组织方式必须具有艺术性，如果组织方式单一，幼儿就会容易感觉乏味，不愿参加。教师可以将击鼓传花、猜谜语、神秘箱等有趣的游戏元素引入评价环节，调动幼儿的积极性，对交流和分享充满期待。

（5）质疑法。教师可将区域活动中遇到的问题罗列、梳理，让幼儿带着问题延续思考和探索。例如，在科学区制作三脚架的活动中，教师可以在活动结束时启发幼儿思考："我们制作的三脚架，可以用到生活中的什么地方？"让幼儿从实用性的角度评价自己的制作。

幼儿园区域活动案例与分析

 案例 4-3

主题性区域活动设计，如表 4-2 所示。

表 4-2　主题性区域活动设计

主题名称		我生活的周围
各区域的活动内容	建构区	大型拼搭：我的幼儿园；桌面造型：炎帝广场
	角色区	服装市场
	表演区	秀出我自己
	语言区	文学作品欣赏：《我居住的地方》《快乐的小屋》《小姑娘的小花帽》；图书阅读：《父与子》《我爸爸》《我妈妈》；图书制作：《我的爸爸妈妈》《我们的城市》；讲演游戏：家乡特产展览、天气播报、新闻播报
	美工区	欣赏活动：多彩的春天、家乡美景；手工活动：春天花会开、自制拼图；绘画活动：我眼中的春天
	生活操作区	编辫子、缝纽扣

主题名称		我生活的周围
活动目标	建构区	能自主选择适宜的建构材料，与同伴分工协作完成自己想搭建的建筑物；尝试运用架空、插接、组合等方法表现幼儿园和炎帝广场的基本特征
	角色区	乐于扮演服装店老板、营业员和顾客等角色，与同伴一起根据生活经验创造性地表现角色行为
	表演区	大胆利用适宜的材料装扮自己，大方地"秀秀"自己
	语言区	能专注地听故事、看图书，理解故事和绘本的主要内容；能根据图片有序、连贯、清楚地讲述一件事情；运用图画和符号等表达生活周围的人和事，尝试制作图书
	美工区	乐于欣赏家乡之美、春天之美，能运用不同的材料和自己喜欢的方式大胆表现
	生活操作区	愿意尝试编辫子、缝纽扣等较有挑战性的操作活动，学习三股交叉编辫子和穿针、针线前后缝的方法，提高手眼协调能力，发展手指精细动作
活动准备	建构区	废旧纸盒、木头积木、大小不一的瓶罐若干、白纸、水彩笔、小型积塑玩具、黏土砖、黏土砖专用胶水、硬卡纸、透明胶、交通标识、人偶、动物、汽车等辅助材料；幼儿园平面图；炎帝广场附近建筑群图片布置成背景；建构方法示意图背景
	角色区	各种服装、帽子、围巾、饰品、鞋子、包，都标价；小腰包；仿真人民币（1元、5元）；落地镜一面；收银台；扩音器
	表演区	音乐播放器；U盘；一个小舞台；红地毯一块；笔和纸；放置节目单的架子
	语言区	平板电脑两台；耳机两个；素描本两个；与主题、季节、节日相关的图画书；播报台1个；立体话筒1个；天气图片（标明年月日、气温）；家乡美食图片；家乡风景图片；幼儿园活动热点；时事新闻（剪报）；爸爸妈妈的图片、各种职业的图片；幼儿家的图片，布置成可立放在桌上的小背景图；白纸、订书机、画笔等工具；桌子一张
	美工区	工具材料：各色水粉颜料、颜料笔、水粉纸、剪刀、彩色纸、卡纸、作品展示柜、双面胶、牛皮纸、硬纸板 操作材料：树叶、石头、麻绳、各种各样的花瓶、树枝、树藤、木墩、长条木板、地板砖、砖头、彩色吸管、牙刷、各种各样的纽扣、冰棍棒、计算机一台（自动播放家乡美景和春天的景色）等
	生活操作区	三股交叉编织示意图；可固定不动、方便幼儿编织的毛线或彩色绳子；针线盒一个；黑色、白色、红色、黄色的线各一扎；绣花小手帕若干；可缝纽扣的小包包若干个
	场地布置	（1）相对安静的区域：语言区、生活操作区、美工区。可设在活动室的一侧，并提供几张桌子供幼儿摆放操作材料，语言区放在光线好的地方。 （2）建构区所需的场地宜相对宽敞，以便幼儿有足够的空间建构。 （3）角色区与表演区相邻，两个区域的材料可以流通，有利于两个区域的幼儿交往互动。一起设在活动室一侧或寝室、走廊等地方，以免对其他区域造成干扰

主题名称	我生活的周围	
活动过程	**1. 活动导入** （1）自主观察，了解区域活动的内容、材料等。 （2）相互交流：发现了什么？有什么好玩的？有什么不明白的？教师根据情况介绍1~2种新材料、新玩法或新工具。 （3）根据已有经验，有目的、有计划地选择自己喜欢的区域，进区游戏	
	2. 过程观察与指导要点	
	建构区	（1）大型拼搭重点关注：对幼儿园的造型特征的把握、建构方法和建构时的交往合作。 （2）桌面造型重点关注：对炎帝广场的关键特征了解及使用不同材料完成搭建的情况
	角色区	重点关注：角色行为的适宜性；老板与顾客之间交往时的情感体验
	表演区	重点关注：是否能根据自己想"秀"的内容装扮自己，并大方地展现
	语言区	（1）文学作品欣赏重点关注：能否认真倾听故事，并用纸笔记录故事大意。 （2）图书阅读重点关注：是否专注而完整地阅读绘本，并了解其主要内容。 （3）图书制作重点关注：写画姿势及图书制作的步骤 （4）讲演游戏重点关注：是否大方、流利而清晰地表达
	美工区	（1）欣赏活动重点关注：能否仔细观察作品，并将自己的感受和体验融合到自己的创作中。 （2）手工活动重点关注：是否尝试使用新材料，是否运用不同的表现方式。 （3）绘画活动重点关注：能否专心完成自己的作品并向同伴介绍
	生活操作区	重点关注：是否能看懂示意图和步骤图，并根据图意进行操作；编辫子和缝纽扣的方法及使用缝衣针的安全问题
	3. 分享与交流 （1）收拾活动区材料。 （2）分享交流：你玩了什么？怎么玩的？有什么发现？（视情展示活动照片、作品等）	

案例分析

在此区域活动的内容和材料设计中，可以看到教师围绕主题《我生活的周围》设计了6个大区，每个大区又细分为2~4个小区，如语言区分为文学作品欣赏区、图书阅读区和图书制作区、讲演游戏区，涵盖了听、说、前阅读、前书写的内容；美工区分为欣赏、绘画区和手工制作区，投放了新材料衍纸、衍纸笔、彩色毛球、彩色小棒等；建构区分为大型拼搭和桌面造型区，投放了各种低结构材料……这样做，活动更加丰富，也给予了孩子们更多的选择，指向更多元的发展。

同时，在区域活动的过程设计中，非常强调幼儿的自主性。在活动导入时，教师是让幼儿自主观察、了解区域活动的内容与材料，然后再让幼儿根据自己的已有经验和兴趣自主选择区域；进了区域之后，幼儿可以自主选择自己喜欢的材料，自主选择伙伴，按自己的想法进行游戏或学习。在活动结束时，教师还会与幼儿交流：你玩了什么？怎么玩的？有什么发现？让幼儿尝试自主评价。让幼儿的区域活动真正实现了"我的天地我做主"。

 案例 4-4

建构区的争抢事件

区域游戏时，孩子们都在各自的区域游戏，突然听到娃娃家有人喊："唐老师，糖糖抢我的水壶！"我赶紧走过去，就看到两个小姑娘每人抱个娃娃正在争抢一个烧水壶。我当时是很想制止她们的，可又觉得有点不合适，于是我就说："如果你们不能好好玩，我就只能把它收走。"叫豆豆的女孩立马就说："我的娃娃要喝水！"叫糖糖的女孩也不说话，就是牢牢地抓着水壶。我引导她们："你们都想给自己的娃娃喝水，可是水壶只有一个，怎么办呢？"豆豆马上说："轮流玩！"我马上问："谁先玩？"两个孩子都不吭声了。于是我又强调："如果抢，水壶我就会收走了。"两个小女孩显然没有能力再继续解决问题。我开始转移注意力，引导："谁的娃娃肚子饿了？你们家有饭吃吗？"这时，豆豆马上做出反应："我去做饭。"还不忘告诉糖糖："你用完记得把水壶给我！"我当下就给了她一个大拇指。然后告诉糖糖："豆豆真是你的好朋友，她愿意把水壶让给你用。你用完了记得给她用。"然后我就离开了区域，站在一旁观察她们。结果发现糖糖用完水壶之后，戳了戳豆豆，把水壶塞给了她。

案例分析： 在建构区的玩具争抢事件中，教师不只关注风波的平息，也巧妙地把它变成培养幼儿交往能力的契机。

首先，我们可以看到教师对幼儿的尊重和理解。当两个孩子都需要水壶作为游戏的道具时，她没有立刻强行制止她们。她的回应体现了两层意思："你们在抢水壶"是对幼儿的关注；"你们都想给娃娃喝水"是对幼儿的理解。当豆豆用语言的方式表达"不想让水壶"，糖糖则是用行为表示，老师没有急于当裁判，让她们充分表达。

接着，我们看到教师巧妙地介入，提示幼儿争抢的后果是"都没得玩"，帮助幼儿理解自己行为的结果，从而激发主动的交往合作意识。

接下来，还需要帮助孩子学会协商和选择，初步尝试自己解决矛盾冲突。当提出了争抢就没得玩的结果时，两个孩子并不能进行自主协商、解决"水壶归谁"的问题；于是教师继续引导，小班的孩子还不能独立运用"轮流"的经验来解决问题，于是教师抛出可供她们选择的其他活动"做饭"。一步步地引导，孩子的协商成功，她们的游戏就可以继续，这样的结果让她们感受到了"商量""轮流"比"争抢"

更好。

　　教师从内心激发孩子的分享意识，而不是用外部的奖励、惩罚刺激孩子去养成良好的交往行为。显然，这种方式比起教师"权威型"的处理要花费更长的时间和更多的精力，但是，这个过程幼儿所拥有的经验和能力是自己总结、习得的。因此，巧妙地解决区域人际活动冲突，也能有利于培养幼儿良好交往行为习惯。

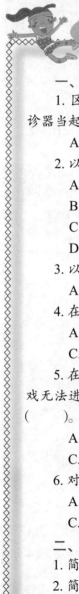

思考与实训

一、单项选择题

1. 区域活动时间到了，果果走到了"小医院"，自己穿上了白大褂，戴上了听诊器当起了"医生"。以上情景，突出体现了区域活动的（　　）特点。

　　A. 自主性　　　　　　B. 开放性　　　　　　C. 个别性　　　　　　D. 指导间接性

2. 以下观点表述正确的是（　　）。

　　A. 区域活动就是集体教学活动的延伸活动

　　B. 区域活动是一种游戏活动

　　C. 区域活动与集体教学活动是并列和互补的关系

　　D. 区域活动必须与主题活动相结合

3. 以下内容不是科学区的内容的是（　　）。

　　A. 喂养小金鱼　　　B. 天气记录　　　C. 种子标本展览　　D. 树叶涂鸦

4. 在建构区，规定幼儿每次只能拿一小筐积木，这属于（　　）。

　　A. 进区规则　　　　　　　　　　B. 取放材料规则

　　C. 操作材料规则　　　　　　　　D. 人际交往规则

5. 在表演区，幼儿正在表演"白雪公主"，他们谁都不愿意当恶毒的皇后，游戏无法进行下去，这时老师过来了，说："演好皇后可不容易，我来试试！"这是（　　）。

　　A. 利用材料指导　　　　　　　　B. 利用幼儿同伴指导

　　C. 教师转换角色指导　　　　　　D. 引导讨论指导

6. 对待区域活动中的冷门区，以下做法不恰当的是（　　）。

　　A. 暂时撤去冷门区　　　　　　　B. 调整冷门区的材料

　　C. 教师向幼儿重点推介　　　　　D. 让幼儿猜拳决定谁去

二、简答题

1. 简述幼儿园常见区域的类型和名称。

2. 简述幼儿园区域活动材料投放的原则。

3.简述教师在幼儿区域活动时的观察内容。

三、论述题

1.结合实例，分别阐述幼儿园区域活动的特点。

2.结合某一具体的区域活动，阐述幼儿园区域活动的指导要点。

四、材料分析题

在这段时间的区域活动中，明明特别喜欢一个人静静地到阅读区看图画书，几乎不跟其他幼儿交流。请根据明明的情况回答以下问题。

1.你认为教师需要介入和指导吗？并说说你的理由。

2.如果需要介入和指导，什么时候介入比较适宜？应该如何指导？

五、活动设计题

大班幼儿即将步入小学，对小学的向往和兴趣越来越浓。老师带领幼儿参观了附近的小学，让他们提前体验了小学的课堂和生活。回来之后，孩子们意犹未尽。于是，刘老师想抓住教育的契机，开展《我们要上小学了》主题系列活动，并创设相关的区域，将幼儿学习的关注和热情延续到区域活动中。

请设计相关区域的名称、目标、内容和材料。

第五章 幼儿园游戏活动设计与指导

引入案例

　　幼儿园以游戏为基本活动，游戏是幼儿最喜爱的活动。在幼儿园，你会看到"娃娃家"里的"妈妈"在自主给"娃娃"喂奶；"餐厅"里的"厨师"在厨房里专注地炒菜，"服务员"热情招待"客人"；"建筑工厂"里的"建筑师"们忙得不亦乐乎：有的搬运材料，有的搭建房屋，有的合作搭建车库；皮影表演舞台幕布上的"小兔"和"小羊"在对话、表演；户外，小朋友在玩"老鹰捉小鸡""丢手绢""谁是木头人"等游戏。孩子们自由、自主、快乐地玩耍，尽情地奔跑、追逐，快乐与开心溢于言表！

　　问题：什么是游戏？游戏的价值是什么？游戏有哪些种类？游戏如何设计？在游戏中，教师如何指导？……

学习目标

　　（1）理解幼儿园游戏的概念、分类与价值。
　　（2）了解幼儿园各类游戏活动的设计方法。
　　（3）了解幼儿园各类游戏活动的指导策略。

本章结构

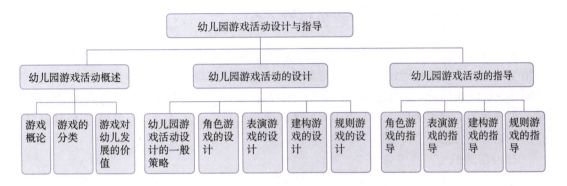

幼儿园游戏活动设计与指导

| 幼儿园游戏活动概述 | 幼儿园游戏活动的设计 | 幼儿园游戏活动的指导 |

游戏概论 ｜ 游戏的分类 ｜ 游戏对幼儿发展的价值 ｜ 幼儿园游戏活动设计的一般策略 ｜ 角色游戏的设计 ｜ 表演游戏的设计 ｜ 建构游戏的设计 ｜ 规则游戏的设计 ｜ 角色游戏的指导 ｜ 表演游戏的指导 ｜ 建构游戏的指导 ｜ 规则游戏的指导

第一节 幼儿园游戏活动概述

 **一、游戏概论**

儿童的生活可以说就是游戏。游戏的直接用处虽只是寻求快乐，然而间接的用处则甚大，因为它可以发展儿童的身心，敏捷儿童的感觉，于儿童生活有莫大之助也。

——陈鹤琴

（一）游戏的定义

一般来说，任何研究都应当有明确陈述的概念作为可研究的逻辑起点，但是迄今为止还没有一个为大家一致认同的游戏定义。而且，游戏往往呈现出复杂又矛盾的多面特性，游戏的这种特性更是增加了游戏定义问题的复杂性。游戏哲学家斯帕廖苏（Spariosu，1989 年）指出游戏的复杂性自古有之，我们的"思想已经运转了几个世纪"，所以理解活动本身就是错综复杂的，游戏活动既有理性意义也有前理性意义；洛克认为游戏是儿童的一种自然活动，对他们的精神和健康有促进作用；霍尔把游戏视为儿童必须经过的一个阶段，游戏就是模仿。

《教育大辞典》第 2 卷对于游戏的解释："儿童的基本活动。是适合儿童年龄特点的一种有目的、有意识的，通过模仿和想象，反映周围现实生活的一种独特的社会性活动"，这个定义强调了两个方面：一是游戏作为儿童的基本活动形式存在，与儿童的生活紧密相连；二是游戏是儿童的一种独特的社会活动，强调游戏的社会性本质。

（二）游戏的特征

成人与幼儿都进行游戏，但是年幼儿童的游戏具有和成人游戏不同的特点。这种特点既表现在年幼儿童游戏的外部形式上，也表现在游戏种类的多样上，幼儿的游戏具有鲜明

的"幼儿"特点。

综合纽曼的游戏特征"三内说"，克拉斯诺和佩培拉的"游戏四因素说"，加维的游戏行为"五特征说"，克罗伊斯的"游戏行为六特征说"，还有我国学者刘焱博士、邱学青教授等的研究，游戏的基本特征主要有以下几个方面。

1. 积极的情绪体验

快乐可以有多种来源，幼儿之所以喜欢游戏，乐此不疲，原因就是来自于游戏的愉快的情绪体验。无论是奔跑追逐类的体育游戏，还是安静的拼图、建构游戏，还有扮演角色和同伴交往的表演游戏、角色游戏，都能让幼儿感受到无限的乐趣。即使有点害怕但仍然第一次成功的买到了商品，当忐忑不安的和伙伴进行故事表演赢得同伴喜爱与认可时，内心的喜悦与成功感溢于言表。

2. 内在动机

幼儿不寻求或担忧游戏以外的奖惩。"玩即目的"，游戏性体验产生于游戏活动之内，而不在于游戏活动之外。幼儿游戏的动机是直接动机，"游戏的目的在自身的活动"，幼儿不是为了游戏以外的东西（不是为了得到老师的表扬或小红花）才去游戏，游戏过程本身就能使幼儿感到满足。

3. 自主性

新颁布的《规程》中指出，幼儿园应当根据幼儿的年龄特点指导游戏，鼓励和支持幼儿根据自身兴趣、需要和经验水平，自主选择游戏内容、游戏材料和伙伴。幼儿自主决定活动的方式方法，主动控制活动进程，根据自己的愿望与想法来确定主题，选择游戏材料，自主选择小伙伴，选择玩法，幼儿才能真正拥有自主权，自主性。

4. 真实与想象

想象游戏是幼儿特有的游戏，想象和虚构虽然是幼儿游戏的特点，但是儿童的游戏也从未脱离过"真实"。在游戏时，游戏者是"医生"，也不是"医生"；是"司机"，也不是"司机"；是"售货员"，也不是"售货员"；沙子是"米饭"，也不是"米饭"；树叶是"钱"，也不是钱；三角形积木是"蛋糕"，也不是"蛋糕"。游戏中幼儿在想象与真实中灵活地穿梭往来，用自己的方式解决内心的矛盾和冲突。

5. 重过程与轻结果

重过程、轻结果是游戏的突出特征，游戏的这种非功利性特征，是游戏与学习、工作的主要区别。游戏的过程是实现游戏的结果与目的。没有游戏的过程，就没有结果，幼儿在游戏中不是不追求结果，而是不追求游戏活动以外的结果（如小红花、表扬等，跟内部动机是一致的）。很多游戏有输赢的规则，如体育游戏"跳格子"，幼儿通过"石头剪刀布"猜拳的方式决出胜负，胜者跳两格，看谁最先到达终点。幼儿在游戏中会竭尽全力赢对方，跳更多的格子取得胜利，以显示自己的能力，赢者欢愉，输者沮丧，却仍然要玩，乐此不疲。

6. 规则与自由

自由常常被看作是游戏独特的品性。但是，"规则"从未解除过自己对游戏的约束。游戏的乐趣不在于无限扩张的自由之中，而在于有规则约束的自由之中。"病人"必须先去挂号才能去看病，"顾客"买东西要给钱，"爸爸妈妈"要带好自己的宝宝。游戏本身就是被规则化或仪式化了的动作。

二、游戏的分类

（一）游戏的分类方法

幼儿游戏的分类方法常常依从于研究者的研究目的。一般来说，游戏分类主要有以下两种方法。

1. 概念—演绎的分类方法

演绎的分类方法是一种以理论假设为先导的分类方法。例如，皮亚杰的研究和他的认知分类。

2. 观察—归纳的分类方法

归纳的分类方法是一种立足于自然观察，并以自然观察为基础的分类方法。例如，柏顿关于儿童游戏的观察及其游戏的社会性分类。

（二）幼儿游戏的分类

我们可以根据不同的需要来确定采用哪种分类方法，或者把两种方法结合起来使用。由于游戏被人们普遍认为是在发展过程中出现的现象，儿童的游戏反映儿童的发展水平和生活经验。因此，儿童发展的内容、游戏活动中占优势的心理成分、游戏内容与现实生活的关系、游戏活动的功能与对象等常常被用作游戏分类的依据，其中较典型的是以皮亚杰理论为代表的以认知发展为依据的分类。

1. 以认知发展为依据的游戏分类

以认知发展为依据的游戏分类主要以皮亚杰的理论为代表。皮亚杰根据游戏与认知发展的关系，把游戏分为练习性游戏、象征性游戏和规则游戏 3 种相互之间呈等级关系的游戏类型。

（1）练习性游戏。练习性游戏也称感知运动游戏或机能游戏。是儿童发展过程中最早出现的游戏形式，其基本功能是对新习得的但还不巩固的动作进行练习，其动因在于感觉和运动器官在活动过程中获得的快感。例如，婴儿偶然用手碰到了小床上方的一个会发出声响的玩具，他就会连续地用手去碰玩具让它再度发出声响。

（2）象征性游戏。象征性游戏与想象游戏、假装游戏或表演游戏在性质上是相似的。它的主要特征是"假装"，即幼儿对事物的某些方面作"想象的改造"，包括用一物代替另一物（如用三角形积木当蛋糕）；用某个动作代表真实的动作（如用双手半握状放在眼前作望远镜）；自己假装是别人或虚构的角色（如扮演医生、售货员）等。

（3）规则游戏。规则游戏是两个以上的游戏者在一起按照预先规定的规则进行的、具有竞争性质的游戏。例如，猫捉老鼠、打大麦、丢手绢等。规则游戏是儿童游戏的高级发展形式，具有代代相传的特点。

知识拓展

以自我发展为依据的分类

艾里克森（Erikson，1902 年）以自我发展的理论为依据对儿童的游戏进行分类。

1. 自我宇宙游戏

自我宇宙游戏是婴儿第一年的典型游戏。婴儿在游戏中的探索以自己的身体为中心，他们玩自己的手和脚，体验各种感知运动技能。

2. 微观宇宙游戏

从第二年开始，婴儿在游戏中的探索开始超越以自身为中心，逐渐学会用小型物体和玩具来游戏，表现对物体的掌握。

3. 宏观宇宙游戏

宏观宇宙游戏是幼儿 2 岁以后的典型游戏。在游戏中幼儿超越对自己身体，以及物—我关系的掌握，开始掌握人—我之间的社会关系。

2. 我国幼儿园游戏的分类

在我国幼儿园中，通常采用的分类方法是建立在长期幼儿教育实践和经验之上的一种习惯性模式，便于教师识别和组织。根据功能游戏的内隐或外显，把游戏分为创造性和规则性游戏两大类。根据游戏形式和内容的差异，两类游戏又分别分为 3 种，即创造性游戏分为角色游戏、结构游戏、表演游戏，而规则性游戏则分为智力游戏、体育游戏和音乐游戏。

三、游戏对幼儿发展的价值

《指南》指出要珍视幼儿生活和游戏的独特价值，游戏是促进幼儿学习与发展的重要途径。游戏是幼儿的天性，它伴随着幼儿的成长，可以说，没有游戏就没有幼儿的发展。游戏反映幼儿的发展，游戏巩固幼儿的发展，游戏促进幼儿的发展。

（一）游戏与幼儿的身体发展

幼儿期是一个人生命起步的萌芽期，生长发育十分迅速和旺盛，游戏则是让这一发展充满生机和可能的活动。幼儿在游戏中，身体的各器官和组织处于积极的活动状态，总是伴随着非常愉快的情绪，保证幼儿身体的健康，保证机体的正常发育。

《指南》中指出"动作发展"子领域的目标是具有一定的平衡能力，动作协调、灵敏；具有一定的力量和耐力。通过游戏能促进幼儿动作发展，提高幼儿机体的机能水平，促使幼儿的体质得到增强。例如，小班体育游戏"小兔跳彩圈"，在游戏中幼儿能根据游戏情节愉快自发地进行跳、走等动作的练习，正确的行走姿势有利于幼儿脊柱的正常发育；"小兔子"游戏角色的扮演让幼儿具有良好的感受和体验，形成安定、愉快的情绪；户外游戏享受的阳光、空气等提高了幼儿机体的适应能力。

（二）游戏与幼儿的认知发展

认知是认识过程及其心理品质的总称，包括感知觉、记忆、思维、想象、语言等方面，为幼儿提供了从不同方面来认识外部环境的途径。游戏给幼儿提供了直接感知、实际操作和亲身体验的机会与平台：通过角色扮演，使用和操作材料；通过对已有知识理解的更新、对生活经验的重组；通过与同伴沟通与交往，建立语言交流平台，促进幼儿智力、创造力和幼儿语言发展。

不同类型的游戏从不同角度促进幼儿的认知发展。例如，大班智力游戏"小探长"，在游戏中能注意观察并发现同伴着装的变化，发展幼儿的注意力、观察力、记忆力；大班智力游戏"去旅游"，乘客对检票员说："我乘××，从××到××去旅游"，尝试正确使用介词"从……到……"进行完整表达，发展幼儿的语言能力；中班建构游戏"机器人"，幼儿与同伴合作搭建机械人，发展幼儿的想象能力和创造能力。

（三）游戏与幼儿的社会性发展

《指南》指出，人际交往和社会适应是幼儿社会学习的主要内容，游戏是幼儿进行社会交往的主要形式，也是社会性发展的重要途径，为幼儿融入社会、适应群体，提供了大量的训练交往的机会。使幼儿逐步学会了认识自己和同伴，发起和维持与伙伴的交往、介入伙伴游戏，并能正确地处理自己和同伴之间的关系。

在大班智力游戏"猜领袖"中，同伴如果告诉"猜测者"谁是"领袖"，这位小朋友就要停玩一次游戏，幼儿在停玩一次后学会了遵守规则，不再犯规，继续融入群体和伙伴愉快游戏；"猜测者"如果猜出了"领袖"，则"领袖"要表演节目，有的"领袖"则会跟同伴协商，"我敬个礼可以吗？"

（四）游戏与幼儿情感发展

《规程》指出，幼儿园应当根据幼儿的年龄特点指导游戏，鼓励和支持幼儿根据自身兴趣、需要和经验水平，自主选择游戏内容、游戏材料和伙伴，使幼儿在游戏过程中获得积极的情绪情感，促进幼儿能力和个性的全面发展。游戏是一种积极的情感交往方式，有利于各种情感类型的产生，游戏活动常常伴有丰富的情绪情感体验，不仅给幼儿带来充满情趣的快乐，而且能够丰富、深化幼儿的情感，有助于幼儿表现积极的情绪情感、宣泄消极的情绪情感，从而促进幼儿情绪情感的发展。

例如，角色游戏"医院"，玩打针的情节，可以再现"痛苦"的体验，获得战胜恐惧的愉快，通过游戏转换角色，扮演"护士"给别人打针，宣泄了对护士及打针的恐惧。

第二节 幼儿园游戏活动的设计

一、幼儿园游戏活动设计的一般策略

幼儿园游戏活动的设计是实施幼儿园游戏活动的前提条件，它是依据一定的教育目标、选择合适的游戏内容，在一定的时空内对幼儿施加教育影响的方案。每个游戏活动的具体设计包括活动目标、活动准备、活动过程。

（一）游戏活动设计类型

游戏活动的设计相对可分为前期设计、临时设计、反思设计3种。教师开展游戏活动，既需要在开展游戏活动之前进行前期设计，也可以在游戏开展过程中，根据游戏活动的情况进行灵活调整原有的设计，还可以在游戏活动结束后，对活动进行反思与修改，找出亮点与不足，重新设计。

（二）游戏活动设计原则

1. 自主性原则

自主性原则是指幼儿在游戏中是自由、自主、自愿的。《规程》指出鼓励和支持幼儿自主选择游戏内容、游戏材料和伙伴。游戏活动幼儿能自由选择游戏内容、自行决定游戏形式，自主选择活动伙伴，游戏活动设计时就要体现这一原则。游戏活动提供给幼儿自主、自愿、自选的机会与权力，让幼儿在游戏中快乐与自主的玩耍。

2. 发展性原则

发展性原则是指设计游戏活动时应考虑幼儿的现有水平及"最近发展区"，通过游戏，使每个幼儿得到最大限度的发展。

3. 趣味性原则

趣味性原则是指设计游戏活动时要让游戏具有愉悦性，让幼儿喜欢游戏，在游戏中体验快乐，感受快乐，对游戏充满兴趣与期待。

4. 综合性原则

综合性原则是指在设计游戏活动时，要考虑游戏和其他领域的整合，发挥综合效能，从而促进幼儿的全面发展。

（三）游戏活动设计步骤

1. 确定游戏活动目标

不同类型的游戏活动有不同的目标，目标的制定要具体、明确，有指向性，突出重点，切实可行，主语一致。

2. 确定游戏活动的准备需要

游戏活动的准备包括幼儿游戏经验的准备和道具、场地、材料的准备。

3. 设计游戏活动过程

游戏活动过程设计包括分析游戏内容、确定游戏组织形式、选择游戏方法与途径。具体分为 4 个步骤：游戏活动导入；游戏玩法与规则的了解；幼儿自主游戏；游戏活动评价与游戏场地收拾整理。

二、角色游戏的设计

（一）角色游戏概念

角色游戏是指幼儿"以模仿和想象，通过扮演角色创造性地反映周围生活的游戏"。苏联心理学家艾里康宁对角色游戏的解释：学前儿童的角色游戏是"一种发展了的活动形式，儿童在这种活动中充当成人的角色（职能），并在专门设置的游戏条件下概括地再现成人的活动和他们之间的关系。"角色游戏的基本要素包括主题、角色、环境、情节、规则。角色、材料和环境、情节、规则等要素都围绕着"主题"组织起来而构成角色游戏的基本框架。

（二）角色游戏的设计方法

1. 游戏目标的设计

幼儿的游戏水平具有年龄差异，在角色游戏中，小班幼儿以模仿为主，中、大班幼儿则以创造为主，在游戏活动目标设计时，要根据各年龄段幼儿的特点、游戏关键经验设计游戏目标。角色游戏各年龄段关键经验如表 5-1 所示。

表 5-1　角色游戏各年龄段关键经验

关键经验	小　班	中　班	大　班
游戏态度	逐渐对角色游戏感兴趣，游戏中情绪愉快	喜欢参与角色游戏，乐意扮演角色和同伴游戏	情绪愉快，精神饱满地参与角色游戏，对游戏始终兴趣浓厚
游戏主题	能提出自己个人的游戏目的，不能提出共同活动目的，在教师引导下，和老师共同确定游戏主题	能独立提出自己的个人游戏目的，大部分幼儿能提出共同活动目的。能共同协商确定游戏主题	能够提出共同游戏的目的，能分组或独立设计游戏主题，并能通过不同投票方式确定一个共同的游戏主题
角色扮演技能	单一动作的象征，机能性角色扮演	多重角色的象征，社会性角色扮演（互补性角色），3 个角色的社会性角色扮演	社会关系系统的象征，双重社会性角色扮演，三重社会性角色扮演

关键经验	小 班	中 班	大 班
环境与材料	能在教师的指导下参与角色区域材料的摆放，能尝试以物代物，一物多用	能和同伴一起进行初步的环境创设，摆放材料。能为游戏选择替代玩具，自制简单玩具	能自主地和同伴进行角色游戏环境创设，有目的地选用和替代游戏玩具，根据游戏需要自制玩具
交流和交往	实际性交往，摆弄物体和玩具的活动。独自、平行游戏较多，愿意和同伴一起游戏，体验与同伴共同游戏的兴趣	活动性交往，角色交往和真实的同伴交往。联合游戏较多，初步学会协商、轮流、合作，初步学会解决游戏中遇到的简单问题	活动性交往，角色交往和真实的同伴交往，合作游戏较多，学会协商分配角色，积极交往，友好合作，会自己解决游戏中的问题和纠纷
规则与习惯	在教师的提醒下，能遵守游戏规则，知道游戏的玩法，游戏结束时能和教师一起收拾玩具	知道游戏的玩法，能遵守游戏规则，爱惜玩具，和同伴友好玩游戏，游戏结束后归类整理玩具	能自行设计游戏玩法与规则，征得同伴同意。能共同遵守游戏规则，协商解决问题，游戏结束后能有条理地归类摆放玩具和整理游戏场地

2. 游戏主题的设计

角色游戏的主题设计，分为预设与生成两种。"主题"是角色游戏的一个重要特点，主题决定着角色游戏的"社会性"。预设角色游戏主题，角色游戏的主题来自于幼儿的现实生活经验，也得益于幼儿园本课程的学习与获得。例如，根据中班"美丽的家乡"主题活动预设角色游戏主题"家乡特色小吃店""家乡小导游"等。生成角色游戏主题，既可以根据幼儿学习中的经验让幼儿自己生成角色游戏主题，也可以让幼儿根据已有经验自我设计主题。

3. 游戏角色的设计

不同角色游戏主题决定了不用的角色。例如，"医院"游戏中的角色是"医生、病人、护士等"；"超市"游戏中的角色是"服务员、顾客、收银员等"。角色的设定方式分为教师预设和幼儿自我设定，小班幼儿可以由教师预设，中、大班幼儿可以自己讨论协商设定。根据游戏情节的发展与变化，可以不断增加及调整，以满足幼儿的需求。例如，大班角色游戏"超市"幼儿设定的角色和人数，如表5-2所示。

表5-2 大班角色游戏"超市"幼儿设定的角色和人数

角色	银行人员	加工厂	保安	保洁员	收银员	售货员	顾客
人数	2	7	2	2	4	10	8

4. 游戏环境的设计

蒙台梭利主张，让儿童在适宜的环境中从事愉快的活动。陈鹤琴先生说："用孩子的双手和思想创设环境，会让他们更加深刻理解环境中的事物，也使他们更加爱护环境。"空间和游戏材料是开展角色游戏必不可少的条件，且空间的大小、材料的丰富与质量等决定角色游戏的质量。设计时，中、大班幼儿可自选伙伴搭建游戏场地，自主设计并制作游戏材料；小班幼儿则可和教师共同布置场地。

（1）给予开放空间，幼儿自主搭建游戏场地。室内、走廊、室外、寝室都是幼儿游戏的场地。教师应允许并鼓励幼儿根据游戏主题自选游戏材料、自选伙伴完成游戏场地的搭建。例如，大班主题角色游戏"四季服装店"，幼儿自选材料、自选伙伴进行加工区、设计区、展示区、售卖区等游戏场地的搭建及布置，他们可以在教室或走廊设置各游戏场地，场地的大小自我决定，搭建的材料自我做主，场地的招牌自行设计。

（2）根据游戏主题，幼儿自主选择游戏材料，即教师允许并鼓励幼儿根据游戏主题和各游戏场地的不同，自行选择游戏材料开展游戏。幼儿可以自选班级已投放的丰富的成品材料，也可以选择半成品材料自制。例如，中班主题角色游戏"家乡特色小吃"店里的各种面条和米粉，幼儿可以选择成品材料，也可以到工具区选择白纸、毛线和剪刀，自己剪或撕米粉、面条等。丰富的材料来源于班级教师、家长和幼儿的共同准备，可收集、自制或购买。材料的投放既要考虑适宜性和低成本，还要考虑安全、卫生和美观。

5. 游戏过程的设计

角色游戏的过程设计一般包括以下 3 个步骤。

（1）游戏导入。根据不同的游戏主题设计不同的导入方式，重在激发幼儿游戏的兴趣，调动幼儿的已有经验。

（2）游戏展开。提供开放的游戏场地及丰富的材料，供幼儿自主选择材料，自主布置场地，自愿选择角色开展游戏。教师注意巡回观察，做好记录，给予适宜的指导。

（3）游戏结束。采用适宜的评价方式（如自评、幼幼评价、师幼评价等）及收拾整理的方法（如将材料分门别类有序摆放），结束游戏。

三、表演游戏的设计

（一）表演游戏的概念

表演游戏是按照童话、故事中角色情节和语言，进行创造性表演的游戏。表演游戏是幼儿自娱自乐、无须观众、目的在于自身、非常好玩的一种游戏活动，包含有自身表演（小舞台表演）、桌面表演、影子戏（手影、皮影）、木偶戏（布袋木偶、手指木偶、杖头木偶、提线木偶、人偶表演）4 种不同的类型。其特点为，是游戏而不是表演；兼具"游戏性"与"表演性"；是一种创造性的自娱活动；需要教师指导。

（二）表演游戏的设计

1. 表演游戏目标的设计

幼儿的游戏水平具有年龄差异，在表演游戏中，游戏活动的目标设计要根据各年龄段幼儿的特点、表演游戏关键经验等进行设计，如表 5-3 所示。

表5-3 各年龄段表演游戏关键经验

关键经验	小 班	中 班	大 班
表演体验与游戏态度	对表演游戏及扮演角色感兴趣	对表演游戏感兴趣，乐意与同伴共同游戏，感受合作表演的快乐与乐趣，初步养成自信、大方等个性品质	主动和同伴进行表演游戏，主动表现、展示自己，自信、大方地进行表演，感受游戏的快乐、自由、自主、自信的愉快情绪
游戏主题	能提出自己个人的游戏目的，不能提出共同活动目的，在教师引导下，和教师在熟悉的文学作品中确定共同的游戏主题	能独立提出自己的个人游戏目的，大部分幼儿能提出共同活动的目的。能共同协商从熟悉的文学作品中确定共同的游戏主题	能够提出共同游戏的目的，能从熟悉的文学作品中确定共同的游戏主题
角色扮演	在教师帮助下自选角色，没有角色更换意识	能独立进行角色分配，角色扮演意识较强，角色更换意识不强	能自主协商扮演角色，角色扮演意识较强，能自主更换角色
环境及材料	能和教师一起进行简单的表演舞台的布置，摆放表演材料	能自主进行舞台及背景图纸设计，简单进行表演舞台搭建，表演背景装饰，初步进行简单的表演人物自制	能和同伴一起协商进行表演舞台和背景的设计，并根据设计图纸进行舞台搭建，表演背景装饰，表演人物制作
作品理解与感受	熟悉作品的大致内容及感兴趣的对话	初步理解文学作品的中心思想、主要情节、角色特征。喜欢重复的对话环节	对文学作品有较深的理解和浓厚的兴趣，用积极的态度对作品内容、角色特点进行讨论、分析和比较。喜欢文学作品中的角色、人物及对话
表演技能与创造性表现	模仿角色进行表演，具有初步的目的性角色行为。在教师的引导下，模仿简单的角色语言、动作和表情，进行表现。能用简单的头饰、纱巾等表现自我经验	从目的性角色行为向嬉戏性角色行为发展。一般性表现为主，以动作为主要手段。幼儿以动作作为角色表现的手段，很少运用语言、表情等来表现角色	从一般性表现向生动性表现发展，从嬉戏性角色行为向更高水平的目的性角色行为逐步发展。具有一定的表现技能，能根据自己的理解塑造角色，调整对白与动作，灵活运用语言、动作和表情再现故事内容
规则与交往	能与同伴友好玩游戏，在教师引导下进行初步合作表演。能遵守简单的游戏规则	能遵守游戏的规则，从自主布置到角色扮演到自主表演游戏要经过一段无所事事或嬉戏打闹的时间，才能渐渐进入游戏的计划、协商阶段。有时因为道具与材料会忘记游戏的目的	根据游戏的规则、情节、出场顺序进行协商，进入游戏之后，同伴交往的主要内容集中在动作和对白方面，整个游戏过程呈现出计划，协商，制作，合作表现，发现问题，再计划到协商的过程

2. 表演游戏内容的设计

表演游戏具有一定的结构性，这种结构性来自于"故事"为游戏提供的框架，也来自于教师的指导。表演游戏的内容设计，可根据幼儿园班级主题教学内容中熟悉的故事、儿歌等文学作品，遵循幼儿意愿，自主选定。需要注意的是，不是每一个文学作品都适合开展表演游戏，要选择适合表演的作品。例如，作品有健康活泼的思想内容，并具有表演性；有起伏的情节，较多的人物（或动物），较多的对话等。

3. 表演游戏形式的设计

如前所述，表演游戏一般有 4 种类型，游戏的表演形式在前期设计时可预设 3~4 种，在游戏时幼儿可根据自己的意愿，自由选择自己喜欢的表演形式开展游戏。

4. 表演游戏环境与材料的设计

表演游戏在场地设置、舞台装扮、人物设计上，要根据幼儿的意愿让幼儿自主选择不同地点作为游戏场地；允许并鼓励幼儿自由和小伙伴一起设计图纸，共同协商选用材料进行装扮；允许并鼓励幼儿根据作品人物进行自我绘画、制作，给予幼儿自我创作的机会，激发幼儿由内而外的兴趣，对表演游戏充满期待。

5. 表演游戏过程的设计

（1）游戏导入。表演游戏的导入可以提问的方式组织幼儿讨论，帮助幼儿理解作品的情节、角色及主体倾向，帮助幼儿了解角色的动作、表情、声音等特征。

（2）游戏展开。游戏的展开尊重幼儿的意愿，允许并鼓励幼儿自选"工作人员"与"演员"的角色开展游戏，教师作为观察者与支持者，以不同的策略推进游戏的发展。

（3）游戏评价与结束。表演游戏的评价直接影响游戏水平的高低，教师在评价中的作用是组织者、发问者。在设计评价环节时，要设计评价的组织方式和评价的引导语，以引发幼儿的讨论与思考，从而发现游戏过程中的亮点与问题，商讨问题的解决策略，推动幼儿游戏水平的逐步提高。

四、建构游戏的设计

（一）建构游戏的概念

建构游戏又称结构游戏、建筑游戏，是幼儿使用各种结构材料，如积木、积塑、沙石、泥、雪、金属材料等，通过想象构造物体形象的游戏。从材料上看，是一种素材玩具游戏；从行为上看，是一种构造游戏；从认知上看，是一种空间知觉和象征能力的体现。建构游戏从不同的维度有不同的分类，如从建构造型上分，有单一建构物建构与组合建构物建构；从建构游戏的创造程度上分，则有自由建构、模拟建构和主题建构。

（二）建构游戏的设计

1. 建构游戏目标的设计

幼儿的游戏水平具有年龄差异，在建构游戏中，游戏活动目标设计，要根据各年龄段幼儿的特点、建构游戏关键经验等进行设计，如表5–4所示。

表5-4 各年龄段建构游戏关键经验

关键经验	小 班	中 班	大 班
游戏态度	喜欢建构游戏，能独立进行建构游戏，表现出愉快的情绪	喜欢参与建构游戏，能坚持完成建构任务	情绪愉快，精神饱满地参与建构游戏，对游戏始终兴趣浓厚
游戏主题	能提出自己个人的游戏目的，不能提出共同游戏目的，在教师引导下，和教师共同确定游戏主题	能独立提出自己的个人游戏目的，大部分幼儿能提出共同游戏目的。能共同协商确定游戏主题	能够提出共同游戏的目的，能分组或独立设计游戏主题，并能通过不同投票方式确定一个共同的游戏主题
游戏技能	初步认识各种形状的积木；了解各种拼插玩具的名称；能用各种废旧物品进行搭建；学会简单的堆叠、平铺、垒高、围封技能，雪花片及积塑的一字插、十字插等初步插法	学会基本建构技能（架空、组合、对称、按规律排序等）；学习使用辅助材料，增强其造型的表现性；尝试小型拼插玩具，掌握花型插、圆形插等插法。能用各种废旧物品进行建构，学会用工具材料进行建构成品的装饰	能恰当地选择不用的建构材料拼搭；能熟练地运用各种建构技能（如插接、排列、组合、旋转等）进行综合搭建。雪花片及积塑掌握立体插、组合插等插法。有一定的创新意识，能根据经验进行想象搭建；能和同伴协商设计建构图纸。会看平面图，能把平面图像变成立体搭建物
交往与合作	独自与平行游戏为主，在游戏中能运用一定的语言进行交流；能简单介绍自己作品的名称，与同伴分享搭建的乐趣	能与同伴进行初步的主题设计，协商共同搭建同一主题的作品；能用较为简单的语言介绍自己的作品，大胆与同伴交流想法；能理解、欣赏他人的作品	能友好协商搭建主题和建构方案，大家分工合作，完成搭建作品。能较完整地讲述活动的过程和主题内容，在合作中既能张扬个性，又能尊重别人的意见，有合作的态度；喜欢挑战，富有想象力
规则与整理	有序取放建构材料，游戏完成后能物归原处；进入活动区，把鞋子摆放在固定位置；不敲打积木、不把积木扔来扔去；在游戏中不争抢、不打闹	能自主有序进行材料取放，游戏认真且坚持地将拼搭作品完成；收玩具方法正确，能按类摆放整齐，知道小心行走，不破坏别人的建构物。建构完后进行材料收集、摆放、整理	自主分工有序取放材料，取放过程中知道使用搬运工具，轻拿轻放。能分工协作、动作迅速地将玩具和辅助材料分类摆放整齐；能按需取用材料，随时清理现场，有一定的安全意识。建构完后进行材料收集、摆放、整理

2.建构游戏内容的设计

建构游戏内容根据幼儿生活经验和主题教学内容，分为预设和生成两种。一种是预设建构游戏内容，如根据中班主题教学内容"美丽的春天"，预设建构主题"春天的公园"；另一种是在幼儿学习或建构游戏中遇到问题引发的新的建构主题。

3.建构游戏图纸的设计

建构主题确定后，幼儿要搭建什么，在什么地方搭建，用什么搭，教师要允许并鼓励中、大班幼儿自己或与同伴一起设计建构图纸，大胆进行建构主题的规划和材料的计划。

4.建构游戏材料与场地的设计

提供开放的建构游戏场地，引导幼儿自主进行场地规划与布置；材料分门别类摆放，如积木类、积塑类、辅助材料类、自然材料类、工具材料类等，供幼儿根据需要自主选择。材料摆放要便于幼儿取放，避免拥挤。

5.建构游戏过程的设计

（1）游戏导入。以谈话或引导幼儿欣赏建筑物等方式导入活动，引发幼儿对建构主题、建构方法的关注与讨论，丰富游戏经验的同时，也为游戏开展打基础、做铺垫。

（2）游戏展开。允许并鼓励幼儿自主选择建构任务，自主进行人员分工，明确各自的职责，合作完成主题建构。教师巡回观察，了解、记录幼儿的游戏过程，根据游戏情况及时采用适宜的策略介入，推动游戏的开展。

（3）游戏评价与结束。用录像及摄像等方式保留建构作品；采用幼儿自评、师幼、幼幼互评等方式进行游戏过程与结果评价；引导幼儿自主将材料分门别类、有序摆放，结束游戏。

五、规则游戏的设计

（一）规则游戏的概念

规则游戏是教育者根据教育目标和幼儿身心发展特点有组织、有计划创编的，以规则为中心的游戏。规则游戏中的规则具有"约定"的性质，既可以来自于参与游戏的儿童自己的"约定"，也可以来自成人或年长儿童的"传递"。

规则游戏一般分为体育游戏、音乐游戏、智力游戏3种。规则游戏中，儿童规则行为的发展分为4个阶段：第一阶段是以动作为中心的玩物阶段；第二阶段是以自我为中心的游戏阶段；第三阶段是初步的合作阶段；第四阶段是规则协调阶段。儿童规则意识发展则分为"动即快乐"阶段、规则"神圣不可侵犯"阶段、"可以改变"的规则阶段。规则游戏具有规则性、竞争性、文化传承性等特点。

（二）体育游戏的设计

1.体育游戏的概念

体育游戏也称活动性游戏或运动游戏。它是根据一定的体育任务设计，由身体基本动作、情节、角色和规则组成的一种活动性游戏，是幼儿体育活动的一种主要形式。幼儿的

体育游戏不同于表演游戏、结构游戏和角色游戏，它由各种基本的动作组成，有严格的规则，有明确的结果，是以发展幼儿身心为目的的一种锻炼活动。

常见的体育游戏包括以基本动作为主的游戏，如走、跑、跳、投、平衡、钻爬等；以体育器械为主的游戏，如玩圈、玩飞碟、玩球、玩竹、玩轮胎、玩滑板等；以自然物为主的游戏，如玩石头、玩沙、玩水等；传统的民间体育游戏，如"猫捉老鼠几更天""老鹰捉小鸡"等。

2. 体育游戏的设计

体育游戏的设计项目及具体内容，如表5-5所示。

表5-5　体育游戏的设计项目及具体内容

设计项目	具体内容
游戏时间的设计	（1）热身运动（开始部分），一般占总时间的10%~20%。 （2）游戏过程（基本部分），一般占总时间的70%~80%。 （3）放松运动、整理、评价（结束部分），一般占总时间的10%~20%
游戏场地及材料的设计	根据游戏内容进行游戏场地的规划设计，提前进行布置与规划；准备好游戏材料，满足每位幼儿游戏的需要
热身运动的设计	热身运动又称准备运动，设计时要具有科学性、针对性及趣味性，符合人体生理机能"上升—平稳—下降"的变化规律
游戏过程的设计	玩游戏是实现目标也是规则养成的过程。 1. 玩法与规则的设计 （1）启动信号的设计。 ①发令法：声音信号，可以是语言、口哨等； ②动作信号：做手势、挥动小旗等； ③问答法：一问一答，如"猫捉老鼠几更天"； ④儿歌法：游戏者一起念儿歌，儿歌结束就是启动信号； ⑤猜拳法：通过猜拳决定角色，如"石头、剪刀、布"，猜拳结束的结果即是启动信号； ⑥乐曲法：以某种音乐的出现、停止或变调作为游戏者开始或变化活动内容的启动信号。 （2）玩法与规则讲解方式的设计。 小、中班：先用语言讲述，然后请幼儿尝试，也可请教师示范。 大班：尽量用语言讲述游戏的玩法及规则，在玩的过程中进一步熟悉玩法与规则。 2. 游戏过程的设计 （1）师幼一起玩，让幼儿基本熟悉玩法与规则。 （2）教师半退出，让幼儿进一步熟悉玩法与规则。 （3）幼儿自主游戏，教师巡回观察，了解幼儿的游戏情况
放松、整理、评价	有针对性地设计放松运动；运用幼儿自评、幼幼、师幼互评等方式进行游戏评价；收拾材料和场地，结束游戏

（三）智力游戏的设计

1.智力游戏的概念

智力游戏是根据一定的智育任务而设计、编定的一种有规则的游戏。它以生动、新颖、有趣的游戏形式，使幼儿在轻松愉快的活动中完成增进认知、发展智力的任务，是帮助幼儿认识事物、发展智力的一种十分有效的手段。

根据所使用的材料，智力游戏可分为利用专门的玩具、教具开展的游戏，如积木、套碗等；利用图片进行的游戏，如棋类、纸牌等；利用语言进行的游戏等。根据游戏的任务，则可分为训练感官的游戏；发挥想象、锻炼思维、记忆的游戏；发展语言、数学能力的游戏等。

不同年龄段幼儿智力游戏有不同的特点。例如，小班智力游戏任务侧重感知能力发展；中班智力游戏任务侧重思维能力、观察能力和想象能力的发展，增加了竞赛因素；大班智力游戏任务侧重思维能力、智力品质和创造力的发展，竞赛性强。

2.智力游戏的设计

智力游戏的设计项目及具体内容，如表5-6所示。

表5-6　智力游戏的设计项目及具体内容

设计项目	具体内容
游戏导入的设计	设计与游戏内容相关联的活动，运用不同的形式和方法激发幼儿对游戏的兴趣，帮助幼儿初步感知游戏内容，为后面的游戏做铺垫。例如，大班智力游戏"猜领袖"，导入活动时玩"请你跟我这样做"的游戏，为游戏"猜领袖"时做动作铺垫
游戏组织的设计	（1）适时在智力游戏的玩法中整合其他领域，让游戏更有趣，多元化。例如，在玩中加入音乐、儿歌等。 （2）游戏的难度设计要层层递进，逐步增加。 ①师幼一起玩，让幼儿基本熟悉玩法与规则。 ②教师半退出，让幼儿进一步熟悉玩法与规则。 ③幼儿自主游戏，教师巡回观察，了解幼儿的游戏情况。 每玩一次的目的与策略梳理要明晰，注意引导幼儿自己发现并解决问题，既促进幼儿智力的发展，也让游戏充满挑战与乐趣
游戏评价、结束的设计	运用幼儿自评、幼幼、师幼互评等方式进行游戏评价；收拾材料和场地，引发幼儿对下次游戏的期待

（四）音乐游戏的设计

1.音乐游戏的概念

音乐游戏是幼儿在音乐伴奏或歌曲伴唱下进行的游戏，它把音乐和动作有机地结合在一起，在游戏中发展幼儿的音乐感知能力和随乐动作能力。音乐游戏有听辨游戏、节奏游戏、肢体动作游戏等几种类型，具有音乐性、动作性、情境性、游戏性等特点。

2.音乐游戏的设计

音乐游戏的设计项目及具体内容，如表5-7所示。

表 5-7　音乐游戏的设计项目及具体内容

设计项目	具体内容
游戏导入的设计	1. 音乐导入 歌曲伴奏：复习歌曲，巩固熟悉歌曲。 乐曲伴奏：复习乐曲，了解乐曲曲式结构及风格。 节奏表现：熟悉各种拍子及旋律的节奏型，做律动，走节奏进场。 2. 谈话导入 如音乐游戏"萤火虫和猪笼草"：你认识萤火虫吗？看过猪笼草吗？ 3. 故事情境导入 如音乐游戏"传帽"，讲述猴子扔帽子的故事引起幼儿兴趣。 4. 游戏导入 如音乐游戏"库企企"，以开火车的游戏导入
游戏组织的设计	1. 玩法与规则的设计 音乐游戏玩法与规则的设计重在每一次的游戏中让幼儿随乐表现，发展音乐感知能力和动作的随乐性。每玩一次音乐游戏，要启发幼儿自己发现随乐动作中出现的问题，并尝试解决。 2. 游戏过程的设计 （1）师幼一起玩，让幼儿基本熟悉玩法与规则。 （2）教师半退出，让幼儿进一步熟悉玩法与规则。 （3）幼儿自主游戏，教师巡回观察，了解幼儿的游戏情况
游戏评价、结束的设计	运用幼儿自评、幼幼、师幼互评等方式进行游戏评价；收拾材料和场地，引发幼儿对下次游戏的期待

第三节　幼儿园游戏活动的指导

　　游戏类型不同，基本特点不一，指导策略也有不同。因此，本节分角色游戏、表演游戏、建构游戏、规则游戏阐释其不同的指导策略。

一、角色游戏的指导

　　幼儿角色游戏能力的发展是一个以幼儿的"问题"为中心，在教师与幼儿、幼儿与幼儿、幼儿与环境之间的相互过程中不断丰富、不断改进、不断发展的动态过程。角色游戏的指导宜从确定主题、环境布置、扮演角色、自主游戏、相互评价5个环节展开。

　　（一）鼓励幼儿按照自己的想法确定游戏主题，设计主题名称及主题内容

　　游戏是自由、自主、自愿的，是幼儿内在需要而非外力强加的。只有幼儿自己的游戏，才是真游戏，才能真正全身心投入。游戏主题要体现幼儿的设计、幼儿的思想、幼儿的操作、幼儿的需求，关键在于教师要鼓励和支持幼儿根据自己的经验、兴趣和需求，自由选择游戏主题，合作协商设计主题名称及主题内容，发挥幼儿自身的主动性、积极性和创造力。

真正的自主游戏，不是教师高控下的游戏，教师要给予幼儿表达自己思想的机会，聆听并接纳幼儿的想法，通过讨论、建议、启发等方式支持幼儿的行为，具有幼儿自己思想的游戏才是幼儿真正想要玩的游戏。

案例 5-1

在主题教学活动"我生活的周围"的谈话中，一个幼儿说"我去过悠移山庄（本市区一个休闲山庄），可以骑马、种树、玩玩具，可好玩了！"好玩的山庄立刻引起幼儿的兴趣，他们决定玩"好玩山庄"的角色游戏，教师同意并建议幼儿自选伙伴设计"好玩山庄"的名字及内容。幼儿共取了 7 个名字：熊山庄、快乐山庄、坦克山庄、公主山庄等。每组幼儿还为每个山庄设置了游戏内容，如坦克山庄设置了牛仔水上乐园、坦克大军、糖果机、蝴蝶烧烤、快乐钓鱼 5 个游戏场所。7 个山庄，玩哪个山庄呢？幼儿决定用排队的方式（图 5-1），确定一个共同的游戏主题（哪个山庄排队的人数最多，即为大家一起玩的山庄）。结果，坦克山庄排了 14 个人（图 5-2），以人数最多获得通过。

图 5-1　幼儿用排队的方式投票选择

图 5-2　幼儿自己设计的图纸

（二）支持幼儿根据游戏内容计划材料，合作进行环境创设

游戏空间和材料是幼儿玩游戏的支架，教师要鼓励幼儿根据自己的设计自主完成环境布置。第一，引导幼儿明确游戏场地的布局；第二，做出搭建游戏空间所需材料的计划，并用图画的方式表征需要的材料，如搭建"坦克山庄"需要什么材料；第三，幼儿自选伙伴，选取计划用的材料合作搭建游戏场地；第四，准备与自制每个场所需要的游戏材料，

如"快乐钓鱼"中的鱼、吊杆、椅子、鱼桶等。

（三）引导幼儿自主确定、自主分配、自主扮演角色

1.自主确定游戏角色及角色数量

每个游戏场所角色有哪些，数量是多少，由幼儿自己设计。教师要引导幼儿用图表的方式进行记录，让每位幼儿都知道有哪些角色，每个角色需要多少人。角色的确定会随着游戏的发展不断丰富及修改。

2.自主选择并扮演角色

角色扮演是最吸引幼儿参与角色游戏的原因之一，他们非常关注自己扮演什么角色，而不善于分配角色，常常会出现有的角色没人扮演、有的角色多人抢着扮演等问题。如何解决这些问题呢？教师可引导幼儿用推选、轮流等方式，用"石头、剪刀、布""点兵点将""黑白侧"等游戏方式，帮助幼儿逐步学会自己解决问题，顺利开展游戏，提高游戏水平。

案例 5-2

大班角色游戏"坦克山庄"角色分配表（图5-3）。

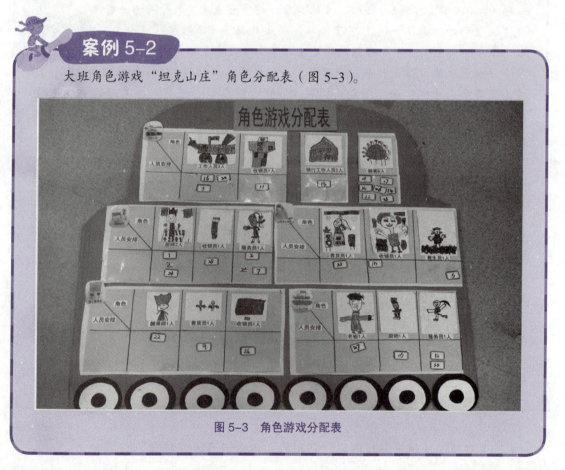

图5-3　角色游戏分配表

（四）幼儿自主游戏，教师观察指导

经历自主确定游戏主题和相关内容，自主创设游戏环境和准备游戏材料，自主确定、分配扮演的角色后，幼儿会很快进入角色，主动交往，和伙伴一起游戏。例如，在大班角

色游戏"家乡小吃店里"中，顾客可以自己决定先吃什么、再吃什么，或者到每个小吃店看看、逛逛、凑凑热闹后，再决定干什么。在"医院体检中心"活动中，顾客拿着体检表自主选择体检项目及顺序，自主按"先来后到"规则排队。

在游戏中，教师的主要任务是观察指导，而不是放任自流，袖手旁观。教师要观察游戏开始时的角色选择与扮演情况，游戏进行中幼儿的游戏行为、交往能力、和游戏水平，记录幼儿遇到的问题及其解决过程，监控有可能出现的安全隐患行为，用不同方式介入游戏，推动游戏的发展。

1. 游戏内容贫乏或幼儿无所事事时的介入

当幼儿对新出现的玩具材料不感兴趣、不会玩、不喜欢玩或只喜欢玩某一类游戏时，教师可在幼儿的附近，用与幼儿相同的或不同的材料玩游戏，目的在于引导幼儿模仿，对幼儿进行暗示性指导。

案例 5-3

米粉店餐桌上摆放了一些调料瓶，但没有一个孩子使用。教师观察到这一情况后，以顾客的身份买了一碗米粉坐到餐桌前，边拿调料边说："呀！我的米粉里加点醋，再加点剁辣椒，哇，味道刚刚好！"老师的游戏吸引了同桌的孩子，他们也模仿老师，开始在自己的米粉里加不同的调料。

2. 遇到困难或发生冲突，自身难以解决时的介入

游戏中的冲突在所难免，此时，教师可以角色身份介入，先了解情况，再根据情况给予相应的支持，可以是协商讨论，也可以是可行性建议。

案例 5-4

在"芦淞服装城"游戏中，"顾客"到"饰品店"买了一条手链，付了钱后星星发现手链断了，于是他决定不要了，并且要求"服务员"将钱退还给他，可服务员不同意，发生了争执。这时教师以"经理"身份进入"饰品店"，先询问他们发生了什么事情，了解情况后，问"工作人员"，饰品坏了能修好吗？再问"顾客"，修好了你还要吗？引导幼儿与顾客相互协商，物品坏了可以维修、换货、退货等。

3. 对幼儿的游戏行为不太理解时的介入

在游戏中，幼儿行事处事会有自己的逻辑，此时，教师不要武断地凭自己的经验下结论，而应想办法了解孩子行为背后的原因，再确定是否介入。

案例 5-5

　　小班"娃娃家"游戏中新开了一家"理发店"，生意可好了，可是有个"妈妈"带着"宝宝"理发，"理发师"却说"不剪"，"妈妈"抱着"宝宝"失望地离开了。站在一边的教师很不理解，左思右想后决定还是问问"理发师"本人，为什么不给刚才的"娃娃"剪头发？没想到"理发师"说"宝宝是光头，没头发，不能剪。"

4. 幼儿游戏水平及经验缺失时的介入

　　游戏的推进，会受幼儿游戏水平与经验的制约，当出现这种情况时，教师可针对出现的问题，以平等的身份与幼儿展开及时的对话，引导幼儿自己探寻问题的解决策略，从而提升游戏经验。

案例 5-6

　　在中班"家乡特色小吃街"主题角色游戏中，一名幼儿第一次在"自动取款机"旁当"保安"，站了一会，就离开岗位到"米粉店"吃东西了。老师问他"保安同志，你怎么离开岗位了呢？"，"保安"回答："我肚子饿了！"教师问："可取款机那边没人管理怎么办呢？""保安"说："不知道！"教师再问："当你有事时用什么办法让岗位不缺人呢？""保安"说："请别人来！"及时且步步深入的对话，让幼儿在不知不觉中增长了游戏经验。

（五）相互评价，收拾整理

1. 让游戏结束成为游戏期待的开始

　　游戏结束时幼儿轻松愉悦的心情，意犹未尽的感觉，是向往下次游戏的开始。如何让幼儿对下次游戏充满期待，教师在游戏结束环节的指导重点是：时间恰当，在幼儿游戏意犹未尽时结束游戏；提醒适时，在游戏时间快到时提前告知幼儿，让幼儿有所准备；方式适宜，用游戏的方式结束游戏，如商场下班了，饭店关门了等。

2. 让收拾整理成为习惯养成的途径

　　让收拾材料、整理场地成为游戏的必要环节，也成为幼儿日积月累的游戏好习惯。游戏活动结束，但材料还没有"回家"，场地还没有整理，教师要根据幼儿不同年龄特点引导幼儿有序、分类收拾材料，整理场地。小班幼儿在教师的指导下以收材料、摆材料为主，中、大班幼儿则独立进行，并能相互检查收拾整理情况，进行改进。

3. 让相互评价成为提升游戏水平的平台

　　游戏评价可以分为过程性评价和终结性评价，不是每次游戏后都需要开展游戏评价，有时在游戏过程中就可以开展评价，如小伙伴之间发生激烈的游戏冲突时。评价的形式可以是全班幼儿集体评价、小组评价、个别评价，也可以是师幼评价、幼幼评价。游戏评价可以让幼儿分享游戏中解决问题的策略及方法，下次游戏中如果遇到同样的问题大家知道如何解决、如何运用；也可以让幼儿分享游戏中合作互助给自己和他人带来的快乐等。幼儿在相互评价中，逐渐丰富游戏经验，积累游戏技能，让游戏更得心应手，让游戏更自主、自由、快乐。

二、表演游戏的指导

表演游戏具有一定的结构性，这种结构性来自于"故事"为游戏提供的框架，也来自于教师的指导。通过教师适宜的指导，幼儿的表演水平实现从一般性表现到生动性表现，从目的性角色行为到嬉戏性角色行为到更高水平的目的性角色行为的回归。表演游戏要从选择表演主题、决定表演形式、共创表演环境、自主开展游戏等方面进行指导。

（一）给予幼儿自由选择作品和自主决定表演形式的权利

开展表演游戏，教师首先应当保证幼儿自由选择作品或故事、自主决定表演形式的权利。可鼓励幼儿互相讨论，相互协商表演游戏的作品；支持幼儿自主选择表演游戏的形式。

案例 5-7

　　大班表演游戏"葫芦娃"。大班幼儿在主题教学的文学作品欣赏中，对"葫芦娃"非常感兴趣，自己决定将它作为表演游戏的内容。于是，在晨间谈话时，围绕怎么玩展开了热烈的讨论，最终，他们自主选择了舞台情境表演、指偶表演、皮影表演3种表演形式。而对于谁玩哪种形式的表演游戏，教师依然将主动权交给孩子，请孩子在自己喜欢的表演方式上自由贴上自己的学号，如图5-4所示。

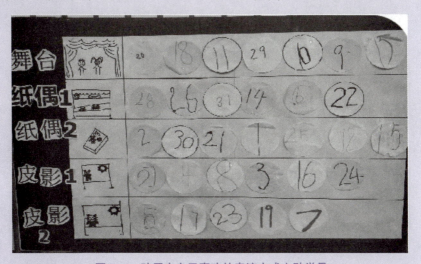

图5-4　孩子在自己喜欢的表演方式上贴学号

（二）给予幼儿全程参与的机会，让幼儿在协商设计、动手操作中体验游戏的快乐，产生由内而外的表演欲望

鼓励幼儿自选伙伴、自主设计表演游戏的舞台背景，选择不同材料剪剪画画，合作完成背景布置，并一起制作表演角色。生动丰富的舞台背景，凝聚着幼儿的智慧与创造力；灵活有趣的表演人物体现出幼儿对角色的理解与喜爱。从背景到角色幼儿全程参与、自己作主，由内而外的表演欲望便油然而生。

 案例 5-8

大班表演游戏"葫芦娃"背景及角色自制。

大班表演游戏"葫芦娃"皮影背景设计图如图 5-5 所示。桌面表演背景设计图如图 5-6 所示。合作布置背景自制表演人物如图 5-7 所示。

图 5-5　皮影背景设计图

图 5-6　桌面表演背景设计图

（a）

（b）

图 5-7　合作布置背景，自制表演人物

（c）　　　　　　　　　　　　　　　　（d）

图 5-7　合作布置背景，自制表演人物（续）

（三）给予幼儿充分的游戏时间与空间，在真实交流、同伴互助中建构多方面经验

在表演游戏中，教师要给予幼儿充分的时间，耐心等待。幼儿不会听完故事，准备好道具就马上开始，他们自选同伴后有一个自主分工、自选角色、装扮舞台的过程，有一个相互交流、相互协商、同伴互助的过程。他们会为了一个角色从争执到相互协商到达成一致，他们会提醒忘词或说错的幼儿，他们内部会自我约束，有组织者发出指令，确定游戏什么时候开始等。在这种真实交流、同伴互助中，他们建构了多方面经验。这种幼儿在前、教师在后的表演游戏，刚开始时，可能停留在嬉戏表演的层面，玩玩停停，非常快乐，但发展多元。

（四）在重复游戏中，促进幼儿从一般性表现向生动性表现水平发展

教师在每次游戏时要观察记录幼儿的游戏情况，游戏后及时介入，担当游戏的支持者、引导者，组织幼儿一起讨论游戏过程中出现的问题及解决方法，相互评价角色扮演情况，引发新一轮游戏的开始。在多次游戏及游戏改进后，幼儿的游戏水平就能从一般性表现向生动性表现发展。

 案例 5-9

中班表演游戏"靴子回家了"

《靴子回家了》这个故事幼儿非常喜欢，对话简单，具有重复性，幼儿特别喜欢说"这是谁的靴子呀，这是谁的靴子呀""不是我的，不是我的"等。

第一次游戏时，幼儿扮演的角色同时站在台上，挤满了人，表演时，随意走

动，不知道谁先出场谁后出场。游戏结束，教师和幼儿一起进行了如下讨论。

师：还未出场的角色就站在舞台上是否合适？

幼：还没有轮到自己出场应该要躲起来，不能让观众看见。

师：角色站在大树和房子后面表演，观众能看见吗？

幼：轮到自己表演时，应该从大树和房子后面出来，让观众看到。

师：旁白的位置在哪里？可以在舞台上走来走去吗？

幼：旁白应该躲在道具后面，不能让人看见。

中班表演游戏"靴子回家了"如图5-8所示。

图5-8　中班表演游戏"靴子回家了"

第二次游戏时，幼儿自己解决了上面的问题，游戏有序开展。但游戏水平停留在一般性表现上。游戏后，教师再次组织幼儿进行了如下讨论。

师：每种动物讲话的声音都一样吗？

幼：小熊的声音粗些，小鸟的声音细些，狐狸的声音要好听些。

师：角色除了说台词外，在舞台上还可以干什么？

幼：小鸟可以扑扑翅膀飞，狐狸可以采采花，小狗可以做运动，小熊可以休息。

第三次游戏时，动物的声音不同了，语调也不同了，小动物们还做了各种动作，表演水平在不断提升。

（五）注意表演游戏与教学、课程的多元整合

表演游戏具有整合多领域学习的可能性，在游戏准备与实施过程中，可整合艺术领域，如设计图纸（剪、画、贴），大胆表现表达等；也可整合语言领域，学习故事、熟悉对话、分析角色形象等；还可整合社会领域，学会协商、交往、讨论等。

三、建构游戏的指导

建构游戏有自由建构和主题建构等不同的类型，本部分重点介绍主题建构游戏的指导。

主题建构游戏是幼儿围绕一定的主题，以建构为主要表征手段展开的游戏活动。主题建构游戏可从确定主题与设计图纸、计划材料与分组搭建、保存成果与评价整理3个环节进行指导。

（一）鼓励幼儿自主确定主题、设计图纸

教师要给予幼儿确定建构游戏主题、设计图纸的机会。小班可由教师和幼儿一起确定，中、大班可由幼儿根据已有生活经验或主题教学经验自主确定。

 案例 5-10

大班主题建构游戏"公安小区"

在大班谈话活动"我生活的小区"中，幼儿通过了解小区对小区产生了兴趣，确定建构游戏主题为"我家的小区"。于是，幼儿分组设计小区的名字及小区的规划图纸（图5-9），出现了星星小区、公安小区、神龙城小区、公路小区等，通过幼儿投票选举，"公安小区"以最多票胜出，成为这次主题建构游戏的主题。图纸左上角的数字是这幅图纸的5位设计者（幼儿的学号）。

图5-9 大班主题建筑游戏图纸

（二）支持幼儿计划材料、规划场地、分组合作搭建

1. 支持解读与计划

从设计图纸到实施搭建，幼儿要经历一个解读与计划的过程。教师要引导设计者解释设计的图纸有哪些建构设施，需要分成几组搭建，以及在哪里建构（地盘规划）等。对设计图纸有了一定认识，幼儿才能自由分组进行建构材料的计划，用图画的方式进行表征。通过计划材料，教师可了解幼儿对材料的使用情况、熟悉程度，明确还需要帮助幼儿丰富

哪些经验，提供哪些新材料，介入哪些新经验等。

选择搭建房屋的幼儿在计划搭建房屋需要的材料，他们初步确定的材料是旺旺牛奶罐、长方形材料盒、彩色积木和彩色纸，他们设计的图纸及准备的材料如图5-10所示。

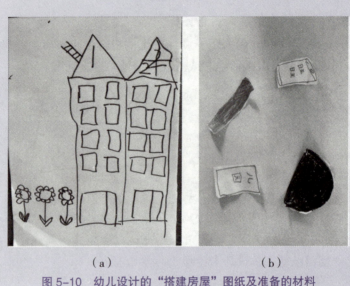

（a）　　　　　　　　　　　（b）

图 5-10　幼儿设计的"搭建房屋"图纸及准备的材料

2. 支持操作与体验

幼儿规划场地，要经历一个从场地集中在中间或分散到教室最边缘再到适宜间距的分割过程，这个过程需要幼儿在建构的实践操作、亲身体验后一次次改进。因此，教师要理解、接纳、允许并支持幼儿的实践操作，正是在不断尝试、不断调整优化的过程中，幼儿实现发展的螺旋式提升。

3. 支持分工与合作

幼儿合作搭建，是一个从不懂分工、各自建构到分工明确、合作搭建的成长过程。刚开始分组搭建时，幼儿都会被材料所吸引，各自取材料独立建构，不但不会合作，还会发生因建筑物多而争抢材料、搭建速度慢等现象。此时，教师要在接纳的基础上，引导幼儿自己发现搭建问题并尝试解决。慢慢地，幼儿会逐步学会分工，取舍并变化材料。例如，你搬运材料，我们共同建构；你搭房屋，我搭花草；房顶从建成三角形顶到圆顶到对称形方顶等。在这个循序渐进的过程中，幼儿逐步学会合作协商，逐步提高建构速度，搭建的建筑物在共同的努力与协商中也越来越有创意。

（三）指导共同保存成果、多样评价、收拾整理

1. 指导幼儿共同保存建构成果

建构作品是幼儿共同努力的结果，是幼儿独特认知和生活经验的展示，是幼儿最珍贵的

作品，展现了他们独特的想象力和创造力。但每次建构完都会拆卸，如何保存呢？教师可及时用拍照、录像等方式保存下来，并请幼儿自己展示张贴到班级或园所中。让幼儿看到自己的建构过程及成果，能激发幼儿的成就感与成功感，能让他们对建构充满喜爱与期待。

2. 指导幼儿自主收拾整理场地

建构游戏的成果是多种材料的组合及整合，有积木、积塑或废旧材料、辅助材料、工具材料等，材料用得多，场地占得大。游戏结束必须收拾整理，还原场地。教师可从以下几方面进行指导。

（1）成品建构物的拆卸，从上往下逐个拆。

（2）轻拿轻放，运用工具搬运材料。

（3）分门别类、整齐有序地摆放材料。

（4）分工合作，注意安全。

3. 指导幼儿展开相互评价

建构游戏评价可以从伙伴交往、建构材料选用、建构技能、造型特点、建构物的艺术性、工具材料的使用等方面进行评价。幼儿伙伴之间分工合作、相互协商等方面的经验分享，可提高幼儿社会交往及解决问题的能力；而对游戏材料、造型等方面的评价，则能丰富幼儿的建构经验，提高幼儿的建构技能，促进幼儿艺术审美性的发展。教师可采用幼儿自评、互评及师评等方式，引导幼儿展开评价。

案例 5-12

房顶的评价

大班建构游戏"幸福小区"中的房子建成了（图5-11），游戏结束时，教师引导幼儿评价"房顶"的搭建，重点引导幼儿观察"房顶"搭建的技能"两边对称型"。新的搭建技能的介入，让幼儿知道"房顶"不仅有方形、半圆形、三角形等，还能搭建成两边对称的形状或者更多的形状，大大激发了幼儿的想象力及创造力。

图5-11　建构游戏"幸福小区"中的房子

案例 5-13

楼房 "楼栋号" 的评价

图 5-12 所示的是 "两栋搭建的房子"，每栋 "房子" 上都有楼栋号 "1 栋" "2 栋"。评价时，通过分享设计楼栋号的思想（方便人们知道住哪栋），让幼儿知道工具材料的使用价值，并将建构游戏与生活相联系，实现多领域整合。

（a）　　　　　　　　　　　　　（b）

图 5-12 "搭建房子" 的楼栋号

 四、规则游戏的指导

（一）规则游戏的前期准备

1. 规则游戏的解读

教师在组织幼儿玩游戏前，要对游戏进行解读。解读游戏的目标，知道游戏所要完成的任务；解读游戏的玩法与规则，知道游戏怎么玩，怎样好玩，怎样让每个幼儿有足够时间玩，怎样组织幼儿玩起来。

2. 预测游戏中可能发生的问题，思考解决方案与策略

每一个规则游戏的玩法都不一样，教师要预测幼儿在游戏中可能出现的问题，思考解决的方式方法。例如，中班体育游戏 "跳格子"，玩法是：幼儿通过 "石头、剪刀、布" 决出胜负，胜者跳三格，最先到者为胜。教师在解读玩法时发现，如果一个孩子总是输，根本没机会跳，游戏的体育锻炼目标达不成，如何让输与赢的孩子都能达到体育锻炼的目标呢？教师决定在规则处修改，如果总是输的孩子，每轮游戏结束后要跳到终点与赢的孩子汇合，才能开始下一轮游戏。这样，所有的孩子就都有了跳格子的机会。

3. 游戏时间、空间与材料的准备

游戏要给予幼儿充分的游戏时间，准备好游戏的场地及需要的材料。体育游戏需要宽敞较大的场地，适合放在户外。每个游戏需要的材料不同，教师要注意材料的安全与环保。

（二）规则游戏的过程指导

1. 给予幼儿熟悉玩法与规则的机会

游戏是幼儿最喜爱的活动，但不是教师讲完玩法与规则，幼儿就会玩了，幼儿需要在多次玩的过程中不断熟悉玩法，掌握规则，领悟策略，游戏才能一次比一次好玩。

2. 给予幼儿自主玩的机会

幼儿熟悉了玩法与规则后，教师要根据情况放手退出，让幼儿和同伴自主协商一起玩，让游戏真正成为他们自己的游戏。一般可以遵循这样的路径实现放手：引导幼儿玩游戏，帮助幼儿熟悉游戏玩法与规则——半退出游戏，以游戏者的身份参与游戏；适时指导——完全退出游戏，幼儿自主玩。

3. 师幼共同督促游戏规则的遵守，让游戏更公平

不同的规则游戏有不同的规则，带惩罚式的规则幼儿难以接受，因此不用这样的规则，可以采用幼儿都能接受的，如抓到了就要表演节目，泄露秘密了就要停玩一次等。在游戏过程中，教师要引导幼儿了解不遵守规则就是要赖，对别人不公平，总是要赖小伙伴就不会跟你玩了。

4. 利用多种形式减少幼儿游戏等待的时间

很多规则游戏的玩法与规则面向的不一定是班级整体，而是一部分人，这样的游戏，在班集体中玩时，很容易出现等待现象，此时，教师可采用多种组织形式，减少等待时间，如在大班体育游戏"快乐贴贴贴"中，全班幼儿围成双圆圈，"撕膏药"的人抓"贴膏药"的人，每次轮流玩的只有两个人，其余的人都观察等待，如何让每个幼儿都有玩的机会，减少等待时间呢？教师可将集体玩变成小组玩（全班幼儿分成四组），幼儿参与游戏的机会就增多了。

幼儿园游戏活动案例与分析

 案例 5-14

中班音乐游戏：种葫芦

活动目标

（1）愉快地边唱歌边游戏，掌握游戏玩法，遵守游戏规则，尝试与同伴自主游戏。

（2）游戏中能基本准确地唱歌，并根据音乐的强弱判断出"藏着葫芦"的人。

（3）积极思考"辨音找人"和"不被找出"的游戏策略，尝试表达并运用到游戏中。

活动准备

（1）幼儿已熟悉歌曲《种葫芦》。

（2）琴；小葫芦；小椅子围成圆形（与班级幼儿人数相等）。

活动过程

（1）师幼边唱歌边进入活动场地，复习歌曲。

（2）玩游戏：种葫芦，了解种葫芦的游戏玩法和规则。

①教师做种葫芦的人，幼儿做泥土，边唱歌边游戏一次。

教师注意引导幼儿关注游戏任务：第一，要边唱歌边做动作；第二，注意观察在歌曲哪一句种下了葫芦。

②师幼共同讨论、梳理游戏玩法。

● 结束第一次种葫芦，教师引导幼儿关注：在歌曲哪一句种下葫芦？

● 教师再问拿着葫芦的孩子，孩子回答：种在这里好长大。

【分析】教师通过提问发现所有的孩子都能听出来是歌曲的最后一句"种葫芦"，但是对具体是哪两小节并不清楚，遂灵活调整问题指向、及时引导幼儿发现"种在这里"时种葫芦。

③幼儿自主游戏，并针对游戏玩法的掌握和规则遵守情况进行评价。

● 教师请拿着葫芦的孩子当种葫芦的人。

【分析】通过引导幼儿游戏，进一步掌握了"由谁种""何时种""何时将手收起来""准备好了怎么做"的问题，为接下来提升游戏难度、自主游戏打下基础。

● 幼儿玩游戏，种下葫芦时并没有随乐。教师提问：你们发现了什么问题？

【分析】教师让幼儿自己说出发现的问题，并引导幼儿说出解决的办法，有助于幼儿提升游戏经验。

（3）玩游戏："找葫芦"，巩固"种葫芦"的游戏玩法和规则，了解"找葫芦"的游戏玩法和规则。

①教师讲解游戏玩法和规则。

教师：接下来玩一个"找葫芦"的游戏。一个人来找，不可以用手翻别人衣服、也不可以从后面看小朋友的小手，只能用耳朵找。（请一位自愿找葫芦的孩子）一会儿我们唱完歌你就可以出来找葫芦了。当你离葫芦越近的时候，琴声就越大，当你离葫芦越远的时候，琴声就越小。其他小朋友，你们是种着葫芦的小泥巴。小泥巴不可以说话、不可以告诉找葫芦的人葫芦在哪里，如果违反了规则要停止游戏一次。（教师示意幼儿，准备好了可以自己告诉弹琴老师）

● 第一次完整游戏。教师平行参与当小泥巴，幼儿A没找到，有人告密。

● 教师没有请违反规则的幼儿接受惩罚，而是给予违规的幼儿以提醒。

【分析】事先与孩子约定好游戏应该遵守的基本规则，此时教师不做裁判，而是以询问的方式由孩子说出游戏规则和惩罚，使得违规的孩子意识到遵守游戏规则的重要性。这种处理更能促进孩子掌握规则进行游戏。

● 教师引导幼儿小结游戏经验。

【分析】此时教师以提问、追问的方式帮助幼儿梳理"如何缩小找的范围"：用绕着圈走的方式来判断葫芦的大概位置。这是找到葫芦最基础的策略。

②幼儿尝试游戏，师幼针对游戏玩法的掌握和规则遵守情况进行评价。

● 让幼儿 A 决定下一轮游戏"谁来种、谁来猜"。

● 此时 7 个孩子边喊"我"边举手示意想找葫芦，幼儿 A 选择了没有举手的幼儿，幼儿摇头表示不想找。

● 幼儿 A 从举手的人中间选了一个幼儿，教师示意该幼儿将椅子转过去背对大家。

● 幼儿 A 选择好种葫芦的人回到自己座位，教师用手势提醒幼儿：告诉弹琴的教师游戏可以开始。

【分析】教师用语言、动作提示的方式，引导幼儿掌握推进游戏的方法：第一，猜的人有权利决定下一轮的游戏者；第二，猜的人如何选择下一轮的游戏者，即示意想玩的人举手、先找猜的人再找种的人；第三，幼儿自己决定游戏是否可以开始。教师通过这些内容帮助幼儿逐步掌握自主游戏的方法。

● 第二次完整游戏。教师平行参与当小泥巴，幼儿 B 第一次没有找到。

● 有人告密，幼儿 B 找出"葫芦"。

【分析】当幼儿没有找出"葫芦"，教师引导幼儿自己提出"需要再听一遍"的需求，并且鼓励幼儿自己说出来；对违反规则的孩子采取温和的方式，并鼓励其遵守规则、会受到大家的欢迎。整合的教育理念得以体现：大方说出自己的需求、正确对待错误的行为。

● 第三次完整游戏。教师平行参与，积极举手示意想成为"找葫芦的人"，但幼儿 B 选择了幼儿 C。

● 在没有人告密的情况下，幼儿 C 利用两次猜的机会找到"葫芦"。（第二次时，在教师的引导下说出"再听一遍"的需求。）

● 教师退出游戏，邀请接受惩罚的孩子回到游戏中。

【分析】教师举手示意想成为猜的人，目的在于想帮助幼儿梳理更高级的"猜的经验"，在没有被选中时，则用语言和行动表示"不遗憾""还可以成为小泥巴玩游戏"，这对引导幼儿"正确对待参与的游戏角色"有很强的指引作用；同时，过程中教师不间断地引导幼儿自主表达需求、自由表达想法，成功地让幼儿自己梳理出更高级的"猜的经验"，即在缩小范围的基础上用"排除法"寻找；另外，教师发现幼儿具备了自主游戏的经验时适时询问并退出，将游戏完全转交给孩子。

③幼儿自主游戏，教师根据情况引导幼儿提炼"辨音找人"和"不被找出"的游戏策略，鼓励幼儿大胆表达并运用到游戏中。

● 第四次完整游戏。教师提示幼儿 C 可以决定"找与种的人"，并完全退出游戏。

● 在选择"找葫芦"和"种葫芦"的过程中，幼儿表现出很多不同的意见，此时教师在一旁默默关注并未干预。

● 此时，一位女孩充当起小老师的角色，协调幼儿之间的不同意见，并引导游戏的逐步推进。教师继续旁观。

● 选出"找和种的人"后，教师提醒"准备好怎么办？"，幼儿对钢琴老师提出游戏可以开始。

● 游戏以幼儿告密结束。此时其他幼儿指出并督促该幼儿"停止游戏"，并表示"欢迎你回来"。

● 紧接着幼儿自主开始第五次游戏，在没有人告密的情况下"葫芦"找到。有的幼儿发现"拿着葫芦的人在笑"，教师予以回应"原来缩小范围之后我们还可以看看那几个人的表情，笑的人可能手里有葫芦"。

【分析】该环节教师给予了幼儿充分的自主时间和自主机会：当出现争议和矛盾时，教师不着急插手，而是等待，给幼儿足够的时间去自己解决问题；在介入的方法上教师也把握得较好，只用简短的语言或者简单的眼神提示，具体的行为表现都是幼儿自主、自发的。并且，该环节当幼儿提出"拿着葫芦的人在笑"的时候，教师的回应既及时也适宜。

（4）师幼共同评价游戏情况，放松结束。

● 教师引导幼儿思考：没有钢琴怎么办。幼儿表示可以唱。

● 众人选出一个孩子代替钢琴唱歌，教师以同伴身份加入一起唱，幼儿边歌唱边玩游戏。

【分析】引导幼儿思考没有钢琴可以如何游戏，目的是将游戏回归到幼儿的生活。让幼儿意识到，只要会唱歌就可以游戏。实现在日常生活中幼儿可以自娱自乐地开展音乐游戏的目的。

思考与实训

一、单项选择题

1. 在幼儿开展角色游戏的过程中，（　　）应当成为幼儿园中、大班角色游戏指导中关注的"重点"。

　　A. 游戏规则　　　　　　　　　　B. 纪律要求

　　C. 主题、内容、情节的发展　　　D. 游戏材料

2. 苏联心理学家马奴依连柯曾做过"哨兵站岗"的实验，一种是在游戏情境下，另一种是在非游戏情境下，要求幼儿空手保持哨兵持枪的姿势。结果表明，在游戏的情境下，幼儿当哨兵站立的时间远超过在非游戏情境下。实验说明游戏能促进幼儿的（　　）发展。

　　A. 自我意识　　　B. 自控能力　　　C. 交往能力　　　D. 情感发展

3.游戏中，教师想观察某一幼儿在本次游戏活动中的游戏行为及水平，她采用（　　　）最合适。

　　A.追踪观察法　　　B.扫描观察法　　　C.定点观察法　　　D.图示记录法

二、简答题

1.简述幼儿园游戏活动的特点。

2.简述游戏活动设计的步骤。

三、论述题

1.在大班智力游戏"猜领袖"中，按照游戏规则，连续三次没有猜中的幼儿要表演节目。一个小女孩三次都没有猜中，急哭了，不愿意表演节目。在教师介入下，她读了一首古诗作为节目。教师说："为她这种遵守规则的精神鼓掌！"全班幼儿鼓掌，她高兴地笑了，继续游戏。请以此为例阐述你对规则游戏中规则遵守的看法与认识。

2.以表演游戏为例，谈谈教师介入游戏的策略与方法。

四、材料分析题

请阅读案例并回答问题。

案例：大班角色游戏"理发店"

　　A：在大班角色游戏"理发店"的角色分配中，教师怕幼儿争抢角色，主动替幼儿将角色分配好，一名幼儿说："老师，我不想当顾客，我要当理发师！"教师对"理发师"说："他想当理发师，你可以让他吗？你是能干的孩子，这次你先扮演顾客好吗？"

　　B：在大班角色游戏"理发店"的角色分配中，另一位教师先展示了空白的角色分配表，请幼儿根据意愿自主选择角色，一名幼儿说"老师，我们两人都选了理发师，可只要一人，怎么办？"教师说："你们自己商量一下，看用什么办法解决大家都没意见？"两名幼儿通过协商，用猜拳的方式自己解决了问题。

　　问题：

1.根据两位教师的角色分配方式，谈谈如何在角色分配时体现幼儿的自主、自愿？

2.分析两位教师在幼儿出现问题时的处理方式，谈谈介入策略。

五、活动设计题

1."石头、剪刀、布"是幼儿喜欢的猜拳游戏，幼儿在日常生活中，有时会通过猜拳的胜负来抢占地盘（赢一次画一格），看谁的地盘多；有时会通过猜拳的胜负来"跳格子"（赢一次跳两格），看谁最先到达终点。于是，某教师想为幼儿设计两个游戏：智力游戏"占地盘"；体育游戏"跳格子"。请分别为两个游戏设计活动目标和活动过程。

2.超市、商场是幼儿熟悉的地方，休息日家人会带幼儿进出超市、商场，一起买衣服、买菜、买学习用品等，幼儿积累了一定的生活经验。某教师想设计一个大班角色游戏"××超市"，请为该游戏设计游戏名称、游戏目标、游戏准备和游戏过程。

第六章 幼儿园生活活动设计与指导

引入案例

1. 上午 11 点 30 分，孩子们户外活动结束后回到教室，这时，保育员教师准备分餐。主班教师引导孩子们盥洗后，孩子们陆陆续续开始进餐。

2. 盥洗后，幼儿陆续进入午睡室，午睡室内也随之嘈杂起来。动作快的幼儿已经脱完衣服钻进被窝；动作慢的幼儿刚刚进来却不往自己的床边走，而是和好朋友兴奋地说着悄悄话。好不容易幼儿都躺下了，但一只只小手仍不停地挥舞着自娱自乐。尽管教师不停地强调"闭上眼睛，安静睡觉"，但仍有幼儿翻来覆去，告状声此起彼伏……

3. 离园时间到了，教师帮幼儿整理好衣物就开始接待家长了。这时，班级里的幼儿开始自由活动。有的在教室里跑来跑去、互相打闹，有的走到区角里游戏，有的在地上爬来爬去，有的甚至溜到外面看看家长有没有来接……

问题：

1. 怎样理解幼儿园的生活活动？幼儿园的生活活动包括哪些内容？

2. 在每个生活活动环节，教师应该做哪些环境的准备？需要对幼儿提出哪些要求？教师的工作要求和指导重点是什么？

学习目标

（1）了解幼儿园生活活动的含义，认识幼儿园生活活动的重要价值。

（2）把握幼儿园生活活动的目标，了解幼儿园生活活动的设计原则及环境准备。

（3）了解幼儿园生活活动的指导原则，明确幼儿园生活活动的指导要求，掌握幼儿园生活活动的指导重点。

本章结构

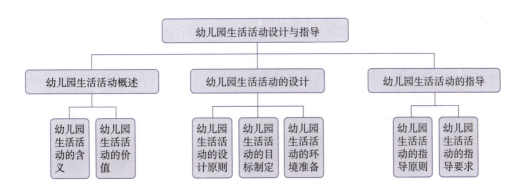

幼儿园生活活动设计与指导
- 幼儿园生活活动概述
  - 幼儿园生活活动的含义
  - 幼儿园生活活动的价值
- 幼儿园生活活动的设计
  - 幼儿园生活活动的设计原则
  - 幼儿园生活活动的目标制定
  - 幼儿园生活活动的环境准备
- 幼儿园生活活动的指导
  - 幼儿园生活活动的指导原则
  - 幼儿园生活活动的指导要求

第一节　幼儿园生活活动概述

　　在生活中学习与发展是幼儿的一个显著特点，《指南》中指出："幼儿园的学习是以直接经验为基础，在游戏和日常生活中进行的，要珍视游戏和生活的独特价值。"幼儿生活的每一个环节都蕴含着实现《指南》各领域目标的机会，具有极大的教育价值。

一、幼儿园生活活动的含义

　　幼儿园生活活动，主要指幼儿入园、进餐、喝水、盥洗、如厕、睡眠、离园等环节，是幼儿一日活动的重要组成部分，贯穿于一日生活的始终。据统计，从早上 7：30 入园到下午 5：30 离园，大班幼儿用于生活活动的时间，约占一日活动时间的 44%，小班约占50%，时间之长居一日活动之首。

　　本章所谈的幼儿园生活活动，主要包括入园活动、进餐活动、喝水活动、盥洗活动、午睡活动、如厕活动和离园活动。

二、幼儿园生活活动的价值

　　《纲要》指出，要"根据幼儿的需要建立科学的生活常规""培养幼儿良好的饮食、睡眠、盥洗、排泄等生活习惯和生活自理能力"。在达成这些目标上，生活活动有着其他活动不可替代的作用，如何把握生活活动价值，可以从以下两个角度来看。

（一）生活活动对幼儿发展的重要作用

1. 生活活动有助于幼儿建立科学的生活常规

幼儿入园前的生活基本处于无序状态，一定程度上会影响到幼儿的健康成长。入园后，幼儿园的一日作息时间井然有序，既兼顾了幼儿的年龄特点，也考虑了幼儿的发展需要，因为幼儿的生活活动与日常生活紧密相连，在幼儿园有意识的教育和培养下，能让幼儿形成科学的生活常规。据调查显示和家长反映，幼儿在入园后，改善最明显的就是睡眠和用餐习惯，由此可见，生活活动的常态化对于幼儿科学的生活常规具有较强的迁移性。

2. 生活活动有利于培养幼儿良好的生活习惯，提高生活自理能力

生活活动在幼儿生活中占有重要的地位。幼儿身体各个器官的生理机能尚未发育成熟，各个组织都比较柔嫩，身体素质还相当薄弱；同时，幼儿期又是生长发育十分迅速、新陈代谢极为旺盛的时期。由于幼儿知识经验匮乏，缺乏独立生活能力和自我保护能力，因此他们需要成人悉心地照顾，需要成人反复地指导、帮助和培养，才能独立自理并养成良好的生活习惯，建立良好的生活秩序。例如，用餐时，教师鼓励幼儿吃完饭自己收拾餐具；午睡时，中大班的教师鼓励幼儿自行穿脱衣服并折叠被子，午睡起床后漱口等。幼儿通过生活活动的参与，行为逐步内化，从而能养成良好的生活习惯和提升生活自理能力，这种习惯和能力会迁移到日常生活中，对其终身发展起着积极的作用。

（二）生活活动对幼儿园课程发展的重要价值

1. 生活活动是幼儿园课程的重要组成部分

幼儿生活活动贯穿一日生活的始终，是幼儿园课程必不可少的部分。通过生活活动可以生成各类主题活动，渗透健康、语言、科学等领域的教育内容。在生活活动中，幼儿能习得良好的生活习惯，发展生活自理能力和交往能力。

2. 生活活动能丰富幼儿园课程内容

生活活动中蕴藏着许多教育契机，幼儿的生活活动无处不在，无时不有，教师只要关注、观察，就不难发现幼儿在生活活动中生成的教育话题。例如，有的教师观察发现，在盥洗环节，幼儿最喜欢逗留在盥洗室玩水，常常会溅湿衣服和忘了关水龙头。为了让幼儿正确认识水，教师生成了关于水的主题活动，如"会变化的水""水龙头不哭了"等，让幼儿了解水的形成、特征及与人们的关系等。

第二节　幼儿园生活活动的设计

一、幼儿园生活活动的设计原则

（一）适宜性原则

适宜性指的是教师在设计生活活动时，要充分考虑幼儿的年龄特点、学习特点、发展水平和情感需要，以最适合幼儿的特点设计生活活动。适宜性原则充分表明了幼儿自身特点和需要对教育目标、内容、方法等的影响：适宜的目标幼儿容易达到，适宜的内容幼儿容易理解，适宜的方法幼儿能够接受，只有适宜的才是最好的。因此，教师在选择和设计生活活动时，一定要考虑本班幼儿的年龄特点和实际需要，掌握好适宜性原则。

（二）参与性原则

参与性原则包含两层含义：一是在生活活动设计过程中，要注重通过多种途径和策略调动幼儿的主体参与性，使幼儿在参与过程中获得体验与发展；二是指在设计生活活动的过程中，要考虑到家长、社会、同伴等多种教育资源的共同参与。

（三）发展性原则

幼儿教育的最终目的是为了促进幼儿的发展，因此，生活活动既要有助于幼儿当前的发展，也要有利于幼儿的长远发展。当然，发展不仅仅指知识的丰富，更包括能力的提高、情感态度的改善及良好行为习惯的培养。

 二、幼儿园生活活动的目标制定

幼儿园生活活动的总目标，主要是着力于培养幼儿良好的作息习惯、睡眠习惯、排泄习惯、盥洗习惯、整理习惯；帮助幼儿了解初步的卫生常识和遵守有规律的生活秩序的重要意义；帮助幼儿学会多种讲究卫生的技能，逐步提高幼儿的生活自理能力；帮助幼儿学会用餐方法，培养幼儿良好的饮食习惯。对不同的年龄班的幼儿，应根据年龄特点和接受能力，设置不同的阶段目标。

（一）小班

（1）了解盥洗的顺序，初步掌握刷牙、洗手的基本方法；知道穿脱衣服的顺序；学习保持自身的清洁，会使用手帕；知道坐、站、行走等正确姿势；有良好的作息习惯。

（2）在轻松自然的气氛中进餐，保持情绪愉快；有良好的进餐习惯，懂得就餐卫生；养成爱吃各种食物和主动饮水的习惯。

（二）中班

（1）学习穿脱衣服、整理衣服；学习整理玩具，能保持玩具清洁；有初步的生活自理能力。

（2）爱吃各种食物，知道喜欢吃的东西不宜吃得太多，身体超重也会影响健康；少吃冷饮，多喝水，养成良好的饮食习惯。

（三）大班

（1）保持个人卫生，并能注意生活环境的卫生；有良好的生活卫生习惯和生活自理能力。

（2）正确使用筷子就餐，有良好的饮食习惯；知道有些东西不能吃，有些东西不宜多吃，否则会有碍于身体健康。

三、幼儿园生活活动的环境准备

幼儿身体机能发育尚不成熟，神经系统发育尚不完善，在自我调节方面还不能收放自如，教师要合理安排他们的生活活动，为他们的生活活动准备适宜的环境，以帮助他们保持良好的状态参与一日活动。

（一）入园活动的环境准备

1. 环境准备

幼儿园是幼儿生活、活动的主要场所，应为他们创设一个温馨、舒适、方便的环境，让幼儿感到轻松、随意、安全。凡是幼儿能接触到的地方应保证安全、方便与清洁。例如，生活桌椅高度要适当和轻巧，幼儿能自行取放，圆角、边缘要光滑；厕所便槽无阶梯。另外，杯子、碗、勺和餐厅桌椅的形状要符合幼儿的特点，令幼儿能开开心心地进餐；要配置家庭式的盥洗设置、低矮的镜子、方便上下的小床，为幼儿营造一个方便、有趣、新奇的环境。

2. 学习、生活物品的准备

对新入园的幼儿，教师首先要向家长说明要准备哪些物品，以及教会幼儿这些物品的使用方法。建议家长要为幼儿多准备几套换洗的衣裤，特别是裤子，因为刚入园的幼儿很容易发生尿裤子的情况，有时一天可能要更换三四次。最后，要求家长为幼儿准备的物品要做好标记，如在衣裤、手帕上绣上名字或特定的图案。准备好后，记得让幼儿看看，让他们知道哪些东西是属于自己的。

3. 幼儿入园的心理准备

对于新入园的幼儿和胆小的幼儿，教师要告知家长提前带他们到幼儿园熟悉环境，消除他们内心的焦虑、不安、恐惧，使他们提前适应幼儿园的生活。

（二）进餐活动的环境准备

在入幼儿园之前，幼儿都是在家进餐，不想吃的可以不吃，不喜欢吃的可以不吃，可以一边吃一边玩儿。还有的孩子是爸爸妈妈、爷爷奶奶端着碗跟在他后面追着喂，一顿饭吃上一小时是常事儿。可到了幼儿园，每个幼儿一人一份饭、一份菜，全班二三十个孩子，教师不可能一个一个地去喂。那么如何让幼儿在幼儿园吃得好、吃得卫生、吃得愉快呢？这就要求班上的几位教师之间协调一致、相互配合，制定进餐各环节的程序要求，统一执行，帮助幼儿形成良好的进餐习惯。

幼儿的进餐活动应在整洁、轻松、愉快的氛围下进行，这就要求教师做好餐前准备。餐前准备可以分为以下两个方面。

1. 营造舒适的物质环境

进餐前半小时左右结束角色和区域游戏，请幼儿收拾玩具，整理活动室。教师安排餐桌，用消毒水擦餐桌，分发碗筷、餐巾。碗筷的摆放要统一要求：饭碗靠近桌沿，菜碗放在饭碗的前面，筷子放在碗的右边，餐巾放在碗的左边（不同园所视具体情况而定）。中、大班幼儿可以安排值日生协助老师分发餐具。

组织幼儿如厕、洗手。对于小班幼儿，教师应帮助他们卷衣袖，并认真仔细地组织、指导他们如厕、洗手。可以请他们一边唱儿歌一边洗手，这样有利于他们掌握洗手的正确顺序和方法，使他们把手洗干净，避免玩水和洗不干净。对于中、大班幼儿，要求他们相互帮助卷袖子，并在洗手后擦干手上的水，不要胡乱抓一把毛巾就跑掉。教师要着重对他们进行提示和检查，提醒幼儿洗手后要保持手的清洁，不能乱摸其他东西。

2. 优化进餐的心理环境

在等待进餐的时间中，可以播放一些优美、轻松的音乐或故事，也可以进行一些语言或手指的安静游戏，安抚幼儿的情绪，培养他们安静等待同伴一起进餐的习惯。对于那些吃饭较慢的幼儿，可以让他们提前进餐。盛第一碗饭的时候，给他们盛得略少些，鼓励他们来添饭。

在进餐前，教师还可以向幼儿介绍当天的食物，以此来引起他们的食欲，帮助他们克服挑食和偏食的毛病，培养他们良好的饮食习惯。

（三）喝水活动的环境准备

水是机体物质代谢必不可少的溶液媒介，是各种物质吸收、运输及排泄的载体，是生命赖以生存和发展的基础。幼儿处于生长发育阶段，更需要保证一定的饮水量。

为了保证幼儿每天都能喝到干净的水，幼儿园每天都要对幼儿的水杯和杯架清洗、消毒；幼儿的水杯应该专人专用，水杯架上可以贴上幼儿的照片等；为避免幼儿喝水被烫，应该在水桶上贴上手被烫伤的图片作为提示；准备一些吸引幼儿喝水和注意安全的儿歌；准备好毛巾、烫伤药等。

1. 清洗

清洗杯中残渣及污垢，然后在洗涤池中用洗洁液清洗，并注意洗刷杯口。

2. 过水

在过水池中用清水漂洗杯具。

3. 消毒

（1）高温消毒，包括蒸煮、蒸汽、远红外线消毒等。蒸煮、蒸汽消毒温度应保持100℃，消毒时间不少于15分钟。远红外线消毒（如远红外线消毒柜）应控制温度为100℃，消毒时间不少于15分钟。

（2）药物消毒：在药物消毒池内，将杯具完全浸泡在药液中，药液浓度及浸泡时间必须按药物使用说明严格操作。

4. 保管

（1）采用高温消毒后的杯具应干爽清洁，可直接放入保洁柜内。

（2）采用药物消毒后的杯具应倒置一定时间（不得超过15分钟），然后再放入保洁柜内。

（3）保洁柜内部必须每天清洗、消毒，如果采用毛巾作垫子，所垫的毛巾必须每天更换、清洗和消毒。

（四）盥洗活动的环境准备

教师要在盥洗活动前准备好盥洗的常用物品，并清洁、布置好盥洗的场所。

（1）盥洗室的安排要合理，要有较宽敞的场所。幼儿的洗手池、便池、毛巾架等要适合幼儿的身高。盥洗室内应备肥皂、毛巾、卫生纸等物品。便池、水龙头的数量要足够幼儿使用。幼儿的盥洗设备、物品应与成人的分开。

（2）盥洗室的地面要防滑，挂物品的挂钩、钉子应钉在幼儿碰不到的地方，以防幼儿滑倒、撞伤。洗衣粉、消毒水等物品的放置要安全、隐蔽，以防幼儿误用、误食等。

（3）盥洗室要保持干净无异味，定期消毒。幼儿的毛巾等物品要常洗、常晒、常消毒。

（五）午睡活动的环境准备

幼儿期正是生长发育的重要时期，要保证幼儿充足的睡眠，使他们精神饱满，促进幼儿的生长发育。

1. 午睡的物质准备

（1）在幼儿午睡前，教师应做好准备工作，开窗通风换气，拉好窗帘，铺好床铺，为幼儿创设一个舒适、安静、温馨的睡眠环境。冬天和夏天可以打开空调适当调节寝室内的温度，但一定要注意室内空气的流通。夏天若打开窗户或电扇入睡，要注意风量适度，不要让风直接对着幼儿的头部吹。

（2）在为幼儿准备床铺的时候，应根据季节及气温的变化适当调节被褥的厚薄，并及时通知家长为幼儿更换被褥。

（3）睡前应检查床铺上有无杂物。禁止幼儿将小绳、橡皮筋、串珠、纽扣等物品带进寝室，以免幼儿玩弄，或误塞入鼻子、耳朵造成危险。

（4）提醒幼儿根据季节气温穿适合的衣服入睡，如夏季穿短裤背心；秋春季穿棉毛裤和棉毛衫；冬季可以穿薄毛衣和薄毛裤。

（5）中、大班幼儿要求他们自己脱衣服和鞋袜，并折叠整齐，摆放在指定的地方。小班幼儿则需要教师的帮助和个别指导。在睡前提醒幼儿先大小便。

2. 午睡的心理准备

（1）睡前可组织幼儿散步或进行安静的游戏活动。要保持他们情绪的稳定和安静。

（2）新入园的小班幼儿会有恋家、恋床、恋物等表现。例如，有的幼儿要抱着家中的枕头或需要摸着大人的脸、耳朵、头发等才能入睡。对于这样有特殊需要的幼儿，教师可给予特殊关照，允许他们一开始保持自己的入睡习惯，并陪伴他们入睡，慢慢帮助他们改变和克服这样的习惯。

（3）对于全托园的幼儿，教师更应帮助幼儿顺利渡过睡眠这一难关。教师不应用惩罚睡觉或独处睡觉来恐吓和惩罚幼儿。不应对幼儿说"你再不听话就让你去睡觉""你再不赶快睡觉，待会儿其他小朋友起床，你就不要起来了，爸爸妈妈来接你也不要走"之类的话。

（六）如厕活动的环境准备

大小便是幼儿生活中非常重要的一部分，幼儿园要为幼儿提供一个舒适、干净的厕所。

（1）幼儿园的厕所一般设在活动室旁边，幼儿园应为他们创设一个干净、方便的环境，让幼儿感到像在自己家一样。厕所便槽应无阶梯，保证幼儿一抬腿就能上厕所。

（2）准备好肥皂（洗手液），督促幼儿便后流水洗手。

（3）合适的物品摆放。提供的便纸不宜太大，位置、高低、远近要便于幼儿拿取；盛放便纸的器具应该便于清洗，与便纸的大小规格相符。

（七）离园活动的环境准备

离园活动是幼儿园一日生活的重要组成部分，是教育过程中不可忽视的重要环节，也是家长们了解幼儿园的一个窗口。离园时间一般为下午4：30~5：45，离园活动有许多种形式，如根据组织方式可分为集体式活动和分散式活动；根据内容安排可分为学习性活动和游戏性活动；根据来源可分为教师预设活动和幼儿自发活动等。

在幼儿离园阶段，一方面，教师要与家长交流幼儿一日在园状况；另一方面，教师不能放松对其他幼儿的指导，这就需要教师与保育员共同配合分工，缓解此时出现的矛盾，这是开展好离园活动、保证离园活动质量的基础。在一位教师已经组织幼儿开始有序的离园活动时，另一位教师（或保育员）此时最好能担负起放学前幼儿衣物的整理、物品的分发和与家长的交流等工作，使家长既能看到幼儿在园良好的生活状态、整齐干净的精神面貌，又能及时了解幼儿一天的学习活动情况。

第三节　幼儿园生活活动的指导

一、幼儿园生活活动的指导原则

（一）随机性

所谓的随机教育，即树立一日生活即教育的思想，认识到时时处处都有教育，将生活的过程作为教育的过程。生活活动是幼儿一日生活的常规活动，教师应充分利用幼儿生活活动中的偶发事件，进行随机教育。

（二）体验性

生活活动中教师应根据幼儿的年龄特点，放手让他们学习自我服务，学习自己能做的事情自己做。例如，小班的幼儿教师可以边念儿歌边让幼儿学习正确洗手；中大班的幼儿，可组织进行为集体服务的活动，如帮助小班的幼儿穿衣服，参与管理幼儿园的植物角等，在这个过程中锻炼幼儿的生活实践能力，培养任务意识和责任感，体验劳动的快乐。教师也可利用"娃娃家"等区域，让幼儿在情境中体验生活，掌握生活技能。生活活动更多的是集体活动，因此教师应重视活动中的师幼交往和同伴交往，让幼儿在自然的交往状态中，发展利他及合作精神。

（三）主动性

生活活动是幼儿园保育任务的一项主要活动，传统的保育观多从保教人员的主观臆想

出发，习惯于向幼儿发出指令式、约束式、训斥式等强制性要求，幼儿则被动地遵照幼儿园的既定规则，完成用餐、盥洗、喝水、睡眠等环节，较少考虑幼儿的主动性。科学的保育观强调尊重幼儿，即便在每天必不可少的生活环节，教师也应充分发挥幼儿的主动性，让幼儿成为生活的小主人。教师应注重为幼儿提供宽松的生活环境，尊重、了解不同年龄幼儿的特点和需要，以真诚的爱心、积极的鼓励，让幼儿主动参与活动中。例如，用餐环节，鼓励幼儿协助教师做好餐前的准备工作，可以每天以小值日生的形式，让幼儿协助擦桌子、添饭、分发餐具；用餐完毕，鼓励幼儿将餐具放到指定位置，将各自的桌面收拾干净等。教师还可以组织幼儿讨论生活活动的程序或规则（如如何洗手等），并用幼儿能理解的图像加以表征，贴在生活活动的相应场所，以提醒幼儿主动按程序或规则操作，充分尊重幼儿的主体性。

（四）差异性

儿童的发展存在差异性，不同的生活活动也应采取不同的指导策略。例如，进餐环节，能力强的幼儿能较快而又开心地完成进餐，能力弱的幼儿往往抵触进餐同时情绪低落。教师对于能力强的幼儿应给予正面的赞赏，同时对能力弱的幼儿采取激励式的抚慰和支持性的帮助。例如，在睡眠环节，对于能力强，能主动穿脱衣服的幼儿，在表扬的同时，还可鼓励他们帮助能力弱的幼儿，而对能力弱的幼儿应以激励其自主服务为主，辅以适当的支持和帮助。

在不同的生活活动中，教师的指导重点和策略也不一样。例如，入园活动重点在于幼儿情绪的稳定及适宜的晨练活动的组织；盥洗活动应避免幼儿忘记活动程序与规则，而与同伴进行嬉戏玩耍；进餐活动应给幼儿提供愉快进餐环境；如厕活动则需要考虑幼儿的个体需要，尽量减少长时间等待。

（五）适宜性

组织幼儿园的生活活动必须顾及幼儿身心发育的特点，这对幼儿养成良好的生活习惯具有重要意义。幼儿年龄越小，可塑性越大。从入园起就应加强对幼儿生活习惯的培养，使他们的生活有规律地按时进行，保证幼儿学习时精力集中，进餐时食欲旺盛，游戏时精力充沛，睡眠时按时入睡，以减少神经细胞的能耗，提高一日生活的效率。

在环境的创设上也应贴近幼儿生活实际，力求方便幼儿取放物品，降低幼儿参与活动的难度，如盥洗室水龙头的高度、毛巾和杯子架的高度应适合不同年龄段幼儿使用，餐桶高度适宜幼儿自己动手添饭等。

二、幼儿园生活活动的指导要求

（一）入园活动的指导要求

幼儿入园标志着幼儿一日活动的开始，科学合理地安排幼儿的入园活动，可以提高教师的工作效率（表6-1）。

表6-1 入园的准备活动

幼儿活动与要求	教师工作与要求	保育员教师工作与要求	家长要求
（1）主动用普通话向老师问好，并和家长说再见 （2）在老师或家长的协助下自己将衣物、鞋帽、书包放在固定的地方 （3）值日生在教师的指导下做好值日生工作 （4）在教师的指导下，积极参加晨间游戏	（1）上班前用肥皂、流动水洗净双手，整理好仪表 （2）热情接待幼儿并观察幼儿的皮肤、五官、精神等，有异常情况及时交由保健室医生了解情况并监护；和个别家长进行简短的交流；做好个别幼儿的情绪安抚 （3）组织运动量适中的晨练活动 （4）协助保育员教师做开餐准备工作 （5）播放轻松音乐，营造温馨气氛	（1）上班前用肥皂、流动水洗净双手，整理好仪表 （2）开窗通风，保持室内空气流通（冬季15分钟，夏季全天开窗）。准备足量的饮水 （3）由内向外做好室内外的清洁工作 （4）正在服用药物的幼儿，提醒家长记录好幼儿用药名称、剂量、服药时间、数量，并签名 （5）协助教师开展晨间活动，安抚个别幼儿情绪，特别关注体弱幼儿	按要求帮助幼儿带齐当日所需的生活和学习用品，确保幼儿不带危险物品到园

温馨贴士：

1.入园接待小策略

幼儿来园不高兴——教师转移其注意力；

幼儿不愿问好——教师主动向他打招呼；

幼儿丢三落四——教师制作提示图；

幼儿经常迟到——教师家长齐督促；

幼儿无所事事——教师开展晨间游戏；

教师遇到"爱聊天的家长"——再约时间聊。

2.新生入园的指导重点

每年的9月和3月是新生秋季和春季入园期，幼儿第一次离开家进入新的环境，教师如何把握这个时间段的新生入园环节呢？

（1）建立安全的情感依恋。幼儿初到新的环境，表现出来的焦虑各不相同。教师应分工合作，每人负责一部分幼儿，并尽快与这些幼儿建立稳定的情感联系，安抚幼儿情绪，使幼儿入班后能尽快地融入新的集体。在入园环节，教师可每天在门口亲切接待每一位新生，亲切问候和呼唤他们，用抚摸、拥抱等肢体语言，拉近与幼儿的情感距离。

（2）创设温馨的班级环境。在班级环境的创设上，要突出家的氛围，重点创设"娃娃家"区域，可铺设各色软垫，使幼儿可以像在家一样躺着、滚着、玩耍着，并放置各式绒布娃娃来满足他们搂抱的需要，让幼儿能够顺利融入新的集体环境。

（3）积极的正面鼓励，稳定幼儿的情绪。关注幼儿的情绪变化，一旦有好转，可以通过实物奖励、精神鼓励等方法，立即给予正面强化，激发幼儿的愉悦情感，强化积极情绪。

（4）组织丰富有趣的游戏活动，转移幼儿的注意力。教师可以利用"娃娃家"，组织"给妈妈打电话"的游戏，由教师当妈妈，和幼儿互打电话，使幼儿获得情感上的满足。

也可以组织幼儿玩"抱一抱"游戏，教师轮流与幼儿拥抱，幼儿之间互相拥抱，这样可使幼儿进一步认识和熟悉老师、同伴，减少陌生焦虑和交往焦虑。

（二）进餐活动的指导要求

幼儿的一日三餐是生活活动中的重要组成部分，因为有目的地运用符合幼儿年龄段特点的方式方法，科学地组织进餐，不仅有助于培养幼儿养成良好的进餐习惯、生活学习习惯和基本能力，促进幼儿的身心和谐健康发展，也有助于班级良好常规的建立（表6-2）。

表6-2　进餐活动要求

幼儿活动与要求	教师工作与要求	保育员教师工作与要求
（1）在教师的指导下，进餐前洗手，不做剧烈运动，进餐时保持安静、愉快进餐 （2）正确使用餐具（筷子）、餐巾 （3）在教师提醒后，能做到吃东西时不讲话、不挑食、不浪费食物，保持桌面、地面和衣服的干净整洁，逐步养成文明进餐的习惯 （4）饭后自己收拾餐具 （5）餐后在教师指导下漱口、擦嘴、擦手	（1）组织幼儿按时进餐，两餐间隔时间不少于3个半小时 （2）组织幼儿安静有序地坐在位置上进行餐前活动（餐前活动可以是手指游戏、语言游戏、做音乐律动等），避免幼儿在餐前情绪过于兴奋、激动 （3）简单介绍今天的食谱、营养搭配和对身体的益处，增强幼儿食欲 （4）给幼儿适当的选择机会，允许幼儿在一定范围内自由选择进餐座位、食物等 （5）提醒幼儿吃饭时姿势要端正，右手拿筷子，左手扶碗；不挑食、不剩饭，尽量不撒饭；吃饭时不东张西望，细嚼慢咽。教师提醒语言要轻声细语，态度和蔼，不能训斥和严厉批评幼儿，以免影响幼儿进餐情绪，妨碍食物消化 （6）观察幼儿进食量，给予进餐困难的幼儿（进餐慢、体弱、患病）帮助，对食欲缺乏、精神不好或呕吐的幼儿要及时与家长和医务室联系，进行必要的身体检查	（1）严格按照1∶200的比例配制的"84"消毒液，把专门的擦餐桌的毛巾打湿，稍拧干，叠四边，用抹布一面从桌子左下角往上依次擦至右下角，顺势擦桌子四边沿。5分钟后用清水同法再擦一遍 （2）保育员教师给幼儿分饭菜，分饭菜时注意饭菜量适中、均衡，配班教师给幼儿盛汤，汤碗放在饭碗的右上角。当盛完一组后，教师提醒幼儿上位吃饭（原则上请吃饭慢和体弱幼儿先进餐） （3）来回巡视，及时为幼儿添饭，添饭时要注意餐具从幼儿正面端送，避免烫伤，掌握幼儿进食量，少盛多添，纠正幼儿进餐姿势 （4）提醒幼儿用餐后将餐具分类放在指定的盆内 （5）整理班级地面、走廊、卫生间卫生

温馨贴士：

1. 进餐活动的指导重点

（1）把握好幼儿就餐时间，掌握正确的就餐方法

专家指出，就餐时间过短或过长都会影响到幼儿营养素的合理摄取，主张从小培养幼儿良好的饮食卫生习惯，幼儿每次就餐所用时间为30~40分钟为宜。班级教师和保育员教师应及时提醒幼儿细嚼慢咽，让幼儿逐步自觉调整用餐时间。一般小班幼儿用勺子进餐，中、大班幼儿用筷子进餐。

（2）关注幼儿进餐的心理健康

芝加哥大学心理学家齐克森·墨海认为在进餐中交谈，会使人们心情愉快、思维活

跃、富于创造性联想。在幼儿进餐中，教师和保育员教师尽量不要训斥、催促幼儿，这样容易使幼儿的神经处于紧张状态，影响食欲，引起幼儿情绪的反感、紧张进而造成厌食、畏食。

（3）帮助幼儿养成良好的进餐习惯

习惯需要坚持才能养成，教师应采用多种方法帮助幼儿养成良好的进餐习惯。例如，榜样示范法、故事引导法，即利用幼儿喜欢听故事、爱表扬的特点，利用集体的氛围感染幼儿，为他们树立榜样；逐渐加量法、家长配合法，即对偏食、挑食的幼儿，采用逐渐加量的方法，从一点点开始，慢慢地适应，同时，建议家长在家中也适当安排这类食物，他们不爱吃时可以少吃一点；奖励法，即对于偏食、剩饭的幼儿，及时发现他们的进步，并给予"进步星"等奖励，调动幼儿的积极性，让他更有信心对待进餐。

2. 影响幼儿进餐的因素

（1）幼儿生理及心理因素的影响。进餐前在幼儿体能的消耗方面要做到科学合理，不能为了让幼儿感觉到饿而故意加大幼儿的活动量，这样会造成幼儿体力不足，过度疲惫。科学合理、动静交替的体能活动，才能让幼儿身心愉悦而达到良好的效果。进餐前教师要引导幼儿做好盥洗工作，以利于幼儿健康饮食。进餐过程中要注意指导的语气和措辞，让幼儿保持愉快的进餐心情。

（2）食物因素的影响。食物要适量：幼儿仅仅能吃相当于成人食量的40%，放太多的食物在他的碟子里会很快抑制他的食欲，所以最好是等他吃完所有的东西之后，再在他的碟子里添加少量的食物，不要一次提供太多东西。

温度要适宜：一般要求提供相对温度适中的食物，如果食物温度过高，幼儿可能害怕烫嘴，也缺乏耐心等待食物慢慢变凉。因此教师要提供温度适宜的食物，供幼儿直接进食。

口味的调制：幼儿一般对4种主要口味比较敏感，即甜、酸、辣、咸，所以，提供给幼儿的食物宜相对清淡。

（3）季节天气的影响。幼儿食欲容易受季节的影响，尤其是小班的幼儿。例如，在天气炎热时幼儿的食欲就不是那么好。所以在指导幼儿进餐时要注意天气和季节的变化。天气炎热时，可以在进餐前半小时让幼儿喝一小杯水，舒缓咽喉及肠道，米饭不宜太硬，菜汁可多些，食物不能太热。食物取放点要安全卫生，放于桌面且方便幼儿取放。冬天天气冷，尤其是小班幼儿年龄小，动作不够灵活，这样会给幼儿造成一定的进餐困难，许多幼儿会因此而放弃好好进餐。这时，教师要做好室内的保暖工作，可以让幼儿脱去外套，减轻幼儿的动作负担。

（三）盥洗活动的指导要求

在幼儿一日生活各环节中，盥洗是幼儿每天必不可少的环节，包括洗手、洗脸、漱口、梳头等活动。在这看似简单而平凡的环节中，却蕴含着许许多多的学问。养成良好的盥洗习惯，是保障幼儿身体健康的第一道防线（表6-3）。

表6-3 盥洗活动要求

年龄班	幼儿活动与要求	教师工作与要求	保育员教师工作与要求
小班	（1）盥洗时不拥挤 （2）在教师的帮助下洗手、洗脸、漱口 （3）初步学习盥法的方法和步骤；不晚睡、不浸湿衣服和地板 （4）摆好盥洗用具 （5）注意安全	（1）组织幼儿有序盥洗 （2）帮助、引导幼儿用正确的方法盥洗 （3）提醒幼儿遵守盥洗规则，认真地洗净手、脸 （4）提醒幼儿洗脸时不玩水、不嬉戏、不吵闹。注意幼儿安全	（1）创设整洁、温馨、卫生的盥洗环境，保持地面干燥，盥洗室无异味，放好肥皂 （2）组织幼儿有序盥洗，密切关注每个幼儿的洗手过程，对搓洗不仔细、冲洗不干净等行为，要耐心地给予动作示范和语言提示 （3）清洁盥洗室地面
中班	（1）盥洗时不拥挤 （2）初步学会洗手、洗脸的顺序和方法 （3）遵守盥洗规则，不玩水、不嬉戏、不吵闹，注意安全	（1）组织幼儿排队盥洗 （2）提醒幼儿分组进行洗手活动，有轮流等待的意识，保持盥洗室安静有序 （3）提醒幼儿用正确的方法，按顺序认真洗干净手、脸 （4）关注幼儿的洗手过程，发现有打闹、玩水现象，要及时给予提醒和引导	（1）创设整洁、温馨、卫生的盥洗环境，保持地面干燥，盥洗室无异味 （2）密切关注每个幼儿的洗手过程，对搓洗不仔细、冲洗不干净等行为，要耐心地给予动作示范和语言提示 （3）帮助幼儿洗完手后用正确的方法擦干双手，将衣袖放下，整理平整。秋、冬季节注意拉出内衣和秋衣的袖口，并帮助幼儿涂抹护手霜 （4）幼儿盥洗结束后，及时用干拖把擦干地面的水，等最后一个幼儿洗完手后再离开盥洗室
大班	（1）知道手脏时洗手，饭前便后洗手 （2）学习正确的洗手流程：在相互帮助下卷好袖口，将手淋湿，均匀涂抹肥皂5~6次，再冲洗肥皂沫，抖掉水珠，用自己的毛巾擦干手，挂好毛巾，放下衣袖 （3）遵守盥洗规则，不玩水、不嬉戏、不吵闹，注意安全 （4）摆放好盥洗用具	（1）组织幼儿排队盥洗 （2）提醒幼儿分组进行洗手活动，有轮流等待的意识，保持盥洗室安静有序 （3）提醒幼儿用正确的方法，按顺序认真洗干净手、脸 （4）关注幼儿的洗手过程，发现有打闹、玩水现象，要及时给予提醒和引导	（1）创设整洁、温馨、卫生的盥洗环境，保持地面干燥，盥洗室无异味 （2）密切关注每个幼儿的洗手过程，对搓洗不仔细、冲洗不干净等行为，要耐心地给予动作示范和语言提示 （3）帮助幼儿洗完手后用正确的方法擦干双手，将衣袖放下，整理平整。秋、冬季节注意拉出内衣和秋衣的袖口，并帮助幼儿涂抹护手霜 （4）幼儿盥洗结束后，及时用干拖把擦干地面的水，等最后一个幼儿洗完手后再离开盥洗室

温馨贴士：

1. 正确洗手七步法（图6-1）

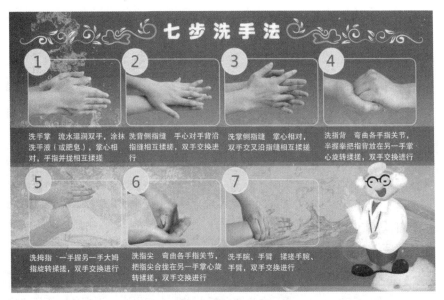

图6-1 正确洗手七步法

2. 正确的洗脸方法

教师可以设计专门活动，结合故事、儿歌、音乐和榜样示范等方法，帮助幼儿养成良好的洗脸习惯。一般而言，洗脸的步骤如下。

（1）将袖子一层一层挽至胳膊肘处。

（2）打开水龙头，注意水流柔和，切勿过大，用水将手冲湿。

（3）将毛巾弄湿后平摊于手上。

（4）俯身向前，低下头，闭上双眼，双手从上到下、从里到外，依次将额头、鼻子、嘴巴、脸颊、耳朵、脖子洗干净，如此重复3~5次后，擦干脸部。

（5）将毛巾洗干净，拧干，挂回原处。

（6）蘸取适量护肤霜，用手在脸上轻轻涂抹均匀。

（7）将挽起的袖子放下来。

3. 正确的漱口方法

教师可以设计专门活动，结合故事、儿歌、音乐和榜样示范等方法，帮助幼儿养成良好的漱口习惯。一般而言，漱口的步骤如下。

（1）取出自己的水杯，轻轻走到盥洗室。

（2）接半杯水，端稳水杯，喝一口水，含在口中，闭紧嘴。

（3）鼓起两腮，反复鼓漱3~5次。

（4）低下头，轻轻将水吐出。

（5）重复（3）、（4）动作3次后用干的洗脸毛巾将嘴上的水滴擦干净。

（6）将水杯放回原处。

（四）喝水活动的指导要求

水是构成身体细胞和组织的重要成分，身体内的水对维持人体正常的活动具有极大意义。幼儿正处于生长发育阶段，需要教师合理组织其喝水，要把喝水环节作为生活活动重点（表6-4）。

表6-4　喝水活动要求

年龄班	幼儿活动与要求	教师工作与要求	保育员教师工作与要求
小班	（1）能在教师的组织下有序取杯 （2）双手拿好杯子，慢慢喝水，不要将水洒在外面 （3）把水杯归位	（1）教师引导幼儿取水及饮水，提醒幼儿掌握适当的取水量，不要浪费水 （2）督促个别感冒、咳嗽的幼儿多喝水 （3）提醒幼儿喝水后将杯子放回水杯柜 （4）提醒不爱喝水的幼儿多喝水	（1）全天备足温度适宜的饮用水（饮用水应当为当日烧开的清洁水），供幼儿随时饮用。开水桶每天清洗一次，隔夜水不得继续饮用 （2）协助教师照顾幼儿取水及饮水，提醒幼儿掌握适当的取水量，不要浪费水；检查水杯是否有剩余开水，杯子是否对号放好 （3）保持地面干净
中班	（1）口渴时能主动表达自己的饮水需求 （2）自觉排队拿杯子接开水 （3）主动按需按量喝水 （4）用自己的杯子喝水，节约用水，不把水洒在地上	（1）教师引导幼儿取水及饮水，提醒幼儿掌握适当的取水量，不要浪费水 （2）在幼儿活动或游戏时，要提醒他们随渴随喝 （3）提醒感冒、咳嗽、不爱喝水的幼儿多喝水	（1）全天备足温度适宜的饮用水（饮用水应当为当日烧开的清洁水），供幼儿随时饮用。开水桶每天清洗一次，隔夜水不得继续饮用 （2）在集体饮水时，协助教师照顾幼儿取水及饮水，提醒幼儿按需取水，不要浪费水 （3）幼儿喝完水后，检查水杯是否有剩余开水，杯子是否对号放好
大班	（1）大量运动后休息片刻再喝水 （2）主动、足量地喝水 （3）懂得接适量的水，避免将水洒在地上	（1）教师引导幼儿取水及饮水，提醒幼儿掌握适当的取水量，不要浪费水 （2）在幼儿活动或游戏时，要提醒他们随渴随喝 （3）提醒幼儿按需取水，喝水不要过快、过多 （4）提醒感冒、咳嗽、不爱喝水的幼儿多喝水	（1）全天备足温度适宜的饮用水（饮用水应当为当日烧开的清洁水），供幼儿随时饮用。开水桶每天清洗一次，隔夜水不得继续饮用 （2）在集体饮水时，协助教师照顾幼儿取水及饮水，提醒幼儿按需取水，不要浪费水 （3）提醒幼儿喝水后能按照编号把水杯放回原处 （4）保持地面干净

温馨贴士：

引导幼儿喝水的方法

幼儿的新陈代谢比较旺盛，每天需要充足的水分，教师应采用多种方法引导幼儿喝水，保证幼儿的需求。

1. 拟人游戏法

拟人游戏法，即让幼儿在拟人游戏中养成爱喝水的习惯。这种方法比较适合小班幼儿。小班幼儿的一日活动为游戏所贯穿，教师可以把游戏中的情景或人物延伸到喝水的环节。例如，"小汽车"的游戏结束后，教师可以这样引导幼儿："小汽车需要加油了！"然后，自然地引入喝水环节。

2. 儿歌故事法

儿歌故事法，即利用儿歌或故事（如"小水滴""小水滴旅行记"）引起幼儿喝水的兴趣，激发幼儿喝水的愿望。

附儿歌：

小水滴

小水桶，大肚皮，里面藏着小水滴。

小水滴，别着急，宝宝马上来接你。

咕嘟嘟，咕嘟嘟，水滴跑进肚子里。

附故事：

小水滴旅行记

大海妈妈有许多调皮可爱的水滴宝宝。有一天，小水滴们对大海妈妈说："妈妈，我们想去旅行，鱼姐姐说，外面的世界可精彩了。"大海妈妈笑了笑，指着太阳说："好！太阳公公会帮你们忙的。"太阳公公听到了，说："小水滴们，快来吧，我带你们旅行去。"这时，小水滴感到自己轻飘飘起来了，它们变成了水汽向空中飞去。飞呀飞，飞到了云妈妈的身边，云妈妈说："孩子们，快到我的怀里，让我带你们去旅行。"小水滴飞到了云妈妈的怀里，云妈妈一下子变胖了，云妈妈带着小水滴到处旅行，小水滴看到了茂密的森林、可爱的动物、美丽的城市，最后，小水滴来到了北极，北极好冷啊。小水滴不禁哆嗦起来。一阵大风吹来，小水滴从云妈妈的身上掉了下来。寒冷的风让它们变成了雪花，一片一片地落到了北冰洋。"好冷啊，我们想回家。"于是，小水滴顺着北冰洋一路游去，游了好久好久，才回到了家。"妈妈，妈妈，我们旅行回来了。"它们高兴地向妈妈讲起了旅行的见闻。

3. 环境提示法

环境提示法，即通过环境，提示引领幼儿喝水。幼儿的年龄不同，环境创设的内容也应有所不同。例如，在饮水区，教师把饮水桶或饮水机装饰成奶牛的样子，幼儿接水的时候就像在给奶牛挤奶，这样的环境比较适合小班的幼儿。到了中、大班，教师可以在饮水区张贴一些图片来展示饮水对身体的好处。教师还可以在卫生间的墙上张贴一些不同颜色的小便的图片，把它们作为饮水的提示图。例如，在幼儿小便时引导他们观察自己小便的颜色，并对照提示图中对应的颜色引导幼儿适量地饮水。

4. 记录监督法

记录监督法，即让幼儿记录下自己每天喝水的次数和饮水量。这种方法适合中、大班幼儿。根据幼儿记录水平的不同，教师可以引导幼儿选择多种记录的形式。刚开始可以选用插卡记录或贴画记录的方法，这种方法比较好操作，幼儿容易掌握。随着幼儿年龄的增长和记录水平的进步，可以引导他们用画图表和填表格的记录方法，这种方法利于幼儿了解自己近期（一周）的饮水情况，每天可以做对比。

5. 鼓励表扬法

鼓励表扬法与记录监督法同时使用效果较好。指根据幼儿的饮水记录进行表扬，树立榜样，以保持幼儿自觉饮水的行为。但是要注意，有些幼儿可能为了得到表扬有时会没有喝水也记录或多记录。所以，教师要结合自己或其他小朋友的观察与监督实施这种方法。

6. 经验交流法

教师可以"上火"为题展开讨论，引导幼儿说说自己"上火"的经验与大家分享，总结要多喝白开水才不会上火。这些活动的开展能使幼儿产生初步的自我服务意识，很好地引导幼儿养成自觉的饮水习惯。

7. 教师榜样法

在一天的活动中，教师也是要喝水的，教师的饮水行为也会间接地影响孩子。所以，教师要为孩子树立榜样，和幼儿一起饮水，和幼儿一起做饮水记录，看看老师喝了几杯水，这种方式也会产生积极的影响。

8. 家园协作法

有些幼儿不爱在幼儿园喝水与家庭的饮水方式有关。例如，幼儿在家里习惯了喝饮料、果汁，不经常喝白开水，要了解幼儿在家庭中的饮水情况，让家长引导幼儿多喝白开水。

（五）午睡活动的指导要求

幼儿处于生长发育期，因此应保证其充足的睡眠。在进入午睡前，教师应通过播放舒缓音乐等方式，让幼儿尽快平静心情。同时，在幼儿入睡后，也要仔细观察，避免幼儿在午睡时发生意外情况。午睡活动要求如表6-5所示。

表6-5 午睡活动要求

幼儿活动与要求	教师工作与要求	保育员教师工作与要求
（1）在教师的指导下，尝试有序地脱外套和裤子 （2）脱衣遇到困难能及时向老师求助 （3）有良好的午睡习惯：安静入睡，保持正确的睡姿（不趴着睡、不蒙头睡）。不无故爬起来，不发出声响，不影响他人睡眠，不将异物放入口、鼻、耳中 （4）起床后自己如厕，如厕后在教师的帮助下，扎好内衣、裤子 （5）在教师的指导下穿好衣服、裤子、鞋子	（1）午睡前宜安排安静的活动，如散步、听歌、看书、谈话等，使幼儿入睡时情绪安定 （2）睡前做好提醒幼儿大小便的工作，使幼儿轻轻松松上床 （3）清点人数，在寝室门口检查，收纳幼儿随身携带的小物品，置入小篮内 （4）安抚幼儿的情绪。指导并帮助幼儿脱叠衣物，放在固定的地方 （5）及时发现、处理突发情况	（1）为幼儿创设一个良好的睡眠环境。卧室内环境应保持清洁、优雅、安静，光线柔和。室温一般以20~22℃为宜 （2）每隔15分钟巡视幼儿午睡情况，细心观察幼儿的举动，及时发现和处理问题，杜绝意外事故的发生 （3）及时做好午睡记录，有针对性地采取相应的措施 （4）幼儿起床离开寝室后，保育员教师完成床铺的整理工作和寝室清洁工作

温馨贴士：

1. 使用爱抚和鼓励的方法使个别幼儿尽快入睡

个别幼儿进入寝室不但不愿入睡而且不停地在床上翻来覆去，还会拉着邻床的小朋友做一些小动作，影响其他幼儿入睡和睡眠的质量。对待这些幼儿，教师除了采取放音乐、讲故事、说歌谣的方式之外，还要采取爱抚、鼓励的方法。例如，拍一拍、抱一抱、抚摸一下；可以进行物品奖励，如贴一些小红花、小星星；还可以口头表扬，使幼儿尽快入睡。对一些没有午睡习惯的幼儿，可以让他们安静地看一会儿书、搭一会儿积木再休息，不强迫他们立即睡觉，但也不能让他们把整个午睡时间用来做其他的事。

幼儿教师切记不能把没有午睡习惯和入睡较慢的幼儿安排为邻床，这样他们就更难入睡，不但会交头接耳、互相影响，而且不利于值班教师的管理。教师可以把这些幼儿和入睡较快的或者是非常安静的幼儿安排为邻床，这样可以起到带头作用。教师不能对不愿午睡的幼儿不闻不问，也不能任其整个午睡时间自由活动。午睡值班的教师，要对这些个别幼儿多加关注和引导，使幼儿尽快入睡。

2. 培养幼儿正确的睡姿

幼儿的睡姿正确与否直接影响到幼儿睡眠的质量和身体健康。经专家研究发现，俯睡姿势会压迫人体心脏，使血液循环受到严重影响，左侧卧睡也同样会受影响，蒙头睡则会使幼儿呼吸不畅，正确的睡姿是向右侧睡，双腿稍稍屈膝，这样的睡姿会使较多的血液流向身体的右侧，从而相对减轻心脏负担有利于心脏休息，有利于肝脏功能的发挥。因此教师必须培养幼儿仰睡或右侧睡的正确睡姿。教师除了要向幼儿讲清楚仰睡和右侧睡的好处外，还应经常在幼儿睡前给予提醒和纠正，直到幼儿养成正确的睡姿为止。

3. 值班教师在值午睡的过程中应注意的问题

（1）教师不能把午睡当成自己的休闲时刻，或者自己趁机睡觉。

（2）不应把午睡时间当成备课时间，或者用来写东西、读书、看报纸，而忽视幼儿交头接耳做一些小动作的现象。

（3）教师或值班教师不应把午睡时间用来与其他教师聊天、吃零食、玩手机，置幼儿于不顾。

（4）值班教师在值午睡时不要讲话，即使小声也不行。

如果教师之间小声讲话，那么幼儿也会学着小声讲话，所以在幼儿午睡时间内值班教师必须投入午睡管理之中，不断巡视观察幼儿午睡出现的情况，发现踢被子或蒙头睡的幼儿要尽快帮其盖上被子或者掀开被子，防止幼儿生病。

4. 家园配合

帮助幼儿树立良好的午睡习惯仅仅依靠教师是远远不够的。午睡习惯的养成和晚上睡觉时间及早上起床时间有直接关系。因此，家长必须注意帮助幼儿制定合理的睡眠作息时间表。教师要利用入园和离园的时间与幼儿家长进行交流，让该幼儿家长了解幼儿在园的午睡情况，向家长介绍午睡的重要性。也可以利用"家长宣传栏""个别幼儿家长交流会"等形式与家长进行沟通，向家长传授一些关于睡觉的小知识，如正确的睡姿，睡觉时间的合理控制等，要求幼儿家长为幼儿制定合理的作息时间，养成良好的睡眠习惯。

家长应该及时督促幼儿睡觉和起床，尤其是在周六和周日。家长应要求幼儿进行午睡，这样可以避免幼儿周一过分疲劳，导致教师在周一无法正常进行教学活动。所以，家长与幼儿园应步调一致帮助幼儿养成良好的午睡习惯，共同努力，共同关注幼儿的午睡质量。

（六）如厕活动的指导要求

盥洗室是幼儿生活的主要场所，幼儿园应为幼儿创设一个生活方便的环境，让幼儿感到像是在家里如厕一样轻松、舒适、安全。如厕活动要求如表6-6所示。

表6-6　如厕活动要求

年龄班	幼儿活动与要求	教师工作与要求	保育员教师工作与要求
小班	（1）知道及时排便对身体健康有好处 （2）知道有便意时告知成人或者自己如厕 （3）在教师的帮助下脱、提裤子 （4）知道大小便入池，便后用正确方法擦屁股，不会时，会请求老师帮忙 （5）定时排便，便后冲水、洗手	（1）组织幼儿排队如厕 （2）帮助幼儿学习正确的如厕方法 （3）提醒幼儿不在厕所逗留、玩耍 （4）照顾好个别幼儿，对于尿床、穿脱有困难的幼儿，教师给予及时的引导 （5）做好家园沟通工作，提醒家长每天为幼儿准备1~2套衣服带到幼儿园，以备更换	（1）创设宽松、安全、和谐的心理氛围，用接纳、平和的态度对待幼儿尿裤子等行为 （2）保持厕所干净、整洁，空气清新、无异味，保证厕所内的空气流通。每天下班前对厕所进行清洁、消毒 （3）帮助教师指导幼儿脱裤子、提裤子 （4）保持地面干净无水，注意幼儿安全
中班	（1）按要求有序如厕、不拥挤 （2）逐步掌握如厕的正确方法 （3）定时排便，便后冲水、洗手 （4）及时向老师说出大小便的异常情况	（1）男孩、女孩分组轮流如厕 （2）提醒幼儿正确如厕，注意安全，不喧哗、玩闹 （3）与幼儿共同制定班级的如厕常规、厕所文明公约等，并用图画等方式记录下来 （4）允许幼儿随时大小便，并适当提醒	（1）保持厕所干净、整洁，空气清新、无异味，保证厕所内的空气流通。每天下班前对厕所进行清洁、消毒 （2）保持地面干爽，防止幼儿滑倒 （3）指导幼儿脱裤子、提裤子 （4）幼儿如厕时要观察并给予个别帮助
大班	（1）按要求排队如厕 （2）逐步掌握如厕的正确方法 （3）自己脱裤子、提裤子 （4）知道大小便入池，便后用正确方法擦屁股，便后冲水、洗手	（1）允许幼儿随时大小便 （2）指导幼儿如厕时不喧哗、玩闹、争抢 （3）提醒幼儿便后冲水、洗手 （4）与幼儿共同制定班级的如厕常规、厕所文明公约等，并用图画等方式记录下来	（1）创设如厕物质环境。保持厕所干净、整洁，空气清新、无异味，保证厕所内的空气流通。每天下班前对厕所进行清洁、消毒 （2）幼儿如厕时给予观察和帮助 （3）对厕所进行消毒、清洁

温馨贴士：

幼儿如厕活动的指导策略

大小便是幼儿生活中非常重要的一部分，教师要针对幼儿的个体差异及不同的家庭教育情况，根据年龄特点，培养幼儿正确的如厕行为和如厕习惯。教育要因人而异，坚持正面教育，不断予以鼓励，坚持一致性和一贯性的原则，内容与要求方面做到由浅入深、循序渐进。

1. 营造接纳、和谐的如厕氛围

幼儿入园后，随着如厕环境和方式的变化，许多幼儿难免有紧张的心理，教师对个别大小便失控的幼儿采取的态度是极其重要的。教师应按照不同的需要帮助他们减轻紧张情绪，可以适当表扬幼儿的如厕行为，但不可过分夸奖，帮助幼儿按照自己的速度去控制大小便，消除幼儿在幼儿园如厕的恐惧感。

2. 在一日生活中渗透如厕教育

教师要抓住一日活动中的关键时机，引导幼儿进行如厕练习，逐渐养成良好的习惯。在组织形式方面，可以采取个别指导为主与集体教育相结合的形式；在环境创设方面也可渗透如厕的教育内容，培养幼儿的如厕能力。例如，在便池边安装小扶手，让幼儿可以把握，帮助幼儿顺利排便；采用张贴图片或标记等方法引导幼儿正确、有序如厕；在幼儿如厕的高度，放置便纸盒，鼓励幼儿自己的事情自己做。同时，鼓励家园合作，共同培养幼儿按时、及时排便的习惯。

（七）离园活动的指导要求

离园活动是指幼儿离园前由教师组织进行的一项活动，时间一般在下午 16：30~19：00。幼儿离园标志着幼儿一日活动的结束，科学合理安排幼儿的离园活动，可以让幼儿更好地进入第二天的活动。离园活动要求如表6-7所示。

表 6-7　离园活动要求

幼儿活动与要求	教师工作与要求	保育员教师工作与要求
（1）愉快离园，能主动使用礼貌用语与老师、小朋友再见 （2）在教师的协助下将小椅子、玩具、书籍等送到指定地点 （3）在教师的协助下，整理自己的仪表，背好书包，跟随家长回家 （4）注意安全，不跟陌生人走	（1）离园前，与幼儿进行简短谈话，回顾一日的生活，表扬进步，提出新要求 （2）指导幼儿相互检查仪表是否整洁，提醒幼儿带好回家的物品 （3）有计划地组织好每天的离园活动，如阅读、手指游戏、欣赏等 （4）认真负责把每一位幼儿安全交给家长，严禁出现幼儿自己离班、离园、被陌生人接走现象；有陌生人接幼儿时，首先与家长取得联系，确认得到家长同意，并请陌生人在交接班记录本上书面签字后，方可把幼儿交给陌生人 （5）幼儿离园后，检查水、电是否切断，门窗是否关好	（1）检查整理幼儿仪表，协助教师接待家长 （2）协助教师组织好幼儿的区域活动 （3）填写记录本，清理盥洗室、厕所，整理教室，拖干净教室和走廊地面 （4）关好门窗、切断水、电，做好安全工作

温馨贴士：

离园活动的指导重点

每天的离园活动建议以自由选择的方式开展，教师可尽量安排一些自主性强、方便灵活、时间可长可短的活动。例如：

1. 今天我值日——教室内整理

教师请幼儿整理活动室，如清理各区角的活动材料、打扫地面的垃圾、摆好小椅子

等，既丰富了离园活动的内容，又能帮助幼儿养成爱劳动的好习惯。

2. 兴趣活动——自由选择，充分发展自己的特长

针对幼儿兴趣开放不同区域，如阅读、手工等，让幼儿做自己感兴趣的事。

3. 游戏活动——宽松氛围，自信快乐

离园前的宽松氛围，会使幼儿在游戏中更加真实自然，能给幼儿一种轻松、愉悦的情绪体验，如音乐活动、趣味游戏、玩具拼搭等，都是不错的选择。

4. 形式多样的阅读活动

离园环节可以组织一些形式多样的阅读活动，如独立阅读、结伴阅读、画故事、读故事等，亲子阅读也是其中的一种形式。离园时家长来了，而幼儿往往被活动内容所吸引不愿意离开，可建议家长蹲下来和幼儿一起完成活动。利用离园环节，开展一些亲子共读、共玩、共做等活动，能让家长对幼儿进行正确的教育和引导，调整家长的教育行为，同时使家长了解幼儿的实际发展水平。

幼儿园生活活动案例与分析
点心时光

案例 6-1

起床后，孩子们听从老师的指挥喝水、小便、洗手，然后按照老师要求一个个搬好椅子坐在活动室中间，乖乖地等待着老师。有一部分孩子还没有完全醒过来，无精打采、双眼无神；还有一部分孩子因为无事可做发出了打闹、嬉笑的嘈杂声。今天的点心是苹果，保育员老师在忙碌地给孩子们切苹果、分发苹果，引来一些好奇的孩子在旁边观看。终于，老师开始请孩子们吃点心了，"先坐好，安静的小朋友可以先吃点心，我来一个个点名。"在老师的检查督促下，孩子们马上安静下来，搬着小椅子找到点心盘后小手背在后面坐好，他们的眼睛一直盯着点心盘里的水果，感觉口水都要流下来了。等所有孩子都坐过来了，老师一声令下："请吃点心。"所有小朋友用最快的速度抓着苹果往嘴巴里放，狼吞虎咽，想马上把自己那份苹果吃完，好再去拿剩在餐盘里的苹果。活动室开始乱了起来，老师马上停止了孩子们的"自由选取"活动。

案例 6-2

中午起床了，孩子们在舒缓的钢琴声中渐渐苏醒，他们用最快的速度穿好衣服。今天不需要老师催促，因为先穿好衣服的前三名可以帮助老师分发小点心，这是他们最喜欢做的事情。孩子穿好衣服后，接下来是听着音乐跟老师做律动操，规

则是可以选择一个人跳，两个人合作跳，也可以创编自己喜欢的动作。当音乐再一次转换成舒缓的钢琴曲时，吃点心的时间到了，孩子们陆续拿着餐盘来到中间的点心区自选水果，水果品种很丰富，有香蕉、苹果、火龙果、橘子，每个点心盘下有建议孩子们自取的数量。教师没有催促也没有提醒，孩子们在愉快的氛围中自觉地遵守秩序、安静进餐。吃完点心，孩子们将餐盘放到指定的位置，并在点心记录栏里插上自己名字的小红旗，证明他们已经吃过水果了。

案例分析

幼儿午点活动是幼儿园一日生活中最基本的环节之一，它重在培养幼儿良好饮食习惯和进餐能力，对幼儿健康成长起着重要的作用。从案例6-1和案例6-2的比较中不难看出，在生活活动中教师的合理组织，对培养幼儿的主动性方面起着至关重要的作用。

1. 鼓励自理

自理是一个人应该具备的最基本的技能。著名教育家陈鹤琴先生提出："凡是儿童自己能做的，应当让他自己做"。案例6-1中的幼儿，他们在活动中被教师束缚，老师怕分发水果幼儿做不好，所以不让幼儿去尝试，而案例6-2中教师让幼儿自由进出活动室、自己愉快舞蹈、自己选择食物，什么事情都可以自行分配安排，不被老师限制干扰。案例6-2给我们的启发是，教师应充分给幼儿动手的机会，让幼儿自己尝试，不用担心他们干不好。我们要善于挖掘孩子的潜力，让他们做力所能及的事，充分相信他们。适时适度的放手，逐步脱离依赖和被动的帮助，能锻炼他们自主做事的能力。

2. 主张自选

给予幼儿充分选择的机会，是对幼儿的尊重和信任。案例6-1中，水果固定数量，选择单一，幼儿因为想多吃一些水果而导致进餐习惯不太好，狼吞虎咽，案例6-2中幼儿按需自取，水果多样，数量可参考自选，两相比较，可见自选活动可以给予幼儿自由的空间及自主的环境，是幼儿自我学习，自我发现，自我完善的活动。同时它具有灵活性，能满足幼儿的需要，是实施个别化教育的有效形式。因此，建议幼儿园的午点水果应尽可能做到多样化，给幼儿提供自由挑选的机会，幼儿根据自身饮食情况合理安排自己的进食，能满足幼儿个别化的需要，也能让教师从多方面了解幼儿，敏锐地观察幼儿之间的个体差异。

3. 充分自主

案例6-1中幼儿消极等待太多，感觉无事可做，从头到尾被教师"点名坐好"的要求所禁锢，幼儿做什么，什么时候做，甚至怎么做都由教师来决定，幼儿只是消极地等待老师的安排，其自主性受到了极大地限制。案例6-2中幼儿相对自由，他们在舒缓的音乐声中自主地完成每一项内容，无需教师多加提醒，教师给予幼儿充分自主。以前大部分幼儿园的午点活动都是每人一份，每个孩子没有特殊情况都必须吃完，吃多吃少都不行。现在我们要改变其做法和理念，充分认识到幼儿在生活活动中的主体地位，让幼儿可以自愿自主去选择。

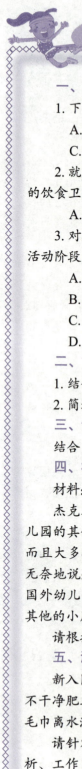

思考与实训

一、单项选择题

1. 下列不属于儿童良好餐饮习惯的是（   ）。

    A. 按时吃饭，坐定进食   B. 逐步培养儿童独立吃完自己的饭菜

    C. 注意不让饭菜撒落在桌上和地上   D. 进餐时大声说笑

2. 就餐时间过短或过长都会影响幼儿营养素的合理摄取，从小培养幼儿良好的饮食卫生习惯，幼儿每次就餐所用的时间以（   ）为宜。

    A. 10~20 分钟   B. 20~30 分钟   C. 30~40 分钟   D. 40~50 分钟

3. 对于不同的年龄班的幼儿，应根据年龄特点和接受能力，设置不同的生活活动阶段目标，下列不属于小班幼儿的生活活动目标的是：

    A. 了解盥洗的顺序，初步掌握刷牙、洗手的基本方法

    B. 正确使用筷子就餐，有良好的饮食习惯

    C. 学习保持自身的情节，会使用手帕

    D. 知道坐、站、行走等正确姿势

二、简答题

1. 结合实践谈谈对幼儿园生活活动目标的理解。

2. 简述幼儿园生活活动的指导原则。

三、论述题

结合日常生活实际，阐述生活活动对幼儿发展的重要意义。

四、材料分析题

材料：不愿睡午觉的杰克

杰克在美国出生，他 5 岁时随父母回到了中国，在幼儿园上中班。杰克对幼儿园的其他生活适应很快，只是不愿意睡午觉，无论老师怎么劝，他都拒绝上床，而且大多数情况下，杰克下午的精神也很好。老师向家长说明情况，杰克的妈妈无奈地说："在国外的幼儿园，如果他不睡午觉，老师就让他看图书，他已习惯了国外幼儿园的生活。"于是，在午睡时间，老师就让杰克做些安静的活动。可是，其他的小朋友看到了，也要求不睡午觉，弄得每到午睡时间，班里都乱哄哄的。

请根据上述案例谈谈如何对待不愿睡觉的幼儿，并阐述你自己的想法和建议。

五、活动设计题

新入园的小班幼儿在洗手时出现了许多问题：有的把袖子弄湿、不洗手背、冲不干净肥皂；有的争抢或拥挤、玩水忘记洗手、擦手后毛巾乱扔在架子上；有的因毛巾离水池远，一路甩手将地面弄得很湿……

请针对上述问题，设计一份改进洗手环节的工作方案。要求写出对问题的分析、工作目标、解决上述不同问题的主要方法。

第七章 幼儿园大型活动设计与指导

引入案例

某天，亲子群里有位妈妈求助说，女儿这两天闹着不去幼儿园上学，一进教室就大哭，老师家长轮番询问原因，她就是不说。平时孩子不这样的，真急死人了。后来有人提醒她问问孩子是不是因为临近"六一"排练节目太累了，经过观察了解，孩子果真是出现了"排练节目综合征"。小女孩被选中参加4个舞蹈的演出，每天密集的排练挤占了玩耍的时间，跳完这个跳那个，所以才哭闹着不肯上幼儿园了。我陷入了沉思：儿童节的演出快乐了谁？

问题： 幼儿园组织大型活动目的是什么？《纲要》和《指南》中幼儿园大型活动的价值取向是什么？幼儿园大型活动应该如何组织呢？

学习目标

（1）了解《纲要》《指南》对幼儿园大型活动提出的具体要求和倡导的价值取向。

（2）理解幼儿园大型活动的含义、特点和类型。

（3）知道幼儿园大型活动组织的一般流程。

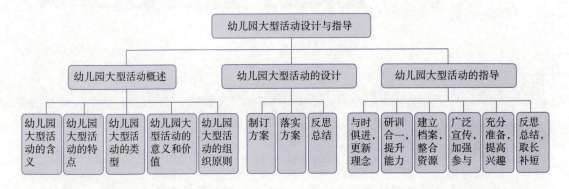

幼儿园大型活动设计与指导

幼儿园大型活动概述 | 幼儿园大型活动的设计 | 幼儿园大型活动的指导

幼儿园大型活动的含义 | 幼儿园大型活动的特点 | 幼儿园大型活动的类型 | 幼儿园大型活动的意义和价值 | 幼儿园大型活动的组织原则 | 制订方案 | 落实方案 | 反思总结 | 与时俱进，更新理念 | 研训合一，提升能力 | 建立档案，整合资源 | 广泛宣传，加强参与 | 充分准备，提高兴趣 | 反思总结，取长补短

|||||||||||||| 第一节　幼儿园大型活动概述 ||||||||||||||

一、幼儿园大型活动的含义

　　《幼儿园教育指导纲要（试行）》（以下简称《纲要》）中指出，幼儿园的教育应该为幼儿一生的发展打好基础，使他们在快乐的童年生活中获得有益于身心发展的经验。这些有益于幼儿身心发展经验的获得多数是在班集体中，除此之外，各幼儿园会根据自身办园理念及培养目标，结合对某一年龄段幼儿全面发展的考虑及节庆背景下的教育契机，进行教育资源优化，开展打破班级界限、参加人数较多、不同规模和类型的大型活动。

　　幼儿园大型活动是幼儿园结合自身的教育理念和培养目标，在适宜的或特定的时间，有计划、有目的地利用各种教育资源，与家庭、社区合作提供的有益幼儿身心发展，并由众多幼儿、教师甚至家长参与的一种特殊的集体教育活动。

　　幼儿园大型活动是幼儿园教育教学活动中的重要组成部分，是幼儿园对外宣传树立形象、增强品牌的一种有效手段，也是幼儿园与家庭、社区密切合作，整合各种教育资源促进幼儿全面发展的一种教育形式，更是检验整个教师团队专业水平和增强幼儿园凝聚力的有效途径。

二、幼儿园大型活动的特点

（一）幼儿园大型活动是一种有目的、有计划的集体活动

　　幼儿园教育活动的组织可采取集体、小组、个别等形式。集体活动旨在帮助幼儿适应

集体生活及学习他人的经验，并集中解决幼儿学习中遇到的共性问题。幼儿园集体活动可以分为班级、年级、全园等不同层级。幼儿园大型活动不同于日常班级的集体教育形式，而是包括多个班级的幼儿、教师甚至家长，构成了一个大集体，所以，幼儿园大型活动是一种更大规模的集体教育活动形式。作为一种集体教育活动，幼儿园大型活动必定具有目的性，有了鲜明的目的，才能保证大型活动的开展自始至终为幼儿服务。同样，幼儿园大型活动具有计划性，在活动开展之前要有周密详细的计划，保证活动有序进行。幼儿园大型活动计划不仅包括全园整体活动计划，还包括年级计划甚至班级计划。

（二）幼儿园大型活动是幼儿园课程的有机组成部分

幼儿园课程是实现幼儿园教育目的的手段，是帮助幼儿获得有益的学习经验，促进其身心全面和谐发展的各种活动的总和。所谓各种活动，即《幼儿园工作规程》指出的"有目的、有计划地引导幼儿生动活泼、主动活动的多种形式的教育过程"。而大型活动是有计划地整合各种教育资源，用较大规模的活动形式促进幼儿身心发展的特殊的集体教育活动。所以，幼儿园大型活动是幼儿园课程的有机组成部分，它体现了幼儿园课程的核心内涵。

（三）幼儿园大型活动是参与人员众多、利用资源广泛的教育活动

幼儿园大型活动的参与人员不仅包括幼儿和教师，通常也包括家长甚至社会人士。我们把这些直接或间接影响幼儿发展的各种因素都称为教育资源。由于教育性是幼儿园大型活动与一般商业大型活动的根本区别，幼儿园大型活动要充分利用各种渠道的教育资源，除了幼儿园内部现有的教学、物质和精神资源外，还包括幼儿的家庭教育资源、社区教育资源及信息技术资源等。具体到大型活动的实际过程中，我们可以发现，幼儿园所利用的资源有来自家长及教师的个人知识能力的资源，如教师的主持才能可以使其作为大型活动的主持人；教师的音乐能力可以为大型活动提供音乐支持；家长及教师的绘画才能可以为幼儿园大型活动的环境创设提供帮助；家长及教师的摄影才能可以为大型活动的过程做记录；还有家长在某些方面的专业知识也能为大型活动中某项需求提供强有力的支持。同时，来自社区及企事业单位的支持也是幼儿园大型活动中的重要资源，如提供专业的音响、摄影设备或场地等。

三、幼儿园大型活动的类型

在幼儿园的教育实践中，大型活动可以根据不同的标准划分为不同的类型。

（一）从活动目的维度划分

1. 节日庆祝活动

节日庆祝活动是幼儿生活中必不可缺的组成部分，陈鹤琴先生曾说："所有的课程都要从人生实际生活与经验里选出来。"由此可见，节日本身就蕴含着丰富的教育资源。让幼儿度过有意义的节日，对幼儿的全面发展具有一定的促进作用。例如，三八国际妇女节、五一国际劳动节、六一国际儿童节、端午节、国庆节、中秋节等社会性节日的主题庆

祝活动；幼儿园根据自己的实际情况，组织开展的园庆及服装节、美食节、大班毕业典礼等特色庆祝活动等。

2. 五大领域能力锻炼活动

五大领域能力锻炼活动是以五大领域幼儿发展目标为核心开展的训练与展示活动，凸显幼儿某一方面能力的发展。例如，侧重于健康领域开展的运动会、远足、生活自理能力比赛、消防演习等；侧重于语言领域开展的故事大王、戏剧表演等；侧重于科学领域开展的超市大购物、棋类大赛等；侧重于艺术领域开展的歌舞表演、美术作品展等；侧重于社会领域开展的大手拉小手活动等。

3. 对外宣传活动

为了让社会各界进一步了解幼儿园的办园理念和教育成果，树立自己的品牌，一些幼儿园尤其是民办幼儿园经常会策划开展形式多样的大型对外宣传活动。例如，走入社区、广场进行歌舞表演或学习成果展示，以及与媒体合作开展宣传活动等。

4. 爱心公益活动

现在的孩子大多是独生子女，在生活中集万千宠爱于一身，很少考虑他人的感受，让幼儿学会关爱他人显得尤为重要。为了达到教育目的，一些幼儿园会经常开展一些公益性活动，如送书下乡、走进福利院、爱心捐款大型活动等。

（二）从活动形式维度划分

1. 汇报式的展示活动

汇报式的展示活动以表演或作品展示为主，深入挖掘幼儿的艺术潜能，使其增强对美的感受能力及表现能力，呈现出来的是幼儿一个阶段的发展成果，能够使幼儿园的教育效果得以具体地展现，此活动形式深受家长和幼儿园的喜爱。

2. 互动式的亲子活动

互动式的亲子活动注重家长与幼儿之间的互动，不仅能够增进亲子情感，还能对幼儿当前的发展状况有一个明晰的了解；同时，此类活动也注重家长与幼儿园的互动，幼儿园提供亲子活动的场所与机会，家长为活动提供人力、物力的帮助，能够真切地体会到教师工作的辛苦，进一步增进家园之情。

3. 联谊式的交往活动

在联谊式的交往活动中，如大带小活动、跳蚤市场、与福利院孩子结对子等，通过让幼儿与不同班级、不同年龄、不同幼儿园的小伙伴进行交往，使幼儿的自我表达能力、自我展示意识及交往能力逐渐增强，促进幼儿社会性的进一步发展。

4. 主题式的课程活动

主题式的课程活动以一个主题为核心，围绕主题从不同领域着手开展相关的教育活动，最后以活动结果的形式予以呈现。此类活动能和幼儿园日常教学相互融合，能够保证正常的教学秩序，使活动更加扎实有效，提高了活动的教育价值。

当然，根据不同的分类标准，幼儿园大型活动还可以有不同的分类方法。例如，根据幼儿园大型活动是否在工作计划内，可分为计划中大型活动和生成性大型活动；根据幼儿园大型活动参与幼儿的范围，可分为年级组大型活动和全园性大型活动等。

四、幼儿园大型活动的意义和价值

幼儿园大型活动作为幼儿园课程不可或缺的组成部分，有着重要的意义和价值。

（一）幼儿园大型活动是幼儿综合发展的重要途径

每一个大型活动都有其核心目标，它在发展幼儿关键能力的同时指向幼儿综合能力的发展。幼儿各种能力的发展往往需要通过一个个具体的活动来予以实现，幼儿园大型活动的开展能够为幼儿提供集中锻炼和发展综合能力的良好机会。例如，迎新年、六一儿童节等节庆类活动的核心目标是让幼儿了解并体验相关节日的快乐；运动会、远足等体能类活动的核心目标是激发幼儿锻炼身体的兴趣并增强体质；春游、秋游等季节类活动的核心目标是让幼儿在与大自然的亲密接触中感受季节特征……幼儿园大型活动的融合性特点不仅立足于实现某一方面的教育目标，更能促进幼儿多方面能力的发展。例如，运动会中的游艺项目，在发展幼儿体能的同时，也培养了幼儿勇于挑战、合作协商等良好品质。

（二）幼儿园大型活动是教师专业发展的重要途径

毋庸置疑，幼儿园组织和开展大型活动不仅能促进幼儿的成长与发展，同时也推动着教师专业化的发展。具体表现在以下几方面：第一，通过策划与实施大型活动，可以帮助教师加深对活动教育价值的分析与反思，可以改善教师原有的教育观、课程观，也可以真正使教师意识到大型活动在幼儿园课程中不可或缺的地位。第二，幼儿园大型活动可加深师幼之间的情感。教师在活动中不仅学会了如何观察与尊重幼儿，还学会了如何理解与帮助幼儿。第三，幼儿园大型活动可增强教师组织、协调与管理的能力。在开展大型活动的过程中，教师不仅学会了如何改善幼儿之间、班级之间的关系，还学会了如何调节家园、幼儿园与社区之间的关系。

（三）幼儿园大型活动是提升家长科学育儿理念的重要途径

参与幼儿园大型活动的过程，家长们不仅了解了幼儿园的教育理念与成果，更是学习与发展的过程。教师通过对幼儿活动的引导不仅向家长呈现了科学的教育思想与行为，还帮助家长习得了正确的教育方法及策略，使家长对幼儿教育有一个更加科学化、人性化的认识，促进家长整体素质的提升。

（四）幼儿园大型活动是引领社会教育价值取向的重要途径

"幼儿教育小学化""拔苗助长""重知识轻技能"等诸多错误的教育理念影响着幼儿终身发展，整个社会需要科学教育理念的倡导与引领。幼儿园组织开展的大型活动恰恰与科学的教育理念不谋而合，不仅能够帮助大众获得正确的教育价值取向，而且能使社会的教育价值取向更加贴近科学的育儿观。

五、幼儿园大型活动的组织原则

幼儿园大型活动遵循一定的规律与原则，才能确保活动科学、有序、健康地开展。计

划性、整合性、生活化、参与性、安全性等，是我们开展大型活动及实践《指南》必须遵循的原则。

（一）幼儿园大型活动开展的计划性原则

很多幼儿园存在大型活动开展计划性不强或者无计划的问题。既然大型活动是课程的一部分，就要求管理者要对学期大型活动做一个全盘的考虑，而不是临时计划，让教师们感到无所适从。还有一点，要控制活动的频率，大型活动不是开展得越多越好。幼儿园一定要根据本园一年的工作重点、季节特点、时事背景、大型活动本身的特点等各个方面做一个综合的考虑与计划，要从统筹课程的角度来统筹大型活动的内容。

总之，幼儿园无论组织开展什么样的大型活动，都应切合实际、因地制宜，既有短期目标，又有长远考虑。只有这样，才能收到良好的教育效益和社会效益。

（二）幼儿园大型活动教育的整合性原则

幼儿园大型活动教育的整合性原则包括教育内容的整合与教育方式的整合两个方面。幼儿的发展是一个整体，要注重大型活动各领域之间、目标之间的相互渗透和整合，考虑大型活动内容的全面性。一个大型活动涵盖社会、自然、情感态度、人际交往、能力培养等多方面内容，这样安排符合教育整合性原则。而教育方式的整合是指一个大型活动组织方式的多样化，从感知、思考、操作到表达、讨论、创造等不同角度不同层次来发展幼儿的能力。

总之，幼儿园的大型活动既要尊重幼儿的主体性，又要兼顾幼儿全面发展的需要，将各个内容自然、有序地安排进来，使之平衡而充实。

（三）幼儿园大型活动定位的生活化原则

在选择大型活动的内容时，我们应注重结合幼儿的真实生活和已有经验，将贴近幼儿生活的、幼儿感兴趣的、具有教育价值的、能促进幼儿发展的素材作为首选。不仅是幼儿在园内的生活，还要考虑到他们在家庭、社会中的生活。例如，远足，让幼儿感受与体验生活中运动的快乐，促进身心健康发展；跳蚤市场，让幼儿在交易活动中获得人际交往和商品买卖的经验。

总之，幼儿园大型活动的定位要由"舞台化"转变为"生活化"，由"形式化"转变为"课程化"，抓住幼儿心理发展特点，在活动中感知获得经验。

（四）幼儿园大型活动人员的参与性原则

《纲要》中指出："家庭是幼儿园重要的合作伙伴。应本着尊重、平等、合作的原则争取家长的理解、支持和主动参与，并积极支持、帮助家长提高教育能力。"只有家园共育才能形成强大的教育合力。在每一次活动中，都要把幼儿、教师、家长多主体的成长与发展放在首位。活动中，教师既是组织者、引导者，也是家长和幼儿的合作者。活动中，家长既是参与者，也是组织者。多角色的定位获得多角度的成长。

总之，幼儿园大型活动中教师和家长要主动参与、互相支持，树立起主人翁意识，从而提升科学教育理念。

（五）幼儿园大型活动过程的安全性原则

安全是保证每一项活动顺利开展的前提。活动前，幼儿、教师及家长的安全教育及活动区域安全隐患的排除是大型活动的工作重点。每次活动要根据活动的时间、场地及所用的材料、器械、工具等，制订相应的安全检查及应急预案，特别是一些外出活动，应安排医务人员随行，在应急药品和药械上做好充分的准备，同时还要考虑每个年龄段幼儿的运动量，等等。把一切流程及细节从安全的角度重新审视，从而为整个活动的顺利开展提供强有力的保障。

总之，安全性原则是幼儿园大型活动应遵循的最根本原则，幼儿的生命安全重于一切，不管活动前还是活动中都要时刻增强安全意识，保证活动有序进行。

第二节 幼儿园大型活动的设计

幼儿园大型活动是幼儿园生活的一部分，它与幼儿园常态活动，即幼儿园一日活动中的生活环节和每天都要进行的活动，如进餐、睡眠、盥洗、来园、离园、游戏、自由活动等有所不同，它是取材于社会生活或幼儿园生活重大事件的活动，目的在于丰富幼儿的生活经验，扩展幼儿的交往范围，使之获得积极的情感体验。正因为大型活动对幼儿的成长经历有着特殊的意义，涉及的人员、活动环节及内容等比较多，其组织和实施对于幼儿教师来说是一项不小的挑战，需要精心筹备、通力合作才能顺利完成。幼儿园大型活动的一般流程包括制订方案、落实方案、反思总结3个步骤。在设计和组织幼儿园大型活动的时候可参照下面的具体实施步骤进行。

一、制订方案

充分的准备工作能够确保幼儿园大型活动有序开展，活动前的方案包括活动内容与形式的安排、人员的安排和物质条件的安排。方案的制订可遵照以下程序。

（一）活动主题的确定

确定大型活动的主题，能够让活动目标明确。幼儿园大型活动的主题一般由管理团队根据幼儿发展需要，结合园所实际及教育期望提出，经教师会议讨论，最后修改确定。大型活动的主题要求以幼儿发展为本，体现活动主旨，语言鲜明简洁，为后期开展指明方向。

"六一"临近，幼儿园的管理团队会在一个月前就讨论庆祝活动的主题和形式，可以是合唱比赛、舞蹈表演、运动会，等等。例如，2015年湖南省军区幼儿园确定的"六一"活动主题为"水的嘉年华"，以水为载体创设多种游戏情境，鼓励幼儿在充分感知、大胆表现、积极动手的过程中，促进科学探究、艺术表现及动手操作能力得到全面发展。

（二）层级方案的确定

1. 确定全园方案

大型活动的主题一旦确定，就可以组织教师进行方案研讨。一方面，让教师明晰大型活动的主题，深刻理解其价值和意义；另一方面，通过头脑风暴拓展思路，为大型活动的具体内容和形式提出建议。幼儿园主管领导在综合广大教师意见的基础上形成全园性活动方案。另外，在制订方案的同时也要做好详细的安全预案，以保证活动的安全开展。

 案例 7-1

传统游戏 Go！Go！Go！

——2015 年 12 月湖南省军区幼儿园迎元旦创意亲子运动会策划书

活动目标

1. 在欢乐、自由、健康、向上的节日气氛中欢庆 2016 年元旦。

2. 进一步体现运动、竞争、健康的发展理念，打造园所健康特色，激发幼儿对传统体育活动的兴趣，提高幼儿身体素质，增强各年龄段幼儿动作的协调性和灵活性；培养幼儿初步的创新意识、竞争意识，体现团结协作的竞赛风格。

3. 激发教师对大型活动组织的热情，提升专业技能；增进家园双方的沟通与了解，激发家长参与幼儿园活动的热情，全面展示军幼儿园幼儿、家长和教师的风采。

活动准备

1. 物质准备

（1）团体操表演所需服装、道具由各班级负责；

（2）体育竞赛项目器械由体育组负责；

（3）公共环境创设图文资料、海报由教学部门准备；

（4）幼儿礼品、奖品及证书、对外展示的 KT 板、评委礼品由后勤组购买。

2. 环境准备

（1）教保班以班为单位进行环境布置，12 月 25 日检查。（负责人：各班班组长）

（2）幼儿园公共环境装饰。（负责人：×××等）

3. 经验准备

幼儿了解传统体育相关知识。

活动内容及安排

（一）健康知识加油站

1. 幼儿加油站

"中国娃，健康行"主题教育活动。

2. 家长加油站

（1）专题讲座："孩子行为的背后"。

主讲：×××教授

时间：11月27日下午3：00

（2）健康教育"微"课堂。

形式：微信平台发布健康教育相关资讯

时间：12月1~31日

内　容	部　门	部门负责人	时　间
幼儿身体保健（营养膳食、身体保健、疾病防控）小贴士	保健室	×××	12月1~6日
幼儿心理健康教育小贴士	教学部门	××× ×××	12月7~13日
幼儿安全教育小贴士		×××	12月14~20日
幼儿生活能力及习惯培养小贴士		×××	12月21~26日
亲子体育活动		××× ×××	12月27~31日

3. 教师加油站

（1）健康教研活动："幼儿园健康活动的设计与实施"。

内　容	形　式	执教者	时　间
体育活动设计与组织	集体教学	×××	11月31日上午8：30~9：00
体育游戏的设计与组织	游戏活动	×××	11月31日上午9：00~9：30
幼儿心理健康教育活动设计与组织	集体教学	×××	11月31日上午9：30~10：00
幼儿生活能力及习惯培养活动的设计与组织	生活活动	×××	11月31日上午10：00~10：30
幼儿安全教育活动的设计与组织	生活活动	×××	11月31日上午10：30~11：00

（2）健康教育专题讲座："幼儿园健康教育活动的设计与组织"。

主讲：×××园长

时间：12月8日中午12：10

（3）健康教育知识抢答赛：大、中、小班年级组和健康组。

时间：12月16日上午9：00

（二）传统游戏 Go！Go！Go！系列活动

1.亲子主题宣传画征集

时间：11 月 20~27 日

流程：

（1）幼儿与家长共同设计、绘制宣传画。

（2）由教师团队、家长委员会代表投票推选出宣传画。

（3）将入选特等奖绘画作品喷绘作为舞台背景，并颁发证书。

负责人：×××

2.传统体育游戏变变变——创新亲子设计大赛

时间：11 月 20~27 日

流程：

（1）每班确定一个主题，幼儿与家长共同制作创新传统体育游戏材料或创新传统体育游戏玩法。

（2）每班级由教师和家长投票推选出 1~2 个设计作品。

（3）入选作品参与闭幕式展示，并颁发证书。

（负责人：各班教师、健康组）

3.开幕式（全园 15 个班分为两组分别进行）

时间：12 月 10~11 日

流程：

（1）运动员入场、宣誓（家长、幼儿）。

（2）园长致辞。

（3）亲子团体操表演（民族体育项目：划龙舟、舞龙、舞狮、武术、蹴鞠、竹竿、骑马、围棋）。

第一场			第二场		
班级	内容	负责人	班级	内容	负责人
小一班	骑马	各班教师	小二班	象棋小兵	各班教师
小三班	围棋娃娃		小四班	蹴鞠宝贝	
小六班	蹴鞠《加油歌》		小五班	骑马	
中二班	竹竿		中一班	竹竿	
中四班	嘿哈武术操		中三班	武术	
大一班	盛世中华小雄狮		大二班	舞狮	
大三班	划龙舟		大四班	舞龙	
大五班	丰收龙舞		家 长	串烧（抖空竹、舞扇、转龙等）	袁瑞鸾

教师组（×××负责）"太极风"		
排练安排	方案确定	11月10~13日
	操节排练	11月16日~12月2日
	熟悉场地	12月7~9日
	彩 排	12月10~11日
	开幕式	12月15日

4.健康之星评选

时间：11月23日~12月4日

评选程序和标准：

程序	内容	时间	组织部门	负责人
初赛	生长发育指标（幼儿身体健康，发育正常，体重身高在标准值之内；无龋齿及视力异常，血色素正常）	11月23~25日	保健室	×××
复赛	体能测试（中、大班：跑、投掷、跳远、平衡；小、托班：跑、爬、跳）	11月25~27日	健康组	×××
决赛	健康安全知识抢答（包括身体保健、心理保健、自我安全保护、社会适应、生活习惯和生活能力等）	11月30日~12月4日	年级组健康组	

5.年级组运动会（早操竞赛、运动会集体、幼儿、亲子项目）

时间：12月21~25日

组次	项目	内容	时间
小班组	集体项目	早操比赛、钻爬、平衡桥	12月22日
	亲子项目	小脚踩大脚、跳荷叶、骑大马、抬花轿	
	个人项目	单手拍球、赶小猪	
中班组	集体项目	早操比赛、跳皮筋接力（障碍跳）走平衡接力、抢椅子	12月23日
	亲子项目	滚铁环接力、抬花轿	
	个人项目	左右手交替拍球、踩高跷、我的风车跑得快	
大班组	集体项目	早操比赛、接力跑（礼花）、跳长绳、石头剪刀布	12月24日
	亲子项目	亲子夹球推小车赛、跳竹竿	
	个人项目	短绳、投炸弹、球王争霸赛、踢毽子	
备注	各项目运动员以班级为单位组织开展，幼儿和家长自愿报名参与选拔		

6. 教职员工运动会

项目	人员	裁判	时间
拔河比赛	全园	体育组	12 月 28~31 日
短绳赛	个人		
踢毽子比赛	个人		
接力赛跑	年级组		
长绳赛	年级组		

7. 闭幕式

时间：12 月 31 日上午 9：00

流程：

（1）全园健身操"最炫民族风"

（2）颁奖仪式。

8. 健康毅行，走向 2016（环保湘江行）

（1）时间：2015 年 12 月 31 日 10：00~12：00。

（2）内容：全园幼儿与家长按大、中、小不同年龄段进行亲子徒步远足活动，幼儿手持"通关卡"分别经过沿途 3 个"健康加油站"，领取健康小食品。

人员分工

工作职责	部门及人员安排		负责项目
总指挥	园长、书记		负责行政人员分工安排，活动全程整体调度及安排
策划执行	教学部门	教学部门主管	负责活动全程的策划、组织、实施
		专职美术教师	园区公共环境创设、平面宣传
		教研室人员、班级教师	网络宣传（微信、博客平台）
		电教员	准备好活动所需音视频资料，全程拍照、摄像
		班级教师	发放通知，做好班级幼儿、家长的组织管理
后勤保障	后勤部门	后勤部门主管	全面负责物资采购、门岗管理、音响设备管理
		采购员	提前采购准备好活动所需各项物资，如游戏材料、幼儿礼品等
		电工人员	提前检修、保障音响设备正常使用
		安保人员	查验入园人员证件，活动现场秩序维护
卫生清洁医务保障	卫生保健部门	卫生保健部门主管	全盘负责卫生清洁、保健护理、医疗保障组织管理
		保健人员	准备简单的医疗用具，负责活动中的巡视
		保育教师	做好本班级卫生清洁工作
		卫生员	做好教学楼公用区域清洁卫生工作
		花工	做好园区花草修剪、户外公共区卫生清洁工作

2. 确定年级组方案

在全园方案的基础上，根据幼儿的年龄特点，将大型活动按年级组细化，明确各年级任务，确定年级组方案。年级组方案要具体，内容可涵盖活动目标、人员安排、环境创设、材料准备、活动项目的设计等。

案例 7-2

秋叶思语
——2016 年湖南省军区幼儿园中班年级组亲子秋游活动方案

设计思路

秋高气爽，风轻云淡，气候宜人。为了让孩子们更好地亲近自然，领略秋天美好的景色，体验和家人一同游戏的快乐，我年级将开展以"秋叶思语"为主题的秋游亲子活动有点拗口，让孩子们在家长的陪同游玩中去感受丰收的秋天带来的愉悦，呼吸大自然带来的清新的气息，追赶秋天的脚步，到大自然中去开阔眼界，增长见识，锻炼意志，培养团队意识、增进同伴与师生间、家长与家长之间的友情。

活动目标

1. 让孩子走进大自然，感受秋天。通过秋游活动，感受秋天的美景，观察秋天万物的变化，感受秋天的气息，激发热爱生活的美好情感。

2. 在秋游活动中，感受与家长、同伴共同活动的乐趣，加深家园情、师生情、亲子情。让家长知道给孩子树立一个良好的榜样，促进家园同步教育。

活动准备

1. 教师与家长委员会共同商讨确定活动方案；微信群通知，确定人数，告知本次活动的目的及配合事项。

2. 秋游前，在班内开展一次"去郊游"的安全知识教育活动。

3. 准备好相机、音响等设备。

活动地点

松鼠谷。

活动时间

2016 年 11 月 6 日。

活动人员

中班全体幼儿、教师、家长。

活动过程

（1）参观松鼠谷小松鼠、捡树叶。

（2）集体亲子游戏。

（3）挖红薯、吃中饭。

（4）游乐场游戏。

附

1. 科学观察（观察记录表）

目标：开阔孩子的眼界，萌发热爱大自然的美好情感；增加孩子与家长一起合作的默契；增强孩子动手能力，体验集体荣誉感。

规则：给予家庭在秋游目的地自由观察认识的时间，了解不同树叶的名称及基本外形特征。

秋叶思语

观察人：　　　　观察时间：

树叶名称	颜色	形状	大小	叶片	叶脉	叶柄

2. 树叶拼贴画

幼儿根据自己的兴趣，用采集的树叶拼贴自己喜欢的动物、花朵、森林等。

安全保障措施

（1）加强管理和监督措施，对各个环节的安全防范措施做到层层落实，责任到人。

（2）班级教师对幼儿进行秋游活动安全教育，增强幼儿安全防范意识和自我保护能力。

（3）个别家长及保育教师携带一些急救用品，以防活动中的突发事件。

（4）秋游活动期间一切行动听指挥，准时出发。

（5）活动进行时，要做到井然有序，教育幼儿不拥挤、不追跑、不打闹。上、下车有序。在车上不能大声喧哗，不能将头和手伸出窗外。

（6）请家长在游玩时照看好自己的孩子，注意安全，并做到爱护公共环境，不随地扔垃圾，给孩子一个良好的示范和榜样作用。

（7）进入活动区后，要听教师安排，教师每一次集合时一定要清点好幼儿人数，确保幼儿安全。

（8）游玩时尽量不要单独行动，可以几个家庭结伴一起游玩，以便相互照顾，防止走失。

（9）请将手机带在身边，保持通讯畅通，并在教师处保证留有号码。

湖南省军区幼儿园中班年级组

2016 年 11 月

3. 确定班级方案

大型活动的班级方案更为具体化、可操作化，要包括班级活动的环境创设、教育活动、材料准备等。班级方案要更多地考虑大型活动与日常教学活动的融合。

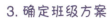

 案例 7-3

探寻秋天的秘密
——2016 年湖南省军区幼儿园大二班亲子秋游方案

设计意图

《纲要》中明确指出："幼儿园要与家庭密切合作，综合利用各种教育资源，共同为幼儿的发展创造良好的条件。""要充分利用自然环境和社区的教育资源，扩展幼儿生活和学习的空间。"教育家陶行知和陈鹤琴也强调，"生活即教育，生活即学校。""大社会、大自然是我们的活教材。"秋天来了，孩子们都热切的希望到大自然中感受一下季节的变化，外出活动是他们最喜欢的。

活动目标

1. 通过活动，让幼儿初步了解秋天的季节特征，培养幼儿的观察力，提高幼儿动手、动口的能力。

2. 让幼儿在感受到大自然美好的同时，丰富知识，开阔眼界，体验集体活动的快乐。

3. 加强家园联系，增进家园间的彼此交流。

活动准备

1. 在活动前，通过微信、信息、秋游通知等方式做好秋游的征询和预定工作。

2. 在秋游前让家长明白这次秋游的目的、要求及一些具体的活动内容和注意事项。（附教学活动安排表）

3. 班主任要有每位家长的联系电话，并将自己的电话告知家长。

4. 请家长事先做好安全教育工作，教育孩子不乱跑，跟着班集体，排队时跟着前面的小朋友，过马路时注意安全。

5. 小朋友穿轻便的服装，以方便步行。

6. 带好幼儿的衣服、汗巾、裤子、袜子、鞋子等，以备不时之需。

7. 带适量的零食，并每人准备好一个垃圾袋，教育孩子保护公共和自然环境。

附

教学活动安排表

活动时间	教学活动	活动目标
10 月 30 日下午	社会活动"我的秋游计划"	幼儿大胆表达对秋游的计划和感想
10 月 31 日下午	安全教育"安全出行，快乐秋游"	了解秋游的注意事项
11 月 4 日下午（秋游后）	语言活动"我看到的秋天"	能将看到的事物用简短的语言在集体面前表达出来

活动时间

2016 年 11 月 1 日（星期二）。

活动地点

湖南烈士公园烧烤乐园。

参与人员

大二班幼儿、教师及家长。

活动过程

时间	项目活动
9：30	湖南省烈士公园民俗文化村烧烤乐园门口集合
9：30~9：40	集体合照，安全教育
9：40~10：00	找秋天：观看花展，观察植物的颜色、形态、分类
10：00~10：30	亲子游戏项目：拓展游戏"无敌龙卷风"
10：30~12：00	快乐烧烤（活动前分好组，分配好任务）
12：00后	游乐场自由活动

安全保障措施

（1）加强管理和监督措施，对各个环节的安全防范措施做到层层落实，责任到人。

（2）班级教师对幼儿进行秋游活动安全教育，增强幼儿安全防范意识和自我保护能力。

（3）个别家长及保育教师携带一些急救用品，以防活动突发事件。

（4）秋游活动期间一切行动听指挥，准时出发。

（5）活动进行时，要做到井然有序，教育幼儿不拥挤、不追跑、不打闹。上、下车有序。在车上不能大声喧哗，不能将头和手伸出窗外。

（6）请家长在游玩时照看好自己的孩子，注意安全，并做到爱护公共环境，不随地扔垃圾，给孩子一个良好的示范和榜样作用。

（7）进入活动区后，要听教师安排，教师每一次集合时一定要清点好幼儿人数，确保幼儿安全。

（8）游玩时尽量不要单独行动，可以几个家庭结伴一起游玩，以便能有相互照顾，防止走失。

（9）请将手机带在身边，保持通讯畅通，并在教师处保证留有号码。

湖南省军区幼儿园大二班
2016 年 10 月 30 日

二、落实方案

大型活动方案的落实需要直接指向活动顺利进行所需要的全部人、事、物的合理分配、分工与合作。因此，方案的落实就成为大型活动成功与否的关键环节。大型活动方案的落实主要包括大型活动前的物质准备、经验准备及活动现场的统筹协调等。

（一）物质准备

1. 创设环境

"创设与教育相适应的良好环境，为幼儿提供活动和表现能力的机会和条件"是《幼儿园工作规程》的要求，也是幼儿园教育的重要课题。幼儿园的公共环境要能够营造活动气氛，要将大型活动特定的目标物化在环境当中。公共环境的创设可充分发动幼儿、家长参与其中，巧妙布置，达到相应的目的。班级环境的创设需要结合大型活动的主题和本班幼儿的年龄特点、前期经验、家长资源等情况，包括主题墙、活动区、幼儿作品栏等。

2. 准备材料

幼儿园在大型活动的组织过程中，需要准备各种各样的材料以确保活动的有序性、丰富性和参与性，如海报、邀请函、游艺卡、活动器材与原材料等。活动海报是能够让参与者更加清楚整个活动流程及具体安排的宣传形式。邀请函是邀请幼儿园之外的人员参加大型活动所采用的信函，可幼儿手绘或请专业公司制作。游艺卡是幼儿参与大型活动游艺项目的凭证和纪念，内容简介明了即可。活动器材和原材料的准备一定要充分，并且要考虑安全性、美观性、环保性和可操作性。

（二）经验准备

1. 幼儿经验准备

要想达到好的学习效果，幼儿在参加任何活动前都应该有适宜的经验准备，大型活动也不例外。教师可根据大型活动的方案开展相关的教育活动，丰富幼儿关于该类活动的经验，如让幼儿收集相关图片进行分享或表演性活动的提前彩排等。

2. 教师经验准备

每次大型活动的主题、具体内容有一定的差异，所以，大型活动的方案确定后，对于把握不好或组织经验不丰富的方面，教师一定要进行彩排，最大程度模拟实际场景，及时发现可能存在的问题并进行调整，为正式开展活动积累经验。一是要明确工作人员的职责，合理分工；二是要安排好活动场地，合理摆放设备器材；三是要把握各个子活动的时间，合理衔接。

（三）活动现场的统筹协调

幼儿园大型活动的现场统筹包括人、物等方面的调配。这就要求有一名总协调人，一般是园长或教学主任，总体协调活动现场的各种突发情况。大型活动现场人员调配是将参与成员进行临时的分配使活动更顺利地进行。大型活动现场物的调配是根据需要进行调整与补充以保证活动有序开展。

三、反思总结

在反思中前行、在总结中成长是教育工作者公认的一种学习途径。

（一）过程性总结

过程性总结，即对整个活动组织过程中的每个环节进行总结。从目标的定位到幼儿、教师、家长及社会的参与度，以及各个层面最终目标的实现等方面进行总结，分析优点和不足，为以后活动的组织提供借鉴。

例如，某次大型活动后，主管教学的园长做反思总结，以下截取其中关于家园共育工作的片段。

1. 学会挖掘资源，使家长成为大型活动主要参与者

在幼儿园大型活动中，教师是活动的组织者、宣传者、指导者，不仅要在活动的设计等方面做好充足的准备，而且要面对来自各行各业、各种文化背景和个性差异的家长，作为幼教工作者，要充分挖掘家长资源，鼓励家庭中的每一位成员积极参与幼儿园的大型活动，向他们讲解先进的教育理念、科学的教育方法，介绍幼儿园、班级的教保工作情况。我们常常从单方面要求父亲多多关注孩子，却忽视了让父亲认识父教的作用，为此，我们可以开展丰富多彩的父子活动，让父亲体验父教的快乐。例如，体现父亲运动特点的"阳光父教"活动，邀请父亲参加孩子的晨间活动和体育课，和孩子一起进行身体锻炼；邀请父亲参加教师为元旦运动会开幕式团体操表演编排的具有阳刚之气的搏击操，培养孩子们坚强、勇敢、果断、敢于挑战的体育精神。如何充分挖掘每一位家长在孩子成长路上的教育资源、潜力，需要我们继续思考和探究。

2. 学会尊重，使家长成为大型活动的主要评价者

活动中，教师们往往习惯以自己为主导来制定策划活动的目标、内容和安排，很少去调动家长的主观能动性，寻求家长的理解和支持。家长经常处于从属地位，对大型活动总是被动参与，直接导致大型活动事倍功半、效果不好。今后我们要吸取这方面的教训，积极主动地邀请家长参与幼儿园的各项活动。活动后，教师不仅要有意识地收集家长参与活动的感受，了解家长对活动的评价，而且要进行及时的梳理和反思，调整和改进工作，多与家长进行讨论和交流，获取宝贵的建议，欢迎家长共同商议、制订个性化的下一个大型活动方案。

3. 学会关注，让儿童的发展成为家园共育的终极目标

以往的亲子活动，家长只关注幼儿的智力发展，忽视非智力因素，致使幼儿在情绪状态、意志品质、交往能力方面的发展显得薄弱。这方面，我们要加强对家长的引导，懂得对幼儿的全面关注。在幼儿各阶段的教育中，我们不仅要关注教师的"有效引导"，还要关注家长的"配合支持"，更要关注幼儿的全面发展，特别是性格、气质、兴趣、意志力等非智力因素的发展。另外，杜威的"儿童中心论"指出："儿童是起点，是中心，而且是目的。儿童的发展、儿童的生长，就是理想所在。"大型活动中我们更多关注的是活动的形式，没有充分地走入孩子们的中间，听一听孩子们的心声，听一听他们的想法和建

议，活动的主体往往被边缘化了，这是我们和家长必须要引起高度重视的问题。

（二）针对性总结

针对性总结，是针对活动中某个环节进行重点总结，如活动的准备环节存在什么问题，出现问题的原因是什么，今后如何避免这类问题等，对该环节的问题、经验和成绩，站在理性的角度进行深入细致思考。

例如，某次运动会开幕式表演，遇到音响突然失声的情况。活动后，后勤保障部门针对此事反思，总结了教训，避免下次出现同样的问题。

（三）归纳性总结

每个活动结束后，全园性的反思尤为重要，能够提升以后大型活动的质量。总结是通过向教师、幼儿、家长等各方面参与人员征求反馈意见，进行系统性归纳和反思，进而促进经验的积累和认识的提升。

2015 年大型活动反思

——毅行，不仅仅是运动

2015 年 12 月 31 日军区幼儿园的小朋友们和爸爸妈妈一同，分别戴着自己班特有的形象标志，背着小水壶，排着整齐的队伍参加行走湘江活动。孩子们精神十足，丝毫不受寒冷天气的影响。有路人好奇地询问："你们是哪个幼儿园的？""你们去哪里呀？"孩子们雀跃地、略带骄傲地回答："我们是军区幼儿园的，我们在健康毅行。"其实，我们的健康毅行不仅仅是一项锻炼身体的运动，它给孩子成长带来的意义更加深远。

"要让孩子走出去"

在我们幼儿园中，有宽敞的教室，现代化的功能室及完备的户外体育器械。合理的环境已经为幼儿身心健康和谐发展创造了良好的条件，开展毅行活动到底是为了什么呢？

我思考，现在有车的家庭越来越多，加上不少家长的溺爱，孩子们走路的机会比上一代人少得多。我还观察到，好多小朋友来上课都是被抱着或者坐在小推车里，就连小班、中班个别孩子偶尔也是父母抱着上幼儿园。这些都直接导致了如今孩子的运动能力、意志力、耐力、自理能力、自信心普遍较弱，容易出现依赖感强、遇到困难就退缩的现象，这对于他们的成长是非常不利的。《指南》中提出："如果我们给孩子提供一个以自然和社会为载体的运动环境，就能激发他们对运动的兴趣。"在毅行的过程中，不仅可以锻炼孩子的体格，增强孩子对运动的兴趣，更能培养孩子的良好品质。

总结部分

一、毅行，到底该不该走

孩子的毅行活动到底怎么走？小班幼儿园家长得知这一消息后，纷纷提出自己的疑问和担忧。为此，幼儿园已经做了非常详细的方案。园长多次组织教师研究，同时对活动的价值和幼儿的体能做了认真讨论。为保证万无一失，对准备工作和活动各环

节做了非常细致缜密的安排，这些为毅行活动安全顺利开展打下了扎实的基础。

二、毅行，安全吗

一旦孩子走出去，安全是最为重要的问题，也是教师需要思考的首要内容。为了保证毅行活动安全顺利地进行，3位体育教师对毅行目的地事先"踩点"，根据路线做好了周密安排。活动中由班组长带队，家长陪同，每年级组有行政领导和3位体育教师协助，并且有保健医生跟随，在集合地点有教师举着园旗指引。每班根据情况还配有相应的醒目贴和标志。例如，我们班选用黑白帽子，这样便于寻找和辨认，也能引起行人的注意。

三、毅行，走多远

这里的"远"包含了时间和距离两个因素。我们确定的原则是，既要符合孩子的年龄特点，又应对孩子现有能力有所挑战。过少的时间、过短的距离达不到活动的目的，过长的时间和距离又会对孩子身心健康产生不利。为此，此次毅行，分为3个年级组，为孩子设计了不同长短的3条路径。

四、毅行，有趣吗

孩子们的此次毅行，不是枯燥的急行军，设计了具有趣味性和挑战性的活动内容。

1. 带上任务走

在毅行之前，我们告诉了孩子此行的目的地和去做什么、走哪条路。如果行程太短，内容枯燥，毅行活动就会变成"走马观花"，对孩子的吸引力一定大大降低。为此，行程中布置了小任务、通关卡，增加了活动内容，激发了孩子参与活动的兴趣。

2. 活动多元化

《指南》中强调，丰富的活动才能不断给予孩子新鲜感。所以，在迎新年主题活动——传统游戏GO！GO！GO！之后，又策划开展了此次毅行活动，目的是让孩子"玩起来"。让孩子行走湘江感受人文氛围，一路上看到爷爷奶奶的晨练表演，在寒冷的冬季感受四季的变化，了解湘江边芦苇花及自然界动植物的神奇。同时也为活动增加乐趣。

3. 创设新情境

与此同时，我们班还创设了简单的毅行情境，如我带着孩子以游戏化的形式走弯弯的路，地面上有整齐的砖块，让孩子一下跨一块走，一下跨两块走，锻炼孩子的运动技能。同时，我们还和孩子边走边唱，让孩子在不知不觉中完成毅行活动。

反思部分

一、让孩子在行走中成长

在进行了充分的准备之后，军区幼儿园又开始了第二届毅行活动。作为健康园所，毅行活动凸显了我们园所的健康特色。我们应创造条件，让孩子们在活动中锻炼体能，提高抗挫力、探索力，增强自主性、社会性和自信心，真正在行走中成长。

1. 远距离，增强体能

毅行活动距离远，能有效增强孩子的体能。路途中少数小朋友走几步就要家长抱，还有边走边叨叨"累""不想走了"，这和他们平时缺乏锻炼有关。我想如果毅行活动每年坚持开展，孩子的耐力就能有一个快速提高。

2. 新事物，激发探索

孩子们在毅行活动中，会遇到在幼儿园里遇不到的新鲜事物，带给他们课堂外的体验和感受，从而激发他们好奇、好问的天性。例如，他们看到湘江边打太极的爷爷，都会兴奋地不停询问："这是干什么？"看到橘子洲毛主席像，看到远处的岳麓山，都有很高的兴致。有的孩子还观察到，为什么湘江风光带走一段路就会有一个长廊和房子呢？还一模一样。家长告诉孩子，那房子有着测湘江水位的作用。毅行，为孩子提供了"走出去玩""在玩中成长"的机会。

3. 遇困境，自主思考

在毅行活动中，随时会出现各种各样意料之外的问题，等待孩子们自主去尝试解决。本次活动中，突然有位小朋友走着走着吐了，我问："怎么办呢？"有的孩子说吃药就好了，有的孩子说戴口罩，有的孩子则说让爸爸抱着走。最后，有个孩子发现前面有石板凳，说让他去那儿休息一下吧。面对真实的困境，孩子会更加积极主动地思考，提高了自主解决问题的能力。

二、我在行走中的反思

1. 要善于抓住教育的契机，挖掘教育资源

生活中每个细节都可能引发教学活动，这就需要善于发现孩子们在活动中感兴趣的事物、游戏和偶发事件中所隐含的教育价值，把握时机，积极引导。例如，看到有孩子乱扔垃圾现象应该及时对孩子进行环保教育，有孩子在做危险动作时要对孩子进行安全教育等。

2. 要善于激发孩子的热情，让情感再次升华

孩子的活动过程是他们表达自己的认识和情感的重要方式。在活动过程中，要善于把握孩子的情感，并积极激发引导，使孩子在体验过程中逐渐清晰认识，最后达到感情的再一次升华。例如，在活动中，当遇到孩子不想走，觉得累的时候，要及时关注到孩子，给他们加油、鼓劲。当看到孩子奋力前行时，应马上给他们表扬，如点赞竖起大拇指。

3. 要善于融入孩子的生活，教育持续延伸课堂

孩子们有了情感的体验，作为老师，就要注意回来后给孩子们及时地总结。这其实也是让孩子们已有的情感得以持续性地延伸。回来后，要及时让孩子围绕本次毅行开展"我们为什么能胜利？"等话题进行交流总结提升。

小建议

活动结束！我再次思考，对下次毅行活动便有了新的想法。

1. 途中故意设置任务

根据3~6岁儿童身心发展的特点，在第二站到第三站中间可以做负重毅行和限时毅行安排。现在的孩子抗挫能力差，遇到困难就退缩，设置军事化模式的行走，可帮

助提高孩子的抗挫力，面对困难勇往直前。例如，设计送军粮环节，让孩子背着稍有重量的"军粮"从第二站行走到第三站。

2.以大代小，发展社会性

毅行活动的目的地都是统一的，活动中可以让大班的孩子带中、小班的孩子一一结对共同完成毅行挑战，或者是大班护送中、小班的孩子到终点，这样孩子们在活动中社会性就会得到进一步的发展。

毅行，让孩子们的身心得到了良好发展，也赢得了家长们的一致肯定。

让我们和孩子们一起行走在路上，在行走中成长。正如毅行的意义：行走，朝向目标，一路向前。有爱、有毅、立智、立美！

龚一米

2016 年 1 月

总之，幼儿园大型活动的开展，务必做好活动前的计划、活动中的调整和活动后的反思与总结，这样才能有效管理和监控大型活动的全过程，保证大型活动开展的质量。

第三节　幼儿园大型活动的指导

幼儿园大型活动既是连接幼儿园与社会的桥梁，又是维系教师与家长的纽带。一方面，家长参与幼儿园活动，真实感知孩子在活动中的表现，发现孩子存在的长处与不足，有助于理智、客观、公正地评估孩子，对孩子进行有针对性的教育。此外，还可以帮助家长认识到科学育儿的重要性，树立正确的教育观念，创设良好的家庭教育环境，提高育儿的素质与水平。另一方面，教师广泛利用各类资源，统筹兼顾，锻炼了组织协调能力，还能在活动中把正确的教育理念有效地传递给家长，与家长建立一种平等、合作、互助的关系，以促进幼儿各方面的和谐发展。因此，幼儿园大型活动的组织十分重要。

一、与时俱进，更新理念

幼儿是幼儿园的教育主体，家长是幼儿园的合作伙伴。作为一名幼儿教师，要与时俱进，把握最新的幼教动态、了解幼儿教育的内涵，厚实自己的底蕴，做善于反思的幼教工作者，只有深入的反思，把教育的要求转化融入到孩子的需求中，才能掌握孩子的认知发展规律。教师应利用空余时间学习幼儿园大型活动的相关知识，阅读关于幼儿园大型活动策划方面的书籍，丰富幼儿园大型活动组织的经验，创新开展幼儿园大型活动，形成家园合力，促进幼儿健康、和谐、全面发展。

二、研训合一，提升能力

教师应认真参与幼儿园、教研组组织的关于幼儿园大型活动的教研和培训，多向经验丰富的老教师请教，取人之长补己之短。在培训中，切实解决理论层面的问题，如幼儿园大型活动的概念内涵、幼儿园大型活动的意义价值、幼儿园大型活动的一般流程等。在教研中，切实解决操作层面的问题，如活动方案的撰写、活动主题的确定、物质和经验的准备、安全预案的制订等。各个环节逐一突破，真正实现思想上重视，理论上提升，行动上改进。

三、建立档案，整合资源

从幼儿入学开始，教师就要为家长建立详细的档案材料，包括家长的爱好、专业、职业、对幼教工作的理解等，便于家长资源的有效利用。大型活动中，可以充分发挥家长的特长，如活动主持、摄影摄像、场地联系、班级环创等。不仅大型活动可以利用家长资源，还可以结合本学期将要开展的主题活动合理安排家长进课堂等活动。家长来自社会各行各业、各个阶层，有技术精湛的专业技术人员，如医生、教师、电力技师、工人等，他们能丰富幼儿的科学知识，带领幼儿探索发现；也有居家生活型家长，他们具有丰富的生活常识和技巧，能协助教师培养幼儿良好的生活卫生习惯和动手能力。

四、广泛宣传，加强参与

为了让每个家庭都能有质量地参与到幼儿园的活动中，可以通过家长会、小型家园共育座谈、发放倡议书、温馨提醒等形式对家长进行动员和引领。例如，在活动前向家长发出邀请函，写清楚活动的目的和对幼儿发展的意义，需要家长对活动的配合和支持，告诉家长怎样看待幼儿在活动中的表现，怎样科学对待孩子之间的个体差异等。家长参与到幼儿园的亲子活动中，鼓励家长用他们的兴趣、特长、人格、行为去影响孩子，帮助孩子开阔眼界，丰富知识，完善性格，促进家长和教师的相互信任和理解，形成教育合力。

五、充分准备，提高兴趣

在活动前可以独具匠心地设计一些表格以提高幼儿和家长参与的积极性。例如，发放亲子活动观察记录表、制定亲子活动须知，这样不仅可以让家长有目的、有针对性地参与到活动中，还能引发家长对活动的思考，可达到增强家园共育的目的。在活动开展中，教师还可以根据幼儿的内在需求和活动内容，设计亲子调查表，目的在于了解幼儿的兴趣、习惯、经验和家长的情况。要加强家长的参与性，可在家长的参与帮助下，为幼儿提供一

个采访、记录、交流的平台，家长在幼儿成长过程中成为一个倾听者、见证者和支持者，和幼儿共同探索、一起成长。

六、反思总结，取长补短

每一项大型活动结束后，应及时地进行反思总结能够为之后大型活动的顺利开展积累丰富的经验，提升以后大型活动的质量。所以在活动后，要通过向教师、幼儿、家长等各方面参与人员征求反馈意见，来进行活动的反思与总结。总结可以从大型活动的内容、形式、组织策略、幼儿活动表现、人员安排、物质材料等各个方面进行。全园的总结可以主要落在组织策略方面，通过对幼儿、家长、教师的参与程度与质量，活动对幼儿园发展建设的影响等方面来评价组织策略的科学性。其他不同岗位的人员可以对大型活动进行各有侧重的总结。

幼儿园大型活动案例与分析

案例 7-4

一样的六一，不一样的童年

——全园性主题亲子活动方案

价值分析

"六一"是孩子们最喜欢、最快乐的节日。"一样的六一，不一样的童年"全园性大型主题亲子活动中，祖父辈作为参与者真正走进了孩子的节日，在祖父辈的讲述中，幼儿了解了自己与祖父辈童年生活的差异，感受到了时代的进步和幸福，增进了亲子交流，拉近了亲子距离，让幼儿萌发了感恩的美好情感。在家庭成员的共同参与中，重塑了节日价值，"六一"成了全家人的节日，"六一"节更加快乐、有意义！

活动目标

1. 幼儿发展目标

（1）感受和体会祖父辈童年的艰难和生活的来之不易，感受不同时代人们生活状态的差异。

（2）乐意并积极用自己喜欢的方式表达对"一样的六一，不一样的童年"主题的认知和体会。

（3）萌发珍惜美好生活的情感体验，珍惜幸福生活的来之不易，能对创造幸福美好生活的人们报以感恩之情。

2. 家长发展目标

（1）积极参与"一样的六一，不一样的童年"亲子共育活动，激发对童年节日的追忆之情。

（2）以平等的身份参与亲子互动系列活动，家长树立起统一的、科学的儿童观、教育观和价值观。

（3）鼓励幼儿积极表达对祖父辈的情感，融洽亲子关系。

活动准备

1. 经验准备：幼儿通过主题收集资料，并提前了解"六一"相关知识，丰富童年的认知经验，家长提前了解活动目标及活动内容。

2. 材料准备：节目表演所需服装、道具，"六一"礼品、游戏奖品、证书、评委礼品，公共环境创设图文资料、游戏海报、对外展示的 KT 板。

3. 场地准备：以各班组为单位，进行大扫除，做到窗明几净，教保班以班为单位进行节日环境布置，幼儿园外环境结合欢庆"六一"主题进行装饰。

人员分工

工作职责	部门及人员安排		负责项目
总指挥	园长、书记		负责行政人员分工安排、活动全程整体调度
策划执行	教学部门	教学部门主管	全面负责活动全程的策划、组织、实施，联系露天电影放映公司
		专职美术教师	园区公用环境创设、平面宣传
		教研室人员、班级教师	网络宣传（微信、博客平台）
		电教员	准备好活动所需音视频资料、全程拍照、摄像
		班级教师	发放通知，做好班级幼儿、家长的组织管理
后勤保障	后勤部门	后勤部门主管	全面负责物资采购、门岗管理、音响设备的管理
		采购员	提前采购准备好活动所需各项物资，如游戏材料、幼儿礼品等
		电工人员	提前检修，保障音响设备正常使用
		安保人员	查验入园人员证件，活动现场秩序维护
卫生清洁医务保障	卫生保健部门	卫生保健部门主管	全面负责卫生清洁、保健护理、医疗保障
		保健人员	准备简单的医疗用具，负责活动中的巡视
		保育教师	做好本班级卫生清洁工作
		卫生员	做好教学楼公用区域卫生清洁工作
		花工	做好园区花草修剪、户外公共区卫生清洁

活动过程

（一）活动前

1.制订方案

（1）方案初定：召开行政会议，确定活动主题及形式；形成初步方案。

（2）方案讨论：组织教师、保健人员、家长委员会代表召开"一样的六一，不一样的童年"全园亲子活动专题研讨会，听取各方意见，修订完善亲子活动方案。

（3）方案通过：修订活动方案，交由园长审核通过。

2.实施前准备

（1）园内场地准备：安排适宜的亲子活动场地、休息区域，上下楼人员分流安排；做好环境创设，如悬挂彩旗、宣传条幅等，营造活动气氛。

（2）物品准备：活动所需物品，活动前三天采购到位分配至各部门；在电影公司联系好影片播放事宜；事先联系好亲子故事讲述参与者；规划好游戏活动场地；准备亲子活动材料、物质，如祖孙三代童年的照片、游戏材料沙包、呼啦圈、皮筋、手绢等；准备好充足的生活用品如纸巾、便纸、袋子等；保健医生准备外伤、止血等医药用品。

3.拟定发放通知

（1）活动通知由园方统一印发，明示活动主题、时间、地点、基本要求、责任义务。（附倡议书）

（2）活动回执：活动计划以通知形式告知家长，（内附回执）预先了解家长参与情况。

（二）活动中

1.主题展览"一样的六一，不一样的童年"（附展板内容），亲子共同感受时代变迁

主持人：每个人都有属于自己的童年。知道爷爷奶奶、爸爸妈妈的童年是什么样的吗？他们小时候玩的游戏、吃的食物、学习用品和我们有什么不一样呢？

（教师引导家长收集祖孙三代童年的照片、生活物品、游戏玩具等主题资料，在观看的过程中，鼓励幼儿积极表达自己的观后感，增进对亲人的了解和情感。教师引导幼儿观察对比祖父辈的童年生活，共同分享童年里喜闻乐见的趣事，表达自己的理解和感想，懂得并珍惜美好生活的来之不易。）

2.亲子故事会"听爷爷讲小时候的故事"，了解祖父辈的童年生活经历

主持人：小朋友们，你们听过爷爷奶奶讲他们童年的故事吗？今天我们邀请爷爷奶奶给大家讲讲他们的童年生活。

（1）邀请离退休老红军、老干部来园讲童年生活和战斗故事，感知、珍惜幸福生活的来之不易。

（2）邀请爷爷奶奶给小朋友们讲童年生活和学习故事，了解爷爷奶奶们童年生活状态。

（家长在故事活动中关注和倾听幼儿对祖父辈童年生活经历的体会，鼓励幼儿用清晰、完整的语句表达自己的想法。教师引导幼儿积极分享倾听故事后的感想，对比自己的生活经历，萌发对周围人生活状态的关注意识。）

3. 亲子露天观影"快乐观影，怀旧六一"，增进亲子情感

主持人：小朋友们，你们喜欢看电影吗？你们知道爷爷奶奶和爸爸妈妈他们小时候是怎样看电影的吗？

（1）小班观看童趣、可爱的故事剧《小蝌蚪找妈妈》，体会爱妈妈、爱家人的美好情感。

（2）中、大班幼儿观看抗日题材的动画电影《小兵张嘎》，萌发爱国、爱家的美好情感。

（唤起长辈们对于童年的追忆。引导幼儿了解露天电影的特点，交流探讨电影内容。教师引导幼儿在观影过程中，表达自己的观影心得，增进亲子之间的交流。）

4. 文艺演出喜乐会"一家老小过六一"，亲子共同表达节日的喜悦之情

（教师鼓励家长自愿报名，根据家庭的兴趣爱好编排节目，给予祖孙三代交流、表现的机会和平台，鼓励幼儿在活动中及时给予祖父辈热烈的掌声。）

节目单

序号	节目名称	表演者
1	开场舞：《开心锣鼓敲起来》	幼儿
2	双人舞：《月亮走我也走》	幼儿
3	歌曲串烧：《快乐的六一》《国旗国旗红红的哩》《和爸爸妈妈比童年》《娃哈哈》	幼儿
4	家长合唱：《童年》《让我们荡起双桨》	家长
5	三句半：《一样的六一，不一样的童年》	亲子
6	配乐诗歌朗诵：《童年》	亲子
7	亲子舞蹈：《童年的舞会》	亲子

5. 传统游戏喜乐会"一家老小过六一"，体验亲子共同游戏的乐趣

主持人：小朋友们，你们知道爷爷奶奶、爸爸妈妈他们小时候喜欢玩什么游戏吗？让我们加入到他们的童年游戏中吧！

（1）室内游戏项目：斗鸡、丢沙包、转呼啦圈、踢毽子、抓石子、拍纸板、石头剪刀布、我们都是木头人。

（2）户外游戏项目：滚铁环、我们邀请一个人、系红领巾、踩高跷、抬花轿。

（教师鼓励家长积极参与传统游戏，产生对童年游戏生活的追忆和怀念，与幼儿亲密互动，体验亲子互动游戏的愉悦情绪和快乐时光。教师指导幼儿遵守游戏玩

法和规则。）

（三）活动后

1.家庭拓展活动

（1）请家长在生活中继续增进祖孙三代之间的情感交流，积极参与幼儿在园和在家的各项活动和游戏，亲密互动。

（2）鼓励幼儿关注并了解祖父辈的生活，给予体贴和关爱，营造和谐友爱的亲子氛围。

2.园所后续活动

（1）召开园内总结会：对"一样的六一，不一样的童年"亲子活动方案实施情况进行全面评估，总结有益经验，查找问题原因；各部门对突出问题进行研究，寻找解决对策，形成书面报告。

（2）收集家长反馈：通过访谈或问卷的方式了解家长意见，反馈幼儿活动情况及身体状况。（附问卷）

（3）物品整理入库：将活动用品进行整理和归类定点存放。

（4）资料整理建档：将所有活动方案、过程记录、活动总结等文件整理存档。

附件一

"一样的六一，不一样的童年"活动倡议书

尊敬的各位家长、亲爱的孩子们：

万木葱郁、群芳斗妍，沐浴五月的春色，期盼已久的"六一"国际儿童节正绽放着明媚的笑脸、闪耀着幸福的光芒翩翩而来。在此，衷心地祝愿亲爱的孩子们节日快乐，健康成长！

童年是一幅美丽的画，童年是一首动听的歌，童年是开怀的欢笑，童年是美味的棒棒糖，童年是每个人人生旅程中历久弥新的美好回忆……

敬爱的爷爷奶奶，亲爱的爸爸妈妈，让我们一起投身于今年这个充满怀旧与感动的六一儿童节吧！让我们和孩子们一起坐在小板凳上回味儿时看露天电影时的兴奋与期待；让我们一起挥动手中的鞭子，让小小的陀螺转起来；让我们一起迈开步伐，让小小的铁环滚动起来吧！

"一样的六一，不一样的童年"，今年"六一"有您更精彩！

一、活动目标

1.欢庆六一儿童节，营造欢乐共享、自由开怀的节日气氛。

2.创设多元展示平台，展示军区幼儿园幼儿、家长和教师的风采。

3.增进家园、亲子之间的沟通与了解，激发家长参与幼儿园活动的热情。

二、活动内容

（一）"一样的六一，不一样的童年"主题教育周

内容：以了解祖、父、孙三代童年生活为主要内容，开展相关的主题教育，让幼儿感知时代的进步与变迁，增进对亲人的了解，加深亲人间的情感。

（二）"一样的六一，不一样的童年"中、大班主题故事会

内容：邀请家长讲童年战斗、生活和学习的故事，让幼儿感知幸福生活的来之不易，增进亲子之间的了解，加深亲子感情。

（三）"快乐观影，怀旧六一"观影活动

时间：视天气情况分别在两晚进行，晚7:00开始。（具体时间另行通知）

内容：

（1）中、大班幼儿在操场观看露天电影《小兵张嘎》，接受爱国主义教育，萌发爱国、爱家的美好情感；激发家长对童年的追忆和怀念。

（2）托、小班幼儿在操场观看露天水墨动画电影《小蝌蚪找妈妈》，为幼儿留下美好的童年回忆。

（四）"一样的六一，不一样的童年"展板宣传活动。

内容：对比展示祖辈、父辈及幼儿在生活（衣、食、住、行）、学习（学校、教室、文具）、娱乐（节日、游戏）等各方面的不同，让幼儿感知时代的进步与变迁，唤起家长的情感共鸣，增进家园、亲子之间的了解。

（五）"一样的六一，不一样的童年"庆祝会

内容：迎接省市、军区领导的节日慰问。

（六）"一家老小过六一"之全园游艺活动

内容：幼儿和家长开展民间游戏和竞赛，体会快乐共享的节日气氛。

（1）室内游戏项目：斗鸡、丢沙包、转呼啦圈、踢毽子、抓石子、拍纸板、石头剪刀布、我们都是木头人。

（2）户外游戏项目：滚铁环、我们邀请一个人、系红领巾、踩高跷、抬花轿、跳房子、打陀螺。

湖南省军区幼儿园

2015年5月10日

附件二

"一样的六一，不一样的童年"家长意见征集表

幼儿姓名		班 级	
您是否参加此项活动？ （请按意愿填写"自愿参加"或"不参加"）			
家长姓名		与幼儿关系	
说明	1.此活动由园方发起，由家长按意愿决定是否参与 2.活动过程中，家长须管好自家幼儿，全程负责幼儿和自身的安全。如有任何安全意外，自行承担责任 3.为保证活动顺利开展，请由父母亲自参与活动。如有特殊情况须祖辈参与，请在班级教师处签订《安全协议书》		

附件三

"一样的六一，不一样的童年"活动家长安全协议书

_____班幼儿_____，因特殊原因，父母不能参加六一系列活动，特委派孩子的_____（请填写姓名及与幼儿关系）参与活动，全程负责幼儿和自身的健康和安全。如有任何健康及安全意外，由家庭自行承担责任。

幼儿家长：_____

湖南省军区幼儿园

2015 年 5 月 10 日

附件四

"一样的六一，不一样的童年"活动展板

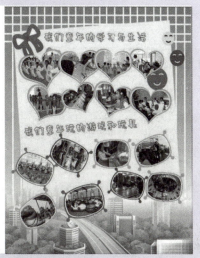

附件五

观影券

一样的六一，不一样的童年

观影券

湖南省军区幼儿园

附件六

"一样的六一，不一样的童年"家长问卷

幼儿姓名		班　级	
参与家长		活动时间	

亲爱的家长朋友，"一样的六一，不一样的童年"系列庆祝活动圆满结束，感谢您在此期间的支持与配合。为了更好地开展下次活动，我们需要您提供本次活动的反馈。

1. 您认为此次参观活动中哪个环节最精彩？

2. 您认为此次参观活动哪个环节需要改进？

3. 您参加此次活动的收获是什么？

4. 您在活动过程中最需要得到老师哪些方面的指导？

幼儿家长：_____
湖南省军区幼儿园小 × 班
2015 年 6 月 2 日

评析

　　1949 年 11 月，为了保障全世界儿童的生存权、保健权和受教育权，改善儿童生活，国际民主妇女联合会在莫斯科举行的理事会上做出决定，每年 6 月 1 日为国际儿童节。1949 年 12 月，我国政府规定 6 月 1 日为中国儿童节。"六一"儿童节，是儿童自己的节日。为了让幼儿度过一个快乐而有意义的节日，充分感受属于自己节日的欢乐与喜悦，幼儿园通常会精心策划和组织丰富多彩的活动，或者举行系列庆祝活动，或者举行单纯庆祝活动，如大型自主性游艺活动、跳蚤市场或爱心义卖、文艺表演，等等。

　　"一样的六一，不一样的童年"系列亲子活动，通过富有教育意义的活动主题让幼儿感受不同时代的"六一"儿童节，萌发珍惜美好生活的情感体验。活动不仅确立了幼儿发展目标，还有家长发展目标，可以看出幼儿园对家园共育的重视。活动准备分为经验准备、材料准备和场地准备，全面而细致。从人员分工可以看出，每个环节责任到人，确保了活动的顺利进行。活动前方案制订的过程和准备工作的开展，体现了专业性、科学性和有序性。系列活动包括主题展览、亲子故事会、亲子露天电影、文艺演出喜乐会、传统游戏喜乐会等，形式丰富内容精彩。家庭拓展活动对家长具有一定的指导意义，可以进一步延伸主题活动内容。园所后续活动重在收集教师、幼儿和家长的反馈意见进行反思，总结有益经验，查找问题原因，寻找解决对策。总而言之，此活动案例紧紧围绕主题，达到了幼儿发展目标和家长发展目标，有效整合了各类资源，既有传承又不失新意。

案例 7-5

童梦卡通欢乐颂

——湖南省军区幼儿园元旦亲子运动会策划书

活动目标

1. 激发幼儿对体育活动的兴趣，提高幼儿的身体素质，增强各年龄段幼儿动作的协调性和灵活性；培养幼儿初步的竞争意识，体现团结协作的竞赛风格。

2. 增进家园双方的沟通与了解，激发家长参与幼儿园活动的热情，全面展示军区幼儿园幼儿、家长和教师的风采。

活动准备

1. 物资准备

（1）亲子团体操表演所需服装、道具由各班级负责。

（2）体育竞赛项目器械由体育组、年级组负责。

（3）公共环境创设图文资料、海报由教学部门准备。

（4）幼儿礼品、奖品及证书、评委礼品由教学组购买。

2. 环境准备

（1）幼儿园外环境结合迎新运动会主题进行主题装饰。

负责人：×××

（2）悬挂彩旗。

负责部门：后勤部门（11月28日完成）。

（3）环境卫生。

负责部门：卫生保健部门。

3. 安全保障

负责部门：后勤部门。

人员分工

工作职责	部门及人员安排		负责项目
总指挥	园长、书记		负责行政人员分工安排、活动全程整体调度及安排
策划执行	教学部门	教学部门主管	全面负责活动全程的策划、组织、实施
		专职美术教师	园区公用环境创设、平面宣传
		教研室人员、班级教师	网络宣传（微信、博客平台）
		电教员	准备好活动所需音视频资料，全程拍照、摄像
		班级教师	发放通知，做好班级幼儿、家长的组织管理

工作职责	部门及人员安排		负责项目
后勤保障	后勤部门	后勤部门主管	全面负责物资采购、门岗管理、音响设备的组织管理
		采购员	提前采购好活动所需各项物资，如游戏材料、幼儿礼品等
		电工人员	提前检修，保障音响设备正常使用
		安保人员	查验入园人员证件，活动现场秩序维护
卫生清洁医务保障	卫生保健部门	卫生保健部门主管	全面负责卫生清洁、保健护理、医疗保障的组织管理
		保健人员	准备简单的医疗用具，负责活动中的巡视
		保育教师	做好本班级卫生清洁工作
		卫生员	做好教学楼公用区域卫生清洁工作
		花工	做好园区花草修剪、户外公共区卫生清洁

活动内容及安排

（一）宣传画征集

时间：11月7~11日

流程：

（1）中、大班幼儿与家长共同设计、绘制主题宣传画。

（2）由教师团队代表投票推选出活动主题宣传画。

（3）创意之星评选：入选特等奖绘画作品作为舞台喷绘背景；其余参赛作品参加展出，由幼儿投票评选出创意之星，并颁发奖状。

（二）开幕式

1. 时间：11月30日（分两场上、下午举行，上午9：00分开始，下午3：00开始）

2. 准备

准 备	负责人	要 求
演出音乐、服装道具	节目负责人	节目质量高、服装道具效果好
家委会观演桌子18张、椅子36张、隔离带	后勤部门	数量满足要求
上下场观演券、年级组运动会游戏卡	曾亚红	数量满足要求，活动前一天发放
查收观演券	门岗	收票放行，避免无关人员进入
统计进餐人数	班组长家长委员会成员	牛奶水果按班领取；进餐人数提前按当天实际统计，及时汇总至李腾飞老师处，于周五下午3：00上报彭园长，避免浪费
家长评委席标识	王芝蓉	数量充足；打印好之后交给荣丽娇老师
评分表打印发放	荣丽娇	提前准备好并发放到班级，数量充足

3.程序

（1）幼儿、家长运动员入场（着统一服装、班牌、口号）。

内　容	负责人	要　求
组织方阵	胡坤、班级教师	整齐、有序

（2）升旗（胡坤、李腾飞组织）。

内　容	负责人	要　求
训练组织出旗、升旗	胡坤、李腾飞	提前候场；动作精神、整齐；衔接紧密
播放入场音乐、国歌	荣丽娇	提前确认音乐；音乐播放及时，衔接紧密

（3）运动员、裁判员宣誓。

内　容	负责人	要　求
组织训练	陈秋娟	语言清晰、衔接紧密、及时到位
裁判员宣誓	胡坤	

（4）园长致辞。

（5）集体啦啦操。

内　容	负责人	时　间
啦啦操编排、召集训练	龚一米	11月25日完成
卡通人偶配音录制	付傲寒	11月23日完成
表演	龚一米、付傲寒、易芝、郭雅涵、贺诗婷、彭子玮	

（6）中场休息，摆放桌椅，架设隔离带。

内　容	负责人	要　求
指挥退场	胡坤	组织人员有序回班、搬椅子
评委席标识摆放	荣丽娇	快速
家长评委席桌椅摆放	李腾飞、胡坤实习生	摆放快速、位置准确：桌子位于操场中间呈圆弧形，隔离带分别在桌子两端，将家长和幼儿隔离（胡坤指挥负责舞台右侧，李腾飞负责舞台左侧）
幼儿椅子定位摆放	余海燕	摆放快速、位置准确

（7）亲子团体操表演。

内　容	负责人	要　求
1. 音频收集汇总 2. 音响播放	李腾飞	1. 本周五将所有演出音乐集中，按顺序衔接；准备好暖场、散场时的卡通片背景音乐 2. 音量适宜，播放及时，衔接紧密
音响保障	熊德桥	音响正常使用（去年演出，下场音响曾中途中断；为防范再次发生，建议准备备用音响）
谢幕	啦啦操成员	每场最后一个节目结束时班级留在台上，啦啦操成员上台谢幕

4. 演出顺序

A 场（上午）	内　容	负责人	B 场（下午）	内　容	负责人
小一班	天线宝宝	各班教师	小二班	功夫熊猫	各班教师
小三班	哆啦 A 梦	各班教师	小四班	帝企鹅日记	各班教师
小五班	可爱巧虎	各班教师	中三班	疯狂动物城	各班教师
中二班	海底总动员	各班教师	中四班	快乐兔巴哥	各班教师
中一班	米奇米妮	各班教师	中五班	海绵宝宝	各班教师
中六班	樱桃小丸子	各班教师	大四班	葫芦娃	各班教师
大二班	猫和老鼠	各班教师	大三班	黑猫警长	各班教师
大一班	西游记	各班教师	教师组	美少女战士	朱美龄 刘　茜
排练安排	方案确定	10 月 25~28 日（28 号沟通方案、音乐）			
	操节排练	10 月 31 日 ~11 月 18 日			
	熟悉场地	11 月 21~25 日			
	彩　排	11 月 28~29 日			
	开幕式	11 月 30 日			

节目单	
A 场（上午）	**B 场（下午）**
1. 天线宝宝（小一） 2. 海底总动员（中二） 3. 美少女战士（教师） 4. 哆啦 A 梦（小三） 5. 西游记（大一） 6. 米奇和米妮（中一） 7. 可爱的巧虎（小五） 8. 樱桃小丸子（中六） 9. 猫和老鼠（大二）	1. 功夫熊猫嘿哈嘿（小二） 2. 美少女战士（教师） 3. 疯狂动物城（中三） 4. 帝企鹅日记（小四） 5. 海绵宝宝（中五） 6. 黑猫警长（大三） 7. 快乐兔巴哥（中四） 8. 葫芦娃（大四）
主持人：朱美龄	主持人：夏玲

（三）"健康之星"评选

1. 时间：12 月 1~12 日

2. 准备：健康之星小奖杯

3. 评选程序和标准

程序	内容	时间	组织部门
初赛	生长发育指标（幼儿身体健康，发育正常，体重身高在标准值之内；无龋齿及视力异常，血色素正常）	12 月 1~5 日	保健室
复赛	体能测试（中、大班：跑、投掷、跳远；小、托班：走平衡、跑、跳）	12 月 8~12 日	健康组
决赛	健康安全知识抢答（包括身体保健、心理保健、自我安全保护、社会适应、生活习惯和生活能力等）	12 月 15~19 日	年级组 健康组

（四）年级组运动会

1. 时间：12 月 5~7 日

2. 准备：游戏标志牌、游戏器材

材料	负责人	要求	检查时间
年级组运动会标志牌	年级组长	要求具有童趣，幼儿参与表演	12 月 2 日上午
集体、个人赛的赛制和所有器材	胡坤、李腾飞年级组长	提前到位，人员分工合理、有序	
亲子项目区域标志牌	区域负责人	规格统一	
亲子项目运动器材、小贴纸	运动项目负责人	材料充足	
亲子游戏卡	曾亚红	幼儿人手一份	
亲子游戏奖品发放	实习生	凭游戏卡发放，人手一份	

3. 内容

组次	项目	内容	时间	参赛人数
小班组	集体项目	1. 小马过河（平衡走） 2. 骑车总动员（骑车接力）	12月5日	20人 20人
	亲子项目	1. 操场南：小袋鼠（跳） 2. 操场中：大象脚（走） 3. 操场北：毛毛虫（合作跑） 4. 跑　道：小猪运西瓜（推车） 5. 球　场：小飞机，飞起来（合作传递） 6. 西草坪：打地鼠（蹲起练习） 7. 东草坪：宝宝双层巴士（合作爬）		全体家长和幼儿
	个人项目	1. 托马斯速度赛（手膝着地爬） 2. 小皮球蹦蹦跳（单手拍球）		10人 10人
中班组	集体项目	1. 小猴子运玉米（接力跑） 2. 小青蛙跳荷叶（蹲起跳）	12月6日	20人 20人
	亲子项目	1. 操场南：飞行家族（高处往下跳） 2. 操场中：我把小猪佩奇送回家（夹球跳） 3. 操场北：疯狂动物城（合作套圈） 4. 跑道：四驱小子（滑板车） 5. 球场西：灌篮高手（抛接） 6. 西草坪：地鼠特工队（钻爬） 7. 东草坪：超级飞侠（合作取物跑）		全体家长和幼儿
	个人项目	1. 小皮球蹦蹦跳（左右手交替拍球） 2. 奥特曼打怪兽（投掷）		10人 10人
大班组	集体项目	1. 小鲤鱼跳龙门（集体跳长绳） 2. 超级玛丽（障碍接力跑）	12月7日	20人 20人
	亲子项目	1. 操场南：八戒运西瓜（合作接力跑） 2. 操场中：报纸超人（快速跑） 3. 操场北：兔八哥拔萝卜（合作接力套圈） 4. 跑道：翻山越岭（综合锻炼） 5. 篮球场：无敌独轮车（推车、上肢锻炼） 6. 东草坪：超级投弹手（投掷） 7. 西草坪：抢尾巴大赛（追逐、躲闪跑）		全体家长和幼儿
	个人项目	1. 我的皮球跑得快（行进绕障碍拍球） 2. 跳跳乐（跳短绳）		10人 10人
备注	各项目以班级为单位，幼儿和家长自愿报名参与选拔			

4. 年级组运动会颁奖仪式

项目	程序	负责人	要求
年级组颁奖仪式	摆放领奖台	健康组实习生	提前准备好，及时摆放
	奖状准备	王芝蓉	胡坤、李腾飞及时汇总比赛数据，交给王芝蓉老师填写奖状
	音响	李腾飞	音乐播放
	递奖	扮演吉祥物	活跃气氛、合影
	颁奖	园领导	

（五）健康毅行，走向 2017

（1）时间：2016 年 12 月 30 日。

（2）准备：健康小食品、证书、背景板。

（3）内容：全园幼儿按大中小不同年龄段，与家长进行亲子步行活动，幼儿手持"通关卡"分别经过沿途 3 个"健康加油站"，领取健康小食品。

（六）闭幕式

（1）时间：2017 年 1 月 3 日升旗仪式。

（2）健康之星展示、颁奖。

评析

元旦是一年中最重要的节日之一，幼儿园会在元旦前一段时间举行一系列活动来庆祝。不仅有全园性活动，还有年级、班级的活动。除了传统的联欢会模式，还可以围绕新年主题，将中国传统文化渗透在幼儿园的教育活动中，使幼儿在参与体验的过程中，获得丰富的经验。

幼儿园运动会是组织多个班级参加的大型体育游戏活动，是幼儿园体育活动的重要组织形式之一。与其他竞技类运动会相比，幼儿园运动会由于参与对象是 3~6 岁的幼儿，所以更加注重运动过程及游戏的趣味性。

"童梦卡通欢乐颂"策划方案，以卡通为主题将运动会和迎元旦结合起来，旨在浓烈的节日气氛中锻炼身体欢度元旦。活动准备方面，物质准备周全，只是缺少幼儿经验准备。活动内容包括亲子创意画征集、开幕式团体操表演、健康之星评选、年级组运动会、健康毅行，形式多样紧扣主题。在亲子团体操音响保障中特意提到去年演出，下场音响曾中途中断，为防范再次发生，建议准备备用音响，可见，组织者吸取了上年教训。总而言之，此案例凸显主题，集趣味性、锻炼性为一体，活动内容丰富多彩，确保了活动目标的达成。

思考与实训

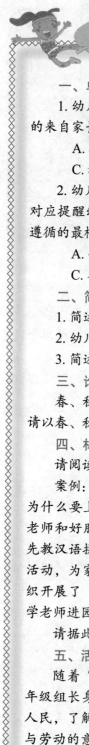

一、单项选择题

1. 幼儿园大型活动是利用资源广泛的教育活动，下列哪项不是幼儿园所利用的来自家长及教师的个人知识能力资源？（　　　）

    A. 教师及家长的主持才能　　　　B. 教师及家长的音乐才能

    C. 教师及家长的绘画才能　　　　D. 家长赞助专业的音响、摄影设备

2. 幼儿园在消防演习前会制定相应的安全预案，各班开展相关主题教育活动对应提醒幼儿发生火灾时的正确做法，避免幼儿受伤。这体现幼儿园大型活动应遵循的最根本原则是（　　　）

    A. 安全性原则　　　　　　　　　B. 整合性原则

    C. 参与性原则　　　　　　　　　D. 计划性原则

二、简答题

1. 简述幼儿园大型活动的含义。

2. 幼儿园大型活动有什么特点？

3. 简述幼儿园大型活动与班级集体教学活动的异同。

三、论述题

春、秋游活动是很受幼儿喜爱的大型活动，它与大自然的季节特征紧密相关，请以春、秋游活动为例论述幼儿园大型活动对幼儿、教师、家长的价值。

四、材料分析题

请阅读案例并回答问题。

案例：5、6月份，大班的孩子陆续去小学报名。这段时间，幼儿有很多疑问：为什么要上小学？小学老师是什么样的？小学生要学什么？我不想离开幼儿园的老师和好朋友怎么办？家长也有很多担忧，孩子不适应小学生活怎么办？要不要先教汉语拼音和100以内的加减法？为此，×××幼儿园开展了一系列幼小衔接活动，为家长和幼儿答疑解忧。师幼共同进行了"我要上小学了"环境创设，组织开展了"我是小学生"主题教育活动周、同年级换班、幼儿参观小学和邀请小学老师进园举行家长沙龙、毕业典礼等一系列活动。

请据此案例分析幼儿园科学开展幼小衔接活动对幼儿和家长的意义。

五、活动设计题

随着"五一"劳动节的到来，幼儿园会以各种各样的方式迎接劳动节。请以年级组长身份撰写一份大型活动方案。主题是在活动中引导幼儿认识周围的劳动人民，了解"五一"劳动节的真正意义，感受劳动的快乐并培养幼儿从小主动参与劳动的意识。

第八章 幼儿园教育活动评价

引入案例

分萝卜

一、活动目标

1. 幼儿能通过观察、品尝等各种方式增进对萝卜的了解，爱上吃萝卜。

2. 知道萝卜分类，并能了解萝卜的生长过程。

3. 幼儿乐于探索，能大胆表达，在活动中感受萝卜的有趣，从而产生爱萝卜的情感。

二、活动准备

1. 物质准备：萝卜及萝卜制品。

2. 经验准备：幼儿对蔬菜有一定的经验。

三、活动过程

1. 情境导入

小朋友们，我是小白兔，我告诉大家一个喜讯，我的萝卜丰收了，可我一个人没法收，大家帮帮我吧。

2. 自由探索（情节：看小白兔的萝卜）

（1）教师："大家摸一摸，看一看，萝卜长得是什么样的。"

（2）拓展幼儿对萝卜品种的认识。

（3）利用准备好的各种萝卜，小结并感受萝卜的有趣。

3. 操作分类（情节：帮小白兔分萝卜）

（1）要求：小白兔收了那么多萝卜，想请小朋友们帮忙分一分（小朋友们按萝卜的特征来说一说、分一分）。

（2）操作指导：允许幼儿尝试错误，自觉纠正，并用语言表达分萝卜的过程。

（3）启发："我们看到这么多萝卜，你最喜欢哪种萝卜"？

（4）教师："我们把萝卜送回小白兔家好吗？"

4. 游戏体验（情节：幼儿扮演萝卜生长）

四、评析

此活动选材来源于生活。我们都知道，萝卜是幼儿比较熟悉的蔬菜之一。在这个丰收的季节，萝卜在菜场等地随处可见，取材方便。它的品种非常丰富，有白萝卜、胡萝卜、一点红、绿萝卜等，它的大小不同、颜色不同、形状不同；它的营养丰富，吃法繁多。《纲要》要求，在幼儿中开展的所有活动，要"既符合幼儿的现实需要，又有利于其长远发展；既贴近幼儿的生活，选择感兴趣的事物或问题，又有助于拓展幼儿的经验和视野"。"分萝卜"活动来源于生活，又能服务于幼儿的生活。

1. 活动选材非常贴近幼儿的生活，弥补了幼儿对萝卜的认识。

2. 活动的核心价值：看到的才是最真实的！幼儿往往认为白萝卜和红萝卜的表皮的颜色和里面的颜色是一样的，"一点红"和"心里美"也应该是一样的，而真实的情况是出乎意料的，这对幼儿来说是一个惊喜，会带给他们认知上的冲击。

问题：

案例中的评价是一种怎样的评价？幼儿园教育活动评价是指什么？作为幼儿园教师，如何进行教育活动评价？其评价方法有哪些？

学习目标

（1）理解幼儿园教育活动评价的含义、功能、原则。
（2）掌握幼儿园教育活动评价的方法。
（3）了解幼儿园教育活动评价内容。

本章结构

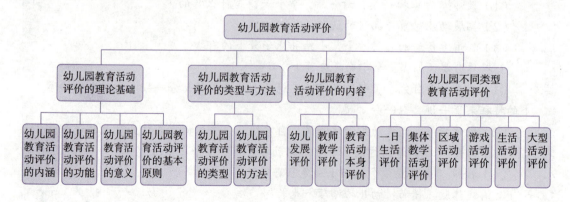

第一节 幼儿园教育活动评价的理论基础

《纲要》明确提出："教育评价是幼儿园教育工作的重要组成部分，是了解教育的适宜性、有效性，调整和改进工作，促进每一个幼儿发展，提高教育质量的必要手段。"

一、幼儿园教育活动评价的内涵

教育活动评价在教育实践中起着有力的杠杆作用，但这一作用力却未必一定会把教育推向理想的方向。在幼儿园开展什么样的教育活动评价，如何评价活动中每个儿童的发展，是一个十分重要的问题。因此，我们非常有必要明确幼儿园教育活动评价的含义，来帮助我们更好地进行评价。

幼儿园教育活动评价是指在一定教育价值观的指导下，依据确立的教育目标，运用可操作的科学手段，通过使用一定的技术和方法，系统收集信息、资料并进行分析、整理，对所实施的幼儿园的各种教育活动、教育过程和教育结果进行科学判定的过程。

二、幼儿园教育活动评价的功能

幼儿园教育活动评价是为了了解教育活动的适宜性、有效性、调整和改进教育活动，促进每一个幼儿发展，提高教育质量的必要手段。教育活动评价的过程，是评价者运用专业知识审视教育活动实践，发现、分析、研究、解决问题的过程。因此，幼儿园教育活动评价具有以下 5 个功能。

（一）诊断功能

幼儿园教育活动评价结果可以用来诊断和改进。它是指在搜集、整理和分析信息材料的基础上，对评价对象的客观情况特别是存在的问题进行诊断，为其进一步的改进行动提供支持，帮助其寻求增值的途径和方法。评价的目的不在于证明和发现，而在于改进和提高。

（二）鉴定与选拔

幼儿园教育活动评价结果可以用来鉴定和选拔。它是指通过对所搜集的信息材料的整理和分析，对评价对象的客观情况做出证明或说明，为评价对象以后的发展或晋级提供依据。这既包括对儿童发展的鉴定，对教师发展的鉴定，对幼儿园工作的鉴定，还包括对儿童进一步发展所提供的促进条件，对教师专业晋级所做的准备，以及对幼儿园工作的全面衡量与发展机制的确立提供指导。

（三）导向与调节

幼儿园教育活动评价是评价者依据一定的评价准则进行价值判断的活动，评价活动的结果会对评价对象有很强的"明示"效果。评价肯定的，正是评价对象应该追求的；而评价所否定的，也正是评价对象应该忽略或舍弃的。

（四）激励功能

各种评价一方面有助于激发儿童的成就动机，使他们追求好的评价结果，激励他们更好地发展和表现；另一方面，通过评价也在激励教师和教职员工为儿童发展创造更好的发展条件和成长环境。

三、幼儿园教育活动评价的意义

幼儿园教育活动评价不是要区别是非，比出高低，意义不在于甄别而在于发展。对于家长来说，可以更了解孩子的生活、发展与学习情况及变化，以便配合幼儿园活动；对于幼儿园来讲，可以便于发现和总结经验，改进与推广教学经验。概括地说，它有以下 3 个方面的重大意义。

（一）促进幼儿发展

幼儿是教育活动的直接体验者、受益者。幼儿园教育活动评价的最终目的在于促进幼儿身心的和谐发展，在幼儿园教育活动评价过程中，凭借观察、记录，分析幼儿的学习过程，给予及时的指导，以促进幼儿的健康发展。

（二）提升教师专业水平

教师是幼儿园教育活动的实施者、是幼儿发展的促进者，教师的实践行为直接决定幼儿园教育活动的实施与幼儿发展水平。对幼儿园教育活动诸要素做出的价值判断中蕴含着对教师道德、知识、技能等改善的期待。通过幼儿园教育活动评价，有助于改进教师的实践行为，提升教师专业发展水平。

（三）提高幼儿园教育质量

幼儿园教育活动质量的优劣、是否拥有适合儿童成长的活动内容，与促进儿童发展的教育活动的实施有直接关系。对幼儿园教育活动做出价值判断，无疑能推动幼儿园教育质量的进步。

四、幼儿园教育活动评价的基本原则

（一）发展性原则

幼儿是否得到发展，教师是否得到发展，幼儿园是否得到发展，是幼儿园教育活动评价唯一的标准，幼儿园教育活动评价的根本目的就是为促进幼儿、教师、幼儿园的发展，特别是幼儿的健康发展。同时，评价的过程是一个动态的过程，通过信息的交流、反馈，对评价指标、方法、过程不断调整、改进、完善，评价自身也不断完善，以发挥其最大功效。

（二）适宜性原则

幼儿园教育活动评价除了遵照《纲要》的规定和遵循幼儿教育规律外，必须要根据幼儿园所处的环境，拥有的资源，幼儿园发展的需要等来进行评价；必须根据每个幼儿的已有经验、发展水平、需要等来进行评价。概括起来就是，幼儿园教育活动评价必须考察其是否符合幼儿园实际，是否符合幼儿实际。

（三）分类性原则

幼儿园教育活动从形式上分为游戏活动、生活活动、集体活动、大型活动、区域活动、一日活动六大类，从内容上分为健康、语言、社会、科学、艺术领域的活动，每类活动都有自己的目标指向，都有自身的特点。因此，在对其进行评价时，必须分类评价。

（四）客观性原则

在幼儿园教育活动评价中，评价者应该做到客观公正、实事求是。在分析、整理、收集资料的过程中，要正确处理好个人情感、欲望与客观的实施判断之间的关系。要全面收集资料。

（五）科学性原则

建立比较合理的评价指标体系和评价机构，拥有一支训练有素的专业人员队伍，能有效地提高评价方式和手段的综合性与科学性，如定量评价与定性评价的结合。马克思认为，一门科学只有在成功地运用数学时，才能达到真正完善的程度。

第二节 幼儿园教育活动评价的类型与方法

一、幼儿园教育活动评价的类型

幼儿园教育活动的评价类型，根据评价对象的层次和内容可分为宏观评价和微观评价；根据内容的复合程度可分为单项评价和综合评价；根据评价的功能和用途可分为诊断性评价、形成性评价和终结性评价；根据评价主体可分为他人评价和自我评价；根据评价方法的不同又可分为定性评价和定量评价。这里仅展开根据评价的功能和用途进行分类的评价。

（一）诊断性评价

它是在事物发展进程的某一阶段开始之前进行的评价，它是了解人们对这一事物某一发展阶段的兴趣、态度，以及发展所必须具备的条件存在程度等。

（二）形成性评价

它是一种在事物发展进程中所做的评价，具有反馈的功能，它的目的是监督事物的发展，并调整、修正发展进程，这类评价将原来预定的发展目标作为评价依据。

（三）终结性评价

它也称为总结性评价，是一种在事物发展某一阶段之后所进行的评价，这种评价目的是了解整体的效果，提供一个总体评价成绩的资料。总结性评价具有对后继新阶段的诊断性评价的作用。

二、幼儿园教育活动评价的方法

一般而言，幼儿园教育活动评价一般过程包括以下几个步骤：建立知识能力结构合理的评价组织；确定评价目标和评价的任务；选择和确定评价的项目和指标；选择和设计收集评价信息的方法和工具；收集评价信息所依据的证据或信息；整理和分析信息资料；形成评价报告。就教育活动评价的实施而言，影响技术与方法选择的因素有很多，如客观的技术条件、仪器设备、评价者和被评价者等各种主观条件的制约等。但就评价体系的内部情况而言，评价技术与方法的选择主要受评价的理念、评价的特定目的及评价针对的具体对象等因素的影响。幼儿园教育活动评价方法有以下几种。

（一）观摩法

观摩法是指评价者在实际的教育活动情景中，按照教育活动的目标，对教师、幼儿的行为乃至活动的过程进行观察。在集体教育活动时，评价者不参与活动，而是按评价的分类原则，根据某个活动领域的总要求，重点观察教师在目标的确定、内容的选择、方式的运用、对幼儿发展的适宜性方面还存在的问题，以及思考解决问题的策略。在游戏和生活活动时，评价者可以参与活动，重点通过观察幼儿具有明显特点的自然表露的行为，来了解、分析幼儿，帮助教师找准幼儿最近发展中的问题，以利于教师组织行为的优化。这是一种过程取向的评价方法，认为教育活动是活动计划和实施的全过程，包括在活动中教师与幼儿在具体教育情境中所发生的全部情况。

（二）谈话法

谈话法是指评价者通过与教师、幼儿面对面的交谈来收集信息进行评价的方法。它可以分为直接问答的谈话、选择答案的谈话、自由回答的谈话、自然的谈话等。在集体教育活动时，与教师的谈话可以采用直接问答的方式，重点是教师对活动的自我反思，主要谈目标确定，内容选择，方式运用，偶发事件处理。在游戏和生活活动中，与幼儿的谈话一般采用自然的谈话方式，注重多提一些开放性的问题，诱导幼儿说出自己对活动的真实想法、感受、体验，以确定教师对活动的组织行为是否有效。在运用谈话方法时，评价者应当注意自己的态度、语气、谈话的艺术，尽量做到不带任何倾向，这样才能收集到客观的信息。这是一种主体取向评价方法，将活动评价看作为评价者与被评价者、教师与儿童等共同建构意义的过程，是一种多元的价值判断的过程。强调评价者与被评价者都是平等的主体，采用"质的研究"方法。这种评价取向优点是尊重差异，尊重价值多元，将个性解放置于重要的地位。

（三）案例分析法

案例分析法是指评价者将一个完整的教育活动过程，或者是活动过程中的片断（包括偶发事件），或者是活动过程中幼儿个体的发展，或者是活动过程中幼儿的有代表性的留存作品，组织教师采用个人、小组、集体等形式对案例进行全方位的分析。这是一种科学主义取向评价方法，倾向于把注意力放在被评价者身上。数据通常采用考试分数的形式，常被用来比较不同情况下的个体的表现。由于收集到的资料是量化的，因此可用统计的方法对其进行分析。

无论是哪种评价方法，教育活动评价的基本价值取向应包括：促进幼儿认识、学习策略及情感等多方面的全面和谐发展；教学应尽可能引发幼儿多感官的参与；体验、尝试和发现等是幼儿重要的学习方式；适宜的目标和内容才能引发真正有效的教和学；活动要有开放的、能激发幼儿探索欲望和思考的环境；产生问题、引发互动是有效教学的重要特征；活动过程应该让幼儿感受挑战。

总之，遵循上述原则，根据上述内容，采用上述方法，对教育活动进行客观、公正的评价，并通过评价引导、帮助教师自觉地建立反省意识，主动反思自己的教学行为，并能在教师间的讨论、碰撞中澄清一些模糊认识，不断地调整、改进、优化教学行为，真正促进幼儿和谐发展，是教育活动评价的最终目的。

第三节 幼儿园教育活动评价的内容

幼儿园教育活动评价的内容决定了从哪些方面对评价对象进行评价，它涉及幼儿园教育活动各个方面。下面着重围绕幼儿发展、教师发展和活动本身3个方面，对教育活动内容进行论述。

一、幼儿发展评价

（一）幼儿发展评价内容

幼儿发展是指幼儿成长过程中身体、认知、情感和社会性等方面有规律的进行量变和质变的过程。影响幼儿发展的因素有幼儿内在的需要、外在的刺激，以及内外交替的相互作用。幼儿发展评价是要对幼儿身体、认知、情感和社会性等方面的发展进行的价值判断。因此，在幼儿园教育活动中，评价者要关注以下基本内容。

1. 关注幼儿多方面的发展

幼儿发展的表现是多方面的，幼儿发展评价所涉及的内容也应当是多样化的。在教育活动中，既要关注幼儿的身体发育和在各学习领域知识技能的获得，也要关注幼儿的社会

交往与情感体验等各个方面；既要关注幼儿的个体差异，也要关注全体幼儿在某一个阶段、某一个领域、某一个活动中的发展情况；既要关注幼儿目前的发展现实，也要关注未来的幼儿发展潜力。

2. 对幼儿发展作价值判断

这种价值判断是建立在事实判断基础上的。在幼儿发展评价中，应尽量从真实情景中而非人为情景中，从直接接触中而非道听途说中去获取信息，应尽可能运用观察记录、谈话交流、作品交流等多种方法获取信息，唯有这样，才有足够的基础对幼儿发展做出恰当的事实判断，进而做出合理的价值判断。

3. 更好地促进幼儿的发展

促进幼儿发展是一切教育活动的出发点和归宿点，也是幼儿园教育活动评价的最高追求。幼儿发展评价作为幼儿园教育活动评价的重要组成部分，其目的与教育活动评价的目的完全一致。幼儿发展评价是一个不断追求增值的过程，这种增值主要变现在努力提高幼儿园教育活动质量，更好地促进每一个幼儿发展上。

（二）幼儿发展评价的评价点

1. 身体与运动

教育活动过程中，评价者可观察活动的设计是否发展了幼儿的动作能力，是否发挥了幼儿的创造性动作能力，帮助孩子健康成长。

2. 认知与语言

认知是幼儿对客观世界的认识活动。感知能力是幼儿认识事物必须具备的能力。在幼儿发展评价中，对幼儿感知能力的评价主要包括空间、时间和形状3个方面，它们反映了幼儿看、听、摸等诸多感知能力的发展水平。思维能力是认知的主要部分。思维能力的强弱，反映出幼儿智力发展水平的高低。探究能力是指幼儿在活动中发现问题，多方寻求解决问题的答案并尝试动手解决问题的能力。幼儿园时期是人终身语言发展最重要也是最快的时期，如何通过评价促进幼儿语言发展就显得非常重要。幼儿语言发展评价主要包括输入与输出两个方面内容，前者重在倾听，后者重在表达。

3. 社会性与情感

社会性发展是指作为个体的生物人成长为社会人，并逐步适应社会生活进而使人的个性得以形成与不断完善的过程。因此，对幼儿社会性与情感的评价内容包括自我意识、情绪情感、人机交往和守规约行。

幼儿园里发生过以下两个情景。

情景一： 在区角活动时间，各个活动区都在热火朝天地进行着活动。突然，教师听到在搭建区传来惊呼声，原来是3个男孩子在搭建积木，搭得很高很高，歪歪扭扭马上要倒了。教师近前一看，发现有些大的搭在了上面，小的搭在了下面，就说："你们能不能把大的积木搭在下面，小的搭在上面呢？"一边说着，一边让幼儿按照积木的大小顺序搭建。3个搭建的幼儿尝试搭了一会儿都走开了，只有教师还站在那里。

情景二： 在户外活动时间，有几个幼儿围在一起谈论着什么，一直持续了好几分钟都没有散开。赵老师走了过去，原来是牛牛尿裤子了，几个幼儿你一言，我一语地嘲笑着牛牛，有的说："你怎么尿裤子了？"有的说："真臭！"看到赵教师，几个幼儿齐声说："牛牛尿裤子了！"只见，牛牛满脸通红地低着头……赵老师赶紧到休息室里找了一条裤子给牛牛换上，摸摸牛牛的头说："没事的，去玩吧。"牛牛脸上尴尬的表情没有了，一转身笑着又跑去玩了。

以上两个教育情景说明了教师有没有深入评价幼儿行为是导致教学效果差异的最主要的原因。情境一中，教师并没有认真观察幼儿的活动，只是看到幼儿没有按照自己预设的办法去做，就马上进行干预，打断了幼儿正在进行的活动。情景二中，赵老师看到牛牛满脸通红地低着头，马上判断出牛牛当时心情（害羞、又怕教师指责），没有问明原因加以引导，只是帮牛牛解围，结果效果也不理想。

每个幼儿的现有水平和"下一步"都不相同，只有去发现，评价出这些差异，教育才可能建立在科学的基础之上。

二、教师教学评价

幼儿园教师评价是幼儿园教育活动评价的一个重要组成部分。对幼儿园教师的评价，有助于促进幼儿园教师的发展，提高幼儿园教育质量。在教育活动中对教师发展的评价包括：教师的态度、教师的能力与教师的行为；教师是怎样处理活动内容的，采用了哪些策略；在活动中有没有凸显本领域活动的特点、思想、核心价值及逻辑关系；教育活动内容的容量是否适合本班幼儿，是否满足不同幼儿的需求；活动中生成了哪些内容，如何处理这些内容；教师预设了哪些资源，如图书、实物、模型、多媒体等，如何利用这些资源为活动服务；预设资源生成了哪些资源，如何利用；向幼儿推荐了哪些资源，可用度怎样；教师是如何处理活动环节的，这些活动环节是否围绕活动目标开展，怎样促进了幼儿的发展，有哪些活动设计是有特色的；在教育活动实施过程中，教师预设了哪些方法，这些方法与学习目标的适合度怎样？在呈现时，教师讲解的清晰度、逻辑度、契合主题程度怎样，有哪些辅助行为；教师梳理小结时提炼的如何，是否促进了幼儿的学习；教师在师幼互动过程中如何指导幼儿独立思考，怎样对待幼儿思考中的错误；提问的次数和难易度如何；在活动过程中，教师是否指导了幼儿的自主学习、合作学习、探究学习，结果怎样，等等。

例如，在组织幼儿园语言教育活动时，教师总是首先朗诵绘本，给幼儿做示范，然后让全班幼儿一起按照教师的示范去朗诵。教师朗诵得很投入，没有办法把注意力放在幼儿的身上，教师朗诵过之后，有些幼儿还是不明白故事的情节，教师就得帮助幼儿一遍又一遍地朗读，帮了这个，再帮那个，其余什么都做不了。通过教师教学评价，发现了各个幼儿的阅读水平和指导幼儿阅读时存在的问题，为此提出了调整指导阅读活动的指导策略的建议，将班上幼儿的阅读水平分为3个层次，布置任务时按照幼儿不同的发展水平提出不同的要求。这样调整之后，班上的幼儿基本上都能完成教师布置的任务了。由此看出，对教育活动准确、有效地评价是制订下一步教学计划的依据之一，也是教师不断走向专业成长的重要途径。

三、教育活动本身评价

幼儿园教育活动评价，应重点关注以下几个方面。

1. 活动目标

活动目标是指活动中师幼预期达到的结果和标准，它是教师组织活动的方向，其实现程度是判断活动效果的直接依据。因此，根据评价的适宜性原则，活动目标应该具有综合性、层次性、差异性。

综合性是指一个领域的目标在多个领域或多个活动中实现，如语言的发展可以在社会、科学或艺术等领域教育活动中实现，也可以通过游戏活动、生活活动或教学活动实现；同时也指一个领域的活动包含多个领域的发展要求，如语言领域的活动中有社会领域的目标。

层次性是指幼儿园教育活动目标应该涵盖幼儿发展的长期（整个幼儿时期）、中期（幼儿入园起至离园）、短期（活动开始至结束）目标。幼儿时期是人生的奠基时期，幼儿园教育活动应将有助于幼儿一生发展的学习能力的培养和与人交往经验的学习作为幼儿发展的长远目标；将在园3~4年每个年龄段幼儿应具备的初步的生活技能、态度、语言、认知发展和对艺术的感受等作为幼儿发展的中期目标；将每个活动中幼儿的情感、体验和所需掌握的基本知识、技能作为短期目标。

差异性是指目标的制定应该根据幼儿整体、群体、个体的需要，照顾到他们的普遍性和个性，充分体现因材施教。差异性还表现在目标在实现过程中所在时段、所处位置的不同，因而所占比例的轻重也有所差异。

 案例 8-1

小班绘画活动：美丽的鲜花

活动目标

（1）通过学画各种形态的小花，提高幼儿对花的认识与理解。

（2）培养幼儿耐心细致的良好品质，发展幼儿的发散思维。

如果以教育目标呈现，可以表述如下。

（1）引导幼儿感知花园中多种颜色、形态的花，感受花的美丽。

（2）鼓励幼儿大胆地选用手指或棉签点画出自己喜爱的花。

如果以发展目标呈现，可以表述如下。

（1）乐于欣赏花园中多种颜色、形态的花，感受花的美丽。

（2）能大胆地选用手指或棉签点画出自己喜爱的花。

根据《纲要》《指南》的要求，适宜以发展目标呈现。

2. 活动内容

活动内容是活动目标实现的重要载体，根据幼儿身心发展规律，活动内容应该具有以下特性。

（1）生活化

幼儿处于人生发展的最初阶段，需要学习的内容非常广泛，他们的学习发生在一日生活的各个环节，生活的内容就是他们要学习的内容。因此，幼儿园教育活动内容不能脱离幼儿的生活。教育活动内容应该是幼儿生活中真实的事和物，或者是通过媒体等渠道，幼儿能感知到的事和物。

（2）趣味性

幼儿的学习具有直观、感性的特点，幼儿的兴趣就是他们学习的内趋力，只有当学习的要求内化为幼儿的兴趣和需求时，幼儿才会主动去学习。因此，教育活动的内容应该是幼儿的兴趣所在。幼儿的兴趣不是一成不变的，随着时间、地点的变化和幼儿经验、水平的发展而不断拓宽加深，因此，教育活动的内容还应该随着幼儿兴趣的变化而不断调整、改进、拓展。

（3）实效性

幼儿园所处的环境和拥有的资源不一样，幼儿整体、群体、个体的实际情况各有差异，根据幼儿、幼儿园的实际，确定他们教育所需的知识及重点，选择、取舍并有机组合各领域适合幼儿发展的内容，并且有效利用，而不是"就教材教教材"。

3. 活动过程

活动过程是指师幼共同实现活动目标所呈现的状态及状态变化的轨迹，也是教师的组织行为和幼儿的参与行为相互作用、相互促进的过程。根据幼儿的身心发展规律，在评价活动过程时，应主要从以下几个方面进行评价。

（1）活动方式

教师应该根据活动目标、内容的要求实行多样化的活动方式，通过幼儿的游戏、生活活动、集体活动等灵活地进行。这些教育活动可以是开放的，即家长、教师、其他幼儿都可以参与进来，教师要随时注重信息反馈，适时改进。在这些活动中，教师能充分发挥自身的优势、特点，扬长避短，形成个性化的教育风格。

（2）活动结构

教育活动的各环节安排应该是清晰的、连贯的，教师对活动时间的控制是弹性的，即教师根据幼儿的愿望、实际状态做灵活的设计安排，机动把握活动时各环节的时间。

（3）活动调控

教师在教育活动中应该是幼儿的支持者、帮助者、引导者和促进者。首先，教师应该创设一个良好的师幼互动环境，教师要以平等、关怀、接纳、鼓励的态度与幼儿交往，成为幼儿的榜样，促进幼儿在同伴群体中积极地模仿、观察、交谈、纠正、合作，营造一种平等、宽松、激励的氛围；而且教师对幼儿的常规要求应该是隐性的，不是直白的，更不该出现经常维持秩序的行为，对幼儿规则意识的培养应在情景中进行。其次，教师要善于

观察幼儿，善于发现和捕捉幼儿的兴趣，通过幼儿直接感兴趣的内容或间接激发的兴趣，引导幼儿主动学习、操作；善于满足幼儿兴趣的转移，需求的延展，促进幼儿学习动机的稳定与发展。再次，教师要善于分析幼儿的需要、经验、发展水平，善于寻找幼儿发展的可能性，尽量针对每个幼儿进行指导，教师要善于调控自己的行为，能合理运用多种材料，创设多样情景，设置多个开放性的问题，引导幼儿通过操作、体验、思索、交谈、大胆猜想、合作学习获得有益的经验。最后，教师能灵活、正确处理偶发事件，在其中寻找教育契机，使幼儿获得有益的经验；能根据幼儿的情绪、态度、行为表现，随时反思、调整、改进活动的内容及进程。

4.活动效果

活动效果是指在活动的过程中，幼儿的情感态度与知识技能获得的发展程度。根据发展性原则，对活动效果的评价，应该更加关注幼儿在活动中的表现。教育活动的效果直接显现在幼儿身上，幼儿对活动的兴趣、态度和参与程度是评价活动效果的第一要素。另外，幼儿在活动中主动学习、思考、探索、操作的程度，幼儿主动与教师和同伴交往、合作的深入程度，幼儿在活动领域内基础知识、基本技能的掌握程度也是对活动效果进行综合评价的重要指标。

|||||||||| 第四节 幼儿园不同类型教育活动评价 ||||||||||

幼儿园教育活动评价根据内容划分，可行为一日生活、集体教学、区域活动、游戏活动、生活活动、大型活动六大类。下面将从评价幼儿、教师和活动本身3个方面对不同类型教育活动评价进行论述。

一、一日生活评价

学前教育的核心目标是促进幼儿的全面发展和培养幼儿的良好习惯，而其落实的具体载体就是幼儿的一日生活活动。一日生活评价要点包括活动计划、活动组织、环境创设和健康运动。

活动计划的评价标准有：《一日作息时间表》科学合理，有年龄和季节特点并严格执行；课程目标能体现国家与地方相应法规文件的精神；活动安排要符合儿童的年龄特点、发展需要、能力水平和兴趣经验；课程的设置安排合理，有本幼儿园的特色。

活动组织的评价标准有：结合幼儿年龄段特点、季节和地域因素及幼儿发展需求，设计和安排适宜的一日生活活动，各个环节有序、稳定，过渡自然紧凑，不过于琐碎和急促；在一日生活活动中保证4类活动的严密实施，运动和游戏的时间安排符合基本规定，充分满足儿童游戏和运动的需要，保证每个幼儿有自由活动和自主选择活动的机会，做到动与静、室内与户外、集体与自由、游戏与学习相结合，全班、小组与个别活动相结合；能根据实际情况和个别差异适当地调整活动安排，预设课程与生成课程相结合，时间、教学、语言、健康等教育内容自然渗透在一日活动中。

环境创设的评价标准有以下几点。

（1）根据幼儿年龄段特点和发展需求，结合季节、地域等因素，设计和安排适宜的一日活动；各个环节有序、稳定，过度自然紧凑、无等待，不过于琐碎和急促。

（2）在一日活动中保证四类活动的严密实施；运动和游戏的时间安排符合基本规定；充分满足儿童游戏和运动的需要，保证每个幼儿有自由活动和自主选择活动的机会；做到动与静、室内与户外、集体与自由、游戏与学习相结合；全班、小组与个别活动相结合。

（3）能根据实际情况和个别差异适当地调整活动安排等；预设课程与生成课程相结合；时间、数学、语言、健康等教育内容自然渗透在一日活动中。

健康运动也是一日活动中的一种，它的基本要求有以下几点。

（1）根据季节、天气有计划的安排户外时间和内容；确保每天有两小时户外活动时间。

（2）能根据年龄特点安排个别锻炼和集体运动性游戏；在运动中根据幼儿脸色、出汗、心跳等情况及时调节内容和运动量。

（3）根据年龄特点、运动特点及幼儿动作发展水平合理安排运动器械；材料丰富、多功能并具有一定的挑战性，满足幼儿自由选择和创造性运动的需要，幼儿自主管理；重视传统游戏材料的使用，如皮球、沙包、跳绳、皮筋等；活动中幼儿衣着便于锻炼。

（4）积极开发园内外运动资源，结合季节特点，充分利用各种自然条件开展富有野趣的活动和民间运动。

（5）运动中有安全意识和保育意识，保证幼儿安全、快乐地运动；注意幼儿自我保护能力和规则意识的培养。

健康运动的评价标准有以下几点。

（1）早操活动：根据幼儿年龄特点，小班以律动、模仿操、音乐游戏为主，中大班渗透队列练习、武术、健身操、集体舞等内容，音乐适宜，富有童趣；教师带操富有感染力，动作规范；幼儿动作整齐、到位。

（2）体育游戏：内容选择围绕课程方案和《周计划》有明确的锻炼目的；游戏场地器械准备充分；游戏组织严密、生动；幼儿愉快锻炼；游戏中贯穿集体观念和遵守游戏规则的教育，鼓励指导大班幼儿分组自主游戏。

（3）自由活动：有计划地开展小型多样的活动；锻炼内容丰富（有选择性）有趣，体现出不同年龄段的特色，如小班的皮球、中大班的沙包皮筋等；根据幼儿体能确定重点锻炼内容、要求明确并给予恰当指导；活动具有挑战性和创造性，提供同伴间交流玩法的机会；幼儿动作协调灵活；勇敢克服困难；有序整理器械玩具。

二、集体教学活动评价

集体教学活动评价要点包括教学目标、教学内容、教学准备和教学过程。

教学目标的评价标准有以下几点：目标定位准确，能兼顾认知能力、方法能力、情感态度等方面；符合幼儿的年龄特征和发展需要，且具体可行；活动目标重点突出，表述清晰。

教学准备的评价标准有以下几点：教学准备充分适当；符合活动需要；有利于幼儿自主选择与自主探索。

教学过程的评价标准有以下几点：教学活动结构合理，主次分明，重点、难点突出，环节流畅紧凑；教学方法恰当、灵活、多样，体现游戏化，让幼儿在玩中学、做中学；充分调动幼儿参与活动的积极性、主动性、创造性；教学提问有价值，利于重、难点的解决，具有促进幼儿发展的作用；做到面向全体，关注个体差异，引领幼儿在探索、体验、发现的过程中主动学习，并获得新经验；教学机智灵活，能在教育现场关注来自幼儿的信息和生成问题并进行价值判断，并做出适时、适宜、适度的回应；教师的回应，有助于幼儿认知、技能、情感态度等方面的发展；教学手段综合，教学媒体运用合理，有助于教学目标的达成。

三、区域活动评价

区域活动评价要点包括区域环境、区域观察、区域支持、区域分享、区域整理。

区域环境的评价标准包括：游戏环境能体现幼儿的兴趣点，有以"娃娃家"为主线展开的固定社会场所，有随课程主题更换可灵活选择的区域；空间利用充分科学；游戏材料投放数量充足，种类丰富，能满足每个幼儿的自主选择；能利用生活中的自然、废旧、半成品等环保材料，诱发幼儿的多种经验。

区域观察的评价标准包括：能关注幼儿与环境材料、与同伴互动的过程；能了解幼儿的游戏动态；还能根据幼儿的言行了解、分析其发展水平。

区域支持的评价标准包括：能对幼儿的游戏行为做出合理的价值判断；能恰当地介入游戏并予以支持、帮助和回应；能适时、适宜、适度地推进游戏情节的发展。

区域分享的评价标准包括：引导幼儿围绕明确的主题进行谈话和作品交流，分享价值高；根据实际观察有重点地帮助幼儿提升经验（幼儿的努力程度、解决问题的方法）；引发下次活动兴趣等（介绍各区域幼儿的活动成果和创新）。

区域整理的评价标准包括：让幼儿明确整理的具体要求，活动后将各种物品归回原处并保持区域的整洁。

案例 8-2

区域活动评价示例

围绕主题预设的区域和活动内容

益智区：按一定规律串珠；建构区：为小动物盖一座温暖的房子；美工区：用泥工制作可爱的小动物。

区域活动结束后，教师对幼儿的活动进行评价和总结。

师：小朋友们，今天你们在活动区中都玩了什么？

幼1：我在益智区玩的是串珠子，串了一大串，我很开心。

师：你真能干，串了这么多。可是我发现欣悦小朋友串的比你多，下次一定要努力，好不好？（幼儿有点难过地答应）

幼2：我在建构区拼搭了一座房子。

师：你真棒！小朋友们都过来看看他的房子，盖得好不好？漂不漂亮？（大部分孩子只是欣赏性地看了几眼，没有孩子研究这个房子是怎么盖起来的，幼儿的创意没有被大家发现。）

幼3：我在泥工区制作了一只小青蛙。

师：你制作的青蛙真像。

师：那你们觉得自己今天玩得好不好？

幼2：我在建构区盖房子，本来玩得好好的，可是杨泽城过来捣乱，把我的房子推倒了，我只好重新盖。

师：杨泽城，你这样子捣乱，小朋友会不喜欢你的。下次活动时注意点，好不好？

师：小朋友们今天表现得都很好，每个小朋友都在自己喜欢的区域里玩了自己喜欢的游戏，而且都完成了自己的任务，老师希望下次活动的时候你们能做得更好！

评析

表面上看，教师在今天的评价活动中似乎体现了幼儿的主体地位，让幼儿自评自己的活动，教师加以肯定。但是仔细分析却不难看出，教师的评价导向停留于以事论事地说做了什么，做得好不好？而没有围绕预设的目标，让幼儿进行新经验的分享。教师对幼儿的鼓励没有任何的推广意义，其他幼儿根本不知道教师口中的"真好！""真棒！"到底好在哪里？又棒在哪里？可以说，这样的讲评，幼儿是一无所获的。

四、游戏活动评价

游戏作为幼儿活动的一种模式，有其固有的基本特征。我国教育工作者通常把游戏特征归结为4个方面：第一，游戏是幼儿主动的、自愿的活动；第二，游戏是在假想的情景

中反映周围的生活；第三，游戏没有社会的实用价值，不直接创造财富；第四，游戏伴随着愉悦的情绪。游戏的这些基本特征，是评价幼儿园游戏的重要依据。

1. 游戏应当体现幼儿的自主性

一个真正"好"的游戏，幼儿作为游戏者是自主的，游戏不会过于注重结果而是更注重幼儿在活动中愉悦的体验，是一种没有受评价制约的活动，是一种充满安全感、胜任感和成就感的活动，同时，它又蕴含着一定的教育意义。例如，在游戏活动中，老师提供了大量的运动材料，有高低不同的跨栏、重重叠叠的轮胎、大小不等的软垫等，幼儿进入活动区中开始自由选择材料进行游戏，他们推翻了教师堆好的轮胎重新搭建山坡；跨栏也变成了"敌人"的封锁线，他们在栏下匍匐前行，软垫被遗忘在一边没有人关注。老师看到了幼儿的需要，及时增添了沙包、双梯、长凳等，游戏更加丰富了……这是一个游戏，它产生于幼儿自己的兴趣，由于老师对信息的及时捕捉，有力地推动了游戏的发展。在这个过程中，老师没有评价幼儿游戏得好或不好，没有制止幼儿对原有场地布置的"破坏"，而是观察并支持幼儿，同时，幼儿在属于自己的世界里得到了运动、合作、竞争、想象、语言、建构等多种能力的发展。

2. 游戏应当更注重幼儿体验的过程而非结果

例如，幼儿最爱玩的游戏"老狼老狼几点钟"，这是一个传统游戏，被一代代幼儿所喜爱。许多老师却不太愿意组织幼儿玩这个游戏，原因是老师们都越来越重视游戏的教育价值，而"老狼老狼几点钟"显得"太陈旧""没有创意""教育功能不强"……于是老师们开始吃力地寻找或设计更"新"、更具有"教育意义"的游戏，即使采用了这个传统游戏，也总是千方百计地将众多的"教育因素"不断地加入到游戏中。例如，将老狼的报时改为"看时钟"或"加减法的运算"；将逃跑改为按老师规定的动作指令跳，这样做确实是提高了幼儿在数学或动作技能上的发展，但是也使游戏在老师的主观控制下降低了原有的趣味性，忽略了幼儿在游戏过程中的愉悦感受。因此，老师们可以做的是，重视这类幼儿非常喜爱的游戏，更深入地去分析游戏本身蕴含的价值和趣味，分析幼儿喜爱此类游戏的内在原因，引导幼儿自己来拓展游戏的情节、丰富游戏的内容或材料，而不要生搬硬套，强加一些令幼儿却步的内容于游戏之中。

3. 游戏要让幼儿感受到真正的快乐

评价一个游戏的非常重要的条件，就是幼儿在游戏的过程中是否有了愉悦的体验。例如，我们在一个游戏活动结束后，常常会听到幼儿兴奋地叫："太好了""真好玩"这表明了游戏给予了孩子快乐、愉悦。游戏是幼儿自发自愿的、不受外力约束的自主活动，也是幼儿最喜爱的活动。游戏没有外在的目的，在游戏中，强调的是"过程"与"表现"，追求的是其本体价值——愉悦、享乐的功能，用幼儿自己的话说即是"好玩"。正如法国学者米舍莱所说："游戏显然是一种无偿的活动，除了它本身带来的娱乐外，没有其他目的。从它成为教育游戏的时候起，它事实上就不成为游戏了。从游戏被用来培养某种技能或在某一特殊领域增进个人知识的时候，它就不再是游戏了。"从米舍莱所说的话中我们就可以充分感受到当今幼儿园游戏实践中游戏活动所走入的误区。当然，我们并不是排斥游戏对教学和对教育目标实现的价值。相反，游戏只有在尊重儿童意愿的基础上，在儿童觉得"好玩"的过程中才能更好地促进儿童身心的发展，更好地达成教育目标。

案例 8-3

一个幼儿游戏的观察记录

观察对象：宇宇，女，4.5 岁

当教师宣布小朋友们可以去选择自己想玩的游戏后，宇宇快速地跑到"娃娃家"里，抱起了一个娃娃，并拿了一个小纸片放在娃娃的嘴边说："娃娃嗓子发炎了，来来来，赶紧吃点药吧。"然后，她走到一筐拼插的玩具柜边，用几根塑料条编成了腰带的形状，束在自己的腰间，双手叉腰转了几圈，俨然装出了一副"小母亲"的模样。过了一会儿，她走到"肯德基"柜台前，没有说一句话，自己动手拿起了汉堡包，张开嘴假装吃了一下，又放了回去，意图是在给娃娃做吃药示范，这样的动作她重复了 5 次，然后离开，在活动室里走来走去，直到游戏结束。

教师评价

（1）游戏活动前，宇宇已经具有了玩某种游戏的动机和意图。因此，当教师宣布可以游戏时，宇宇快速地跑到"娃娃家"里进行游戏。

（2）能较合理地选择与自己的游戏主题相关的材料，并会主动找替代物来替代游戏中的"用品"。

（3）游戏中缺少与他人合作、交往的行为。例如，当宇宇来到"肯德基"吃饭时，"肯德基"里有服务员和收银员，她没有和他们说一句话。

从上述案例中，我们可以看出教师是如何根据观察记录来评价幼儿游戏的发展水平的，为教师分析评价教育活动提供了一个参考。

 五、生活活动评价

生活活动评价要点包括安全保育、自我服务、观察劳动、行为观察和交往机会等。

安全保育的评价标准包括：为幼儿创设安全、卫生、温馨、自主的班级生活环境；经常检查和及时消除幼儿生活中的不安全因素，有安全检查制度；卫生设施与措施健全、规范。

自我服务的评价标准包括：能让幼儿自主、有序、愉快地进行进餐、盥洗及睡眠；充分利用自主盥洗、整理玩具、自取间点、分发碗筷、照顾自然角等生活情境，让幼儿获得亲身体验，给幼儿练习、锻炼和表现的机会；教师有要求，有指导。

观察劳动的评价标准包括：利用一切机会（散步、自由活动等）对不同季节的气候、动植物、人们的活动等进行观察，培养幼儿探究欲望和观察的兴趣；师幼合作在种植园地（自然角）种植并引导幼儿每周亲自管理（逐渐过渡到自主管理），给每个幼儿提供随时观察发现、表征记录和尝试劳动的机会；每周有固定集体劳动内容（扫地、洗手绢、擦桌椅

等）；给幼儿提供每周做值日生的机会，随年龄增长值日任务明确、自主管理要求提高。

行为观察的评价标准包括：能顾及每个幼儿在生活上的不同需求与差异，注意观察一日生活中幼儿的语言、行为、情绪等变化，给予有效的回应；能与家长、其他工作人员及时沟通；对幼儿行为有记录、有分析。

交往机会的评价标准包括：提供有助于幼儿积累共同生活经验的机会，如分享、协商、沟通、合作；让幼儿学习情感体验与表达，适应集体生活。

六、大型活动评价

大型活动评价要点包括活动目标、活动过程、活动效果几个方面。

活动目标的评价标准包括：注重幼儿的全面发展和良好行为习惯的培养；目标明确、具体，适合幼儿实际；能结合主题选择幼儿感兴趣的内容；内容具有针对性，难度与量适中。

活动过程的评价标准包括：活动组织有序，层次清晰，重点突出，时间安排合理；能充分发挥幼儿的主动性、参与性和操作性；既面向全体，又注重个别差异，尊重幼儿发展的差异性；注意观察幼儿，并根据实际情况做出恰当的反馈；方法方式合理、恰当有效，能针对教学目标，确保幼儿的主体性，有较高的效益。

活动效果的评价标准包括：幼儿态度积极，情绪良好，注意力集中；幼儿的语言表达能力、动手操作能力、思维活跃水平、创新能力、用多种形式表现的能力等在活动中得到展现；材料满足丰富性和可操作性的要求。

幼儿园教育活动评价案例与分析

案例 8-4

中班音乐活动：盆、碗、碟、杯在唱歌

活动内容和过程

（1）出示盆、碗、碟、杯，引导幼儿观察认识，知道其名称和各自的特征。

（2）请幼儿自由敲打盆、碗、碟、杯，辨听其不同的音色。

（3）欣赏歌曲《盆、碗、碟、杯在唱歌》。

（4）学习敲打节奏 ×× ×× | ××× | 。

（5）引导幼儿边听音乐边敲打，要求节奏敲打正确、整齐。

（6）引导每个幼儿在教室里除玩具乐器外再找一件生活用品，进行拍打、敲击、摇晃。

（7）鼓励幼儿将各种生活用品创编进歌曲，同时为它创编新的节奏。

教育活动评价

这个活动的内容和过程很是"丰富"。但我们必须反思：经历这样一个过程幼

儿到底发展了什么？是观察认识这些物品的名称、特征，还是辨别其不同的声音？是欣赏歌曲，还是创编歌曲？是学习音律节奏还是自己探索拍打、敲击、摇晃其他生活用品？那么多的环节到底让孩子学什么？一般来说，一次教学活动要让孩子围绕一个话题进行探索、练习、思考、交流，从而获得新知识的过程。活动环节过多，想达成的目标过多，实际往往是欲速而不达，热热闹闹走过场"丰富"的环节，不能成为孩子踏踏实实的学习过程。

 案例 8-5

大班综合活动：自己画脸谱

活动内容和过程

1. 分享关于京剧脸谱的经验

（1）介绍自己制作的脸谱。

（2）概括京剧脸谱的特点。师幼共同小结：脸谱是我国戏剧独有的艺术，用夸张的色彩、线条和对称的方法表现不同人物的不同性格和特点。

2. 戏剧老师示范画脸谱

（1）戏剧老师介绍材料、工具。

（2）戏剧老师给自己化妆。边画边介绍化妆过程和注意事项，重点：小笔勾线、大笔涂色，从上往下画，每种颜色用固定的笔。

3. 幼儿自己画戏妆

（1）幼儿选择自己想化妆的角色。

（2）幼儿自己涂画脸谱（轻放背景戏曲）教师和戏曲老师共同观察幼儿的操作，鼓励幼儿大胆尝试在自己脸上画油彩，给予个别幼儿一些必要的帮助。

4. 自由表演

幼儿边听戏曲边自主表演。

教育活动评价

本案例设计的教学过程简洁而清晰，围绕画脸谱展开，既从幼儿已有经验出发，又在与专业老师直接学习的过程中获得相关知识、技巧，还让幼儿大胆自主地实践、练习，并在化妆后进入情景自由表演。这样一次含量较丰富的活动中，教师设计的4个环节，步步深化、层层深入、环环相扣，保证了教师—幼儿—戏剧老师3方交流和幼儿自主练习的机会，遵循了幼儿学习规律，调动了幼儿的积极性，保证了幼儿的参与性，这样简洁而清晰的教学活动过程可以成为促进幼儿主动发展的过程。

案例 8-6

大班音乐活动：水族馆

活动目标

1. 体会音乐、美术、文学和表演所带来的美的艺术享受。

2. 能运用多种手段和形式表达和表现作品，抒发内心的情感。

3. 较准确地把握《水族馆》所表达的情感及描绘的音乐形象。

活动准备

1. 经验准备：对音乐作品《水族馆》有初步的了解。

2. 材料准备：音乐《水族馆》、课件《水族馆》、创编童话《温暖的怀抱》；黑色、蓝色背景板各一块；水粉色、水粉笔、可在皮肤上作画的油粉笔；各种装饰材料、粘贴工具。

活动过程

1. 欣赏音乐《水族馆》

2. 播放影像课件《水族馆》，讲述童话《温暖的怀抱》

让幼儿通过视觉、听觉和文学想象较准确地把握《水族馆》所表达的情感及描绘的音乐形象。

3. 即兴表现

幼儿选择自己喜欢的音乐形象，或者用肢体语言将自己对音乐的感受表达出来，或者用美术的语言再现音乐作品《水族馆》的美。

（1）造型艺术和装饰艺术元素的导入。教师提供大的绘画背景板，鼓励幼儿以合作的形式进行创作，其中一名幼儿用身体在背景板前摆出鱼或水草的造型，另一名幼儿则用油画棒描画出外轮廓，然后用自己认为美的方式进行线条与色彩的装饰。

（2）行为艺术元素的导入。人在空间的运动是会留下痕迹的，尽管我们看不到，但它依然是我们生命的一部分。教师提供光滑的深色背景墙和水粉色，引导幼儿用身体部位（手、脚或身体其他部位）蘸色做水草舞动，在幼儿尽情挥洒之后，会发现一幅充满生命、动感的《水草之舞》跃然眼前。

（3）设计元素的导入。教师为幼儿提供大量与角色相符的材料（纱巾、彩条、糖果袜、棕榈叶等），让幼儿以自己为载体进行创作，把自己装扮成美丽的水草、鱼。

4. 幼儿展示

戏剧元素的导入：幼儿的"画"成了最美的舞台背景，他们穿着自己设计的"服装"，配上自己化的"妆"，伴着优美的音乐与童话故事情节，一部完全属于幼儿的音乐剧开演了。

评析

可利用逐项评价法，从活动目标、活动内容、活动材料、活动过程、活动效果5个方面进行分析。《水族馆》的活动目标符合《指南》要求和幼儿实际发展水平，可操作性比较强，表述规范。活动内容选择适宜，且有渐进性。活动材料丰富，并有前期经验准备，学习资源的提供也很适合。活动过程从易到难，从浅到深，循序渐进，环环相扣。在整个活动中，幼儿的参与性高，对内容有浓厚的兴趣，能发挥自己的创造力与想象力，构建对水草的形体认知，并能随音乐表达出来，提高了审美能力。

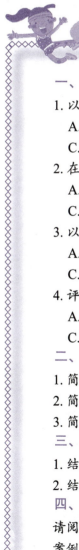

思考与实训

一、单项选择题

1. 以下哪一种评价是在事物发展进程中进行的评价。（　　　）
　　A. 诊断性评价　　　　　　　　　B. 形成性评价
　　C. 终结性评价　　　　　　　　　D. 幼儿发展评价

2. 在进行幼儿发展评价时，我们要做到。（　　　）
　　A. 注重幼儿的学习结果　　　　　B. 不对幼儿进行价值判断
　　C. 坚持自己的主观判断　　　　　D. 看到幼儿多方面的发展

3. 以下哪一种不属于幼儿园教育活动评价方法。（　　　）
　　A. 总结归纳法　　　　　　　　　B. 观摩法
　　C. 谈话法　　　　　　　　　　　D. 案例分析法

4. 评价幼儿进餐、盥洗及睡眠环节，是属于哪一种教育活动评价。（　　　）
　　A. 集体教学评价　　　　　　　　B. 大型活动评价
　　C. 生活活动评价　　　　　　　　D. 区域游戏评价

二、简答题

1. 简述幼儿园教育活动评价的含义。
2. 简述幼儿园教育活动评价的原则。
3. 简述幼儿园教育活动评价的功能。

三、论述题

1. 结合实例，分析幼儿园教育活动动态评价的要点。
2. 结合工作实际，阐述幼儿园教育活动评价的内容。

四、材料分析题

请阅读案例并回答问题。

案例1："京剧脸谱"活动片断。

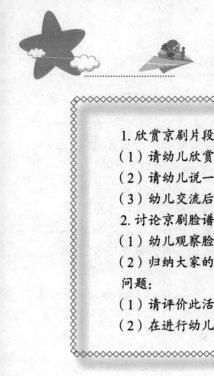

1. 欣赏京剧片段

（1）请幼儿欣赏京剧唱段，引起幼儿对活动的兴趣。

（2）请幼儿说一说在片段里，看到了什么，听到了什么。

（3）幼儿交流后，教师归纳。

2. 讨论京剧脸谱的装饰方法。

（1）幼儿观察脸谱。

（2）归纳大家的发现。

问题：

（1）请评价此活动中幼儿获得了哪些发展？

（2）在进行幼儿发展评价的过程中，有哪几个评价点？

［1］中华人民共和国教育部. 幼儿园教育指导纲要（试行）［M］. 北京：北京师范大学出版社，2002.

［2］谢维和. 教育活动的社会学分析——一种教育社会学的研究［M］. 北京：教育科学出版社，2000：87.

［3］孙克平. 现代教学设计纲要［M］. 太原：山西人民教育出版社，1998：8.

［4］［日］岸井勇雄. 未来的幼儿教育——培育幸福生活的能力之根基［M］. 李澎，译. 上海：华东师范大学出版社，2010：49.

［5］王向华. 对话教育论纲［M］. 北京：教育科学出版社，2009：86.

［6］刘晓东. 儿童精神哲学［M］. 南京：南京师范大学出版社，1999.

［7］［加］范梅南. 生活体验研究［M］. 宋广文，等译. 北京：教育科学出版社，2003：57.

［8］狄慈根. 狄慈根哲学著作选集［M］. 杨东莼，译. 北京：三联书店出版社，1978：136.

［9］魏卿. 试析幼儿园教育活动中的教师指导［J］. 内蒙古师范大学学报（教育科学版），2013（8）：36-39.

［10］彭俊英. 幼儿园"教育活动"概念溯源［J］. 学前教育研究，2009（10）：8-11.

［11］任学萍. 幼儿园教师教学指导策略研究［D］. 西北师范大学硕士学位论文，2013.

［12］黄瑾. 幼儿园教育活动设计与指导［M］. 上海：华东师范大学出版社，2007.

［13］李季湄，冯晓霞.《3~6岁儿童学习与发展指南》解读［M］. 北京：人民教育出版社，2013.

［14］教育部基础教育司.《幼儿园教育指导纲要（试行）》解读［M］. 南京：江苏教育出版社，2002.

［15］朱家雄. 幼儿园教育活动设计与实施［M］. 北京：高等教育出版社，2015.

［16］王明珠. 幼儿园一日活动教育细节69例［M］. 北京：中国轻工业出版社，2015.

［17］吴超伦. 幼儿园一日活动的探索与实践：保教结合操作手册［M］. 上海：上海科技出版社，2013.

［18］周丛笑. 多元整合幼儿园教育活动资源包教师指导用书［M］. 上海：中国出版集团东方出版中心，2016.

［19］陈碧宵．浙江温州市鹿城区教师剖训与科研中心．［DB/OL］．http://www.yejs.com.cn/yzzc/article/id/48275.htm.

［20］王忠民．幼儿教育词典［M］．北京：中国大百科全书出版社，2004：216.

［21］冯晓霞．幼儿园课程［M］．北京：北京师范大学出版社，2000：251.

［22］朱家雄．幼儿园教育活动设计与实施［M］．北京：高等教育出版社，2015：146.

［23］王振宇．儿童心理发展理论［M］．上海：华东师范大学出版社，2000：112.

［24］朱家雄．幼儿园课程［M］．上海：华东师范大学出版社，2003：154.

［25］虞永平．学前课程价值论［M］．南京：江苏教育出版社，2002：12.

［26］王春燕．幼儿园课程概论［M］．北京：高等教育出版社，2007：162.

［27］陈帼眉．学前心理学［M］．北京：人民教育出版社，2003：56.

［28］钟启泉．现代课程论［M］．上海：上海教育出版社，2003：203.

［29］刘晶波．谈师幼互动中教师权威及限度［J］．学前教育研究，2005（1）.

［30］王晓云．对幼儿课堂教学的有效性的思考［J］．青年科学，2009（4）.

［31］华爱华．论幼儿园课程改革的动态特征和教师心态［J］．全球教育展望，2009（6）.

［32］黄瑾．幼儿园教育活动的设计与指导［M］．上海：华东师范大学出版社，2014.

［33］全晓燕．幼儿园区域活动的设计与指导［M］．上海：华东师范大学出版社，2016.

［34］董旭花，等．小区域大学问［M］．北京：中国轻工业出版社，2013.

［35］李建君，等．区域新视界［M］．上海：少年儿童出版社，2013.

［36］秦元东，等．一种生态学的视角［M］．北京：北京师范大学出版社，2008.

［37］王春燕．给幼儿园教师的101条建议·幼儿园课程［M］．南京：南京师范大学出版社，2008.

［38］北京市教育科学研究所．陈鹤琴教育文集（下卷）［M］．北京：北京出版社，1985：16-17.

［39］刘焱．儿童游戏通论［M］．北京：北京师范大学出版社，2008.

［40］李燕．游戏与儿童发展［M］．杭州：浙江教育出版社，2008.

［41］董旭花．幼儿园游戏［M］．北京：科学出版社，2009.

［42］瞿里红．学前儿童游戏教程［M］．上海：复旦大学出版社，2010.

［43］浙江省《幼儿园课程指导》编写委员会．幼儿园课程指导教师资料手册游戏［M］．北京：新时代出版社，2007.

［44］董旭花，王翠霞，阎莉，等．幼儿园创造性游戏区域活动指导［M］．北京：中国轻工业出版社，2014.

［45］［英］珍妮特·莫伊蕾斯．游戏的卓越性［M］．刘峰峰，宋芳，译．北京：北京师范大学出版社，2010.

［46］［英］尼尔·本内特，利兹·伍德，休·罗格斯．通过游戏来教——教师观念与课堂实践［M］．刘焱，刘峰峰，译．北京：北京师范大学出版社，2010.

［47］盖伊．格朗兰．发展适应性游戏：引导幼儿向更高水平发展［M］．北京：北京师范大学出版社，2014.

［48］刘焱．幼儿园游戏教学论［M］．北京：中国社会出版社，2005.

［49］梁周全，尚玉芳. 幼儿游戏与指导［M］. 北京：北京大学出版社，2011.

［50］邱学青. 学前儿童游戏［M］. 南京：江苏凤凰教育出版社，2016.

［51］葛东军. 幼儿游戏设计与案例［M］. 保定：河北大学出版社，2012.

［52］卡普（Karl M. Kapp）. 游戏，让学习成瘾［M］. 北京：机械工业出版社，2015.

［53］［英］罗伯特·杰·欧. 我的游戏权利——有多种需要的儿童［M］. 侯怡，刘焱，译. 北京：北京师范大学出版社，2010.

［54］何小琴. 幼儿园生活活动组织［M］. 北京：北京科学出版社，2014.

［55］廖莉，吴舒莹，袁爱玲. 幼儿园生活活动指导［M］. 福州：福建教育出版社，2014.

［56］吴文艳. 幼儿园一日生活过渡环节的组织策略［M］. 北京：中国轻工业出版社，2014.

［57］中华人民共和国教育部. 2016版幼儿园工作规程［M］. 北京：首都师范大学出版社，2016.

［58］徐一宁，孙晓燕. 幼儿园大型活动的组织［M］. 北京：中国轻工业出版社，2016.

［59］北京师范大学实验幼儿园. 幼儿园大型活动的组织与实施［M］. 北京：北京师范大学出版社，2015.

［60］李春玲. 幼儿园大型活动组织与策划手册［M］. 北京：中国轻工业出版社，2016.

［61］刘洪霞. 幼儿园节日活动精彩设计方案［M］. 北京：中国轻工业出版社，2013.

［62］张亚军，方明惠. 幼儿园活动设计与经典案例［M］. 上海：华东师范大学出版社，2013.

［63］李生兰. 幼儿园与家庭、社区合作共育的研究［M］. 上海：华东师范大学出版社，2003：76-77.

［64］王超琼. 家庭是幼儿园重要的合作伙伴［J］. 早期教育，2002（5）.

［65］卢玲. 幼儿园大型活动组织存在的问题与对策［J］. 泸州职业技术学院学报，2015（12）.

［66］李阳，曾彬，张哲. 公民办幼儿园开展大型活动的比较研究——以"六一"儿童节为例［J］. 陕西学前师范学院学报，2016（1）.

［67］崔允漷，沈毅. 课堂观察——走向专业的听评课［M］. 上海：华东师范大学出版社，2013：35-45.

［68］胡慧闵，郭良菁. 幼儿园教育评价［M］. 上海：华东师范大学出版社. 2009.

［69］高美桥，王黎敏. 幼儿发展评价指标体系的构建与实施［J］. 幼儿教育. 2003（7-8）：18-19.

［70］朱家雄，张婕. 从"证明"到"改进"——论幼儿园教师评价取向的转变［J］. 幼儿教育. 2006（2）：10-11.

［71］朱家雄，张婕. 从接受他评到自主参与评价——论幼儿园教师评价中教师角色嬗变［J］. 幼儿教育. 2006（2）：12-13.